Geschlechterverhältnisse verändern

»Substanz«

Marta press

Antje Neumann

Geschlechterverhältnisse verändern

Formen queer-feministischer
Interventionsstrategien

Marta
press

Die Deutsche Bibliothek verzeichnet diese Publikation
in der Deutschen Nationalbibliografie.
Detaillierte bibliografische Daten sind im Internet abrufbar unter
http://dnb.d-nb.de

Besuchen Sie uns im Internet:
www.marta-press.de

1. Auflage September 2016
© 2016 Marta Press Verlag Jana Reich, Hamburg, Germany
www.marta-press.de
© Umschlaggestaltung: Niels Menke, Hamburg
unter Verwendung des Bildes © „Gendertrouble" von Deborah Schmidt
Printed in Germany.
ISBN 978-3-944442-23-5

Inhalt

Vorwort

Queer-theoretische Analysen von Gesellschaft kennengelernt zu haben, gehört für mich zu einer der eindrucksvollsten Begegnungen mit Gesellschaftswissenschaften während meines Studiums. Das vorliegende Buch, das die leicht überarbeitete Fassung meiner Masterarbeit darstellt, ist Ausdruck dieser Bewunderung. In meinen Augen beanspruchen Queer-Feminismen bzw. Queere Theorien für sich ein so grundsätzliches Umdenken gesellschaftlicher Verhältnisse und eine so dezidierte Kritik an ihrer Herrschaftsförmigkeit, dass ich sie auf Anhieb sympathisch fand. In der Beschäftigung mit Teilen feministischer und insbesondere queer-feministischer Wissenschaft hatte ich es zum ersten Mal mit einer dezidiert linken Wissenschaftsperspektive zu tun, die – wenn auch marginalisiert – eine nicht zu ignorierende Position innerhalb der Gender Studies und damit auch innerhalb von Wissenschaft einnimmt. Zugleich wird diese Institutionalisierung von queer-feministischen Wissenschaftler*innen nicht einfach positiv bewertet, sondern als Einbindung in einen herrschaftsdurchzogenen Kontext erkannt, die reflektiert und kritisiert werden muss. Das eigene Handeln wird – theoretisch fundiert – durchgehend herrschaftskritisch hinterfragt.

Queer-Feminismen bleiben außerdem nicht bei herrschenden Geschlechterverhältnissen stehen, auch wenn sie bei diesen ansetzen. Stattdessen werden zunehmend die verschiedenen Achsen von

Herrschaftsverhältnissen in ihrer Gänze und in ihrer komplexen Verschränktheit miteinbezogen. Hinzu kommt, dass Queere Theorien auf einer langen Geschichte heterogener und widerstreitender theoretischer sowie aktivistischer Diskussionen und Kämpfe fußen. Demnach beinhalten sie eine Reihe an Kritiken, Erfahrungen und theoretischen Weiterentwicklungen, was sie m.E. besonders vielversprechend macht. Sie legen eine Reflektiertheit und komplexe Analyseeinstellung an den Tag, die ich für ein gesellschaftsveränderndes Projekt für unabdingbar halte. Das heißt nicht, dass ich sie für allumfassend, lückenlos und *die* gesellschaftsverändernde Kraft halte. Ich erachte sie jedoch als überaus produktiv.

Besonders prägend in meinen Begegnungen mit queerfeministischen Debatten war und ist Antke Engels Konzept der *VerUneindeutigung* (2005). Damit beschreibt sie*er[1], wie queerfeministisches Handeln systematisch sowie immer und überall in herrschende Verhältnisse zu intervenieren sucht und welchen Prin-

---

1 Für die in der Arbeit erwähnten Akteur*innen wird durchgängig die Schreibweise mit »*« verwendet. Damit soll, wie auch Steffen Kitty Herrmanns (2007) Vorschlag des »_«, stets auf die Leerstelle geschlechtlicher Geltungsansprüche und die Existenz vielfältiger geschlechtlicher Seinsweisen hingedeutet werden, die in der zweigeschlechtlich strukturierten Sprache nicht benannt werden können. Das »*« symbolisiert m.E. jedoch stärker, dass die zweigeschlechtlichen Pole zu verwerfen sind und stattdessen von einem Kontinuum geschlechtlicher Möglichkeiten ausgegangen werden muss, das sich in verschiedenste Richtungen erstreckt. Interessant ist in diesem Zusammenhang auch der „dynamische Unterstrich" von Bretz und Lantzsch (2013). Dieser „wandert durch W_Orte, um die Prozesshaftigkeit und Uneindeutigkeit von Positionen zu benennen und die vielfältigen Bedeutungsebenen innerhalb einzelner W_Orte hervorzuheben" (8). Aus Gründen der Lesbarkeit habe ich mich allerdings gegen den dynamischen Unterstrich und für das »*« entschieden.

zipien es folgt, um dazu überhaupt in der Lage zu sein. Dies ließ mich besser verstehen, welche politischen Prinzipien mit Queer-Feminismen verbunden sein können und wie ein queer-feministisches Verständnis von Gesellschaft aussehen kann. Darüber hinaus erscheint mir die Herangehensweise, jegliches Handeln mit einem solchen Anspruch zu verbinden, schlicht plausibel und überzeugend.

Sogleich stellten sich mir dann jedoch auch allerhand Fragen: Wie genau funktioniert diese VerUneindeutigung? Wie gelingt es, gesellschaftlich vorherrschende Bedeutungen zu verUneindeutigen? Was tun eigentlich Menschen, die für sich beanspruchen, queer-feministische Politik zu betreiben, letztlich also genau solche VerUneindeutigungen anzustreben? Welche Auseinandersetzungen werden diesbezüglich über theoretische und akademische Debatten hinausgehend geführt?

Das trieb mich um.

Als ich dann auf Uta Schirmers (2010) Arbeit über *Drag Kinging* stieß, hatte ich den Eindruck, eine Untersuchung gefunden zu haben, die sich – auch wenn das ausgesprochene Forschungsinteresse ein anderes ist – implizit mit eben diesen Fragen beschäftigt. Die*der Autor*in beschreibt, wie das Drag Kinging den praktizierenden Personen ermöglicht, ein neues vergeschlechtlichtes Verhältnis zu sich selbst zu etablieren. Besonders eindrücklich an Schirmers Betrachtung finde ich ihre*seine Analyseperspektive. Sie*er nimmt Ebenen in einer Weise in den Blick, die mir als eine gelungene queer-feministische Analyseeinstellung erscheint. Das hat mich beeindruckt. Ich hatte das Gefühl, eine Idee davon zu bekommen, was verUneindeutigendes Handeln bedeuten kann –

hinsichtlich der Analyseeinstellung einerseits und der Praxen, die dabei untersucht werden, andererseits. Besonders interessant finde ich daran, dass das gesellschaftskritische Potential der in der Untersuchung betrachteten Handlungen nicht offensichtlich war. Vielmehr wurde es erst in Verbindung mit der spezifischen queer-feministischen Perspektive Schirmers als solches erkennbar.

Daran wollte ich mit meiner Masterarbeit und nun mit ihrer Veröffentlichung anschließen. Es wird im Folgenden darum gehen, eine dezidiert queer-feministische Analyseeinstellung zu entwickeln, aus dieser heraus einige queer-feministische Praxen in den Blick zu nehmen und somit das gesellschaftsverändernde Potential von Queer-Feminismen sichtbar zu machen.

Es ist mir allerdings sehr wichtig, auf die Begrenztheit meiner Perspektive und Analyse hinzuweisen. Das vorliegende Buch ist eine Annäherung an all die aufgeworfenen Fragen. Für meine Analysen, Beschreibungen und Darstellungen beanspruche ich keinerlei Allgemeingültigkeit, Abgeschlossenheit oder Repräsentanz. Insbesondere, da ich selbst u.a. *weiß*[2] und *deutsch* positioniert bin und zudem nur mit ebenfalls u.a. *weiß* und überwiegend *deutsch*

---

2   In Anlehnung an Bretz und Lantsch (2013) werden hier politische Selbstbezeichnungen, die aus diskriminierter Sicht ermächtigend wirken sollen, wie bspw. Schwarz und People of Color, groß geschrieben. *Weiß* (und auch *deutsch*) setze ich dagegen in kursiv, um hervorzuheben, dass es sich dabei um eine soziale Position handelt, „die durch das Machtverhältnis Rassismus hervorgebracht wird und [..] dessen naturalisierte, entnannte und unhinterfragte Norm [bildet; A.N.] (a.a.O.: 7). Jene explizite Benennung von *weiß* zielt auf eine kritische Sichtbarmachung vormals unmarkierter Positionen. Damit können Rassismen sichtbar gemacht, mitgedacht, reflektiert sowie in diese interveniert werden (vgl. a.a.O.:8).

positionierten Menschen gesprochen habe, ergeben sich Lücken, blinde Flecken und Leerstellen.

Antke Engel mit ihrem*seinen theoretischen Konzept und Uta Schirmer mit seiner*ihrer überzeugenden Analyse stellen die Grundlagen bereit, aus denen heraus jenes Forschungsinteresse erwachsen ist. Für ihre inspirierende und beeindruckende Arbeit möchte ich ihnen hiermit meinen Dank aussprechen.

Außerdem möchte ich meinen Freund*innen und meiner WG danken, die mir den Entstehungsprozess dieser Arbeit hindurch immer zur Seite standen, Frust und Freude geteilt, Ideen diskutiert haben und über Blockaden hinweg halfen.

Ein großer Dank gebührt darüber hinaus allen Gesprächspartner*innen, die ihre Ideen und Vorstellungen an mich weitergaben sowie sich mir in meiner Aufgeregtheit so konstruktiv und aufgeschlossen zuwandten.

1 Einleitung

Sam: „[…] auch dieses Geschlechter(.), die Geschlechterteilung,
ist ja auch, wo ich mich immer frage,
wie kann das eigentlich so lang überlebt haben, wo immer wieder,
also ne, irgendwann war klar, oh, es gibt Schwule, oh es gibt Lesben,
oh Transidente, oh, es gibt Intersexuelle
und es kamen immer mehr und oh,
es gibt das und das und das und **trotzdem**,
ne, irgendwie (.) gibt's immer noch diese zwei Geschlechter
und alle behaupten, ne,
man kommt als (.) oder Mensch kommt als (.)
Junge oder Mädchen auf die Welt,
wo ich mich wirklich **wundere,** wie das eigentlich sein kann,
also, was eigentlich noch passieren muss (.)
bis das nicht mehr (.) der Fall ist."
(GD 1771ff)[3]

Herrschende Geschlechterverhältnisse und die mit ihnen einhergehenden Vorstellungen, dass Heterosexualität *normal* und
Zweigeschlechtlichkeit *natürlich* seien, erscheinen so überaus beständig und stabil, dass Mensch sich manchmal nur wundern kann.

---

3   Auszug aus der Gruppendiskussion, die ich für meine empirische
    Untersuchung geführt habe. Die unterlegte Schreibweise der Worte
    bedeutet, dass sie besonders betont ausgesprochen wurden.

Sie bringen ein ganzes Bündel an gesellschaftlichen Regeln und Erwartungen mit sich, die jeden Lebensbereich durchziehen. Zudem sind sie immerzu allgegenwärtig und auf mehr oder weniger subtile Art und Weise zwingend oder gar gewaltsam. Es lassen sich zwar, wie im Falle der gleichgeschlechtlichen Ehe, immer wieder Veränderungen, jedoch kein grundlegender Wandel ausmachen. Demnach müssen die vorherrschenden Konfigurationen von Geschlecht und Sexualität als elementare Machtregime gesellschaftlicher Ordnung aufgefasst werden, die auf machtvolle Weise normierend, hierarchisierend, ausschließend und diskriminierend wirken.

Es gilt, dem etwas entgegen zu setzen.

Ein besonderes Potential zur Veränderung von Geschlechterverhältnissen versprechen queer-feministische Interventionen. Sie könnten ein Bestandteil dessen sein, „was noch passieren muss", um die Stabilität gesellschaftlicher vergeschlechtlichter Herrschaftsverhältnisse ins Wanken zu bringen. Denn mit ihnen wird das Ziel verfolgt, die vorherrschende Ordnung an ihren Wurzeln zu packen und in ihren Grundfesten zu erschüttern. Die Bestimmung dessen, was Queer-Feminismen sind und inwiefern sie dieses Potential mit sich bringen, ist jedoch gar nicht so einfach. So stellen die Verfasser*innen des Vorworts zu Marie Jagoses Einführung in die Queer Theory fest, dass auf die Frage danach, was queer denn bedeute, entweder keine Antwort oder ein halbstündiger Monolog folge (Genschel et al. 2001: 7). Ich möchte nicht behaupten, dass klar bestimmbar wäre, was queer-feministisch denn jetzt ist. Auch werde ich keine Entstehungsgeschichte erzählen, die suggeriert, dass es einen konkreten Anfang, benennbare Begründer*innen und ein eindeutig eingrenzbares Theoriegebäude gäbe. Stattdessen möchte ich hier ein paar zentrale Facetten umreißen, die m.E. unumgänglich sind, um zu verstehen, was die Bezeichnung queerfeministisch bedeuten kann und was grundlegende politische Prinzipien dieses Konzeptes sind.

So ist der historische und gesellschaftspolitische Kontext zu nennen, in dem der Begriff queer zunehmend Verwendung fand. So stehe dieser im Zusammenhang mit politischem Aktivismus und Theoriearbeit während der AIDS-Epidemie Anfang der 90er Jahre (Jagose 2001: 121). Es stellten sich angesichts dieser Krise neue Herausforderungen an politische Arbeit und lesbisch-schwule Theoriebildung. „Queer ist Ergebnis spezifischer kultureller und theoretischer Schwierigkeiten, die zunehmend die Debatten über Fragen lesbischer und schwuler Identität (innerhalb und außerhalb der Wissenschaften) bestimmten." (ebd.: 99f). In diesem Kontext fand der Begriff queer als Selbstbezeichnung sowie der Terminus „Queer Theory" erstmalig öffentlich sichtbar Verwendung (vgl. Kraß 2003: 17).

Angestoßen und katalysiert wurde die Beschäftigung mit jenen politischen und theoretischen Schwierigkeiten durch Kritiken aus poststrukturalistischen Strömungen heraus. Innerhalb dieser wurden das bis dahin herrschende Verständnis von Identität sowie die Vorstellungen gesellschaftlicher Machtverhältnisse, mit denen die verschiedenen v.a. lesbisch-schwulen Gruppen und Theoretiker*innen Politik betrieben, infrage gestellt. Insofern manifestierte sich in dieser Neuausrichtung der bisherigen lesbisch-schwulen und feministischen Wissenschaften eine dezidierte Auseinandersetzung mit Konzepten der Identität. Dies hing einerseits mit der spezifischen theoretischen Ausrichtung von Poststrukturalismen,

16

andererseits aber auch mit den erwähnten gesellschaftspolitischen Herausforderungen zusammen. Mit dem Konzept queer wurden und werden die bis dahin betriebenen Identitätspolitiken jedoch nicht als ungültig oder wertlos erklärt. Es sei verfehlt, queer einfach als Opposition zu diesen zu verstehen. In den queertheoretischen Auseinandersetzungen liege vielmehr „eine unaufhörliche Infragestellung der Vorbedingungen von Identität und ihren Folgen" (Genschel et al. 2001: 165). Auch wird mit queer nicht beansprucht, nun eine neue politisch *richtige* Identität angenommen zu haben. Es handele sich dagegen um „eine Kritik von Identität, insofern queer auf die unausweichliche Gewalt von Identitätspolitiken verweist" (a.a.O.).

Als ein zentrales Charakteristikum steckt in jenen Bedingungen der Entwicklung des Konzeptes queer des Weiteren die Gleichzeitigkeit von Theoriearbeit und politischem Aktivismus. So stellen queere Ansätze eine Theorierichtung dar, deren Entwicklung fundamental an Bewegungskontexte der (v.a. U.S. amerikanischen) Schwarzen[4] und *weißen* les/bi/schwulen/ trans*/inter- Szene geknüpft ist. Demnach ist das Konzept queer als eine Theorierichtung sowie als politische Bewegung zu verstehen. Dies bedeutet

---

4   In Anlehnung an Bretz und Lantsch (2013) werden hier politische Selbstbezeichnungen, die aus diskriminierter Sicht ermächtigend wirken sollen, wie bspw. Schwarz und People of Color, groß geschrieben. *Weiß* setze ich dagegen in kursiv, um hervorzuheben, dass es sich dabei um eine soziale Position handelt, „die durch das Machtverhältnis Rassismus hervorgebracht wird und [..] dessen naturalisierte, entnannte und unhinterfragte Norm [bildet; A.N.] (a.a.O.: 7). Jene explizite Benennung von *weiß* zielt auf eine kritische Sichtbarmachung vormals unmarkierter Positionen. Damit können Rassismen sichtbar gemacht, mitgedacht, reflektiert sowie in diese interveniert werden (vgl. a.a.O.:8).

jedoch nicht, dass es die theoretische Arbeit auf der einen und die politische/aktivistische Arbeit auf der anderen Seite gäbe. Queeren Ansichten folgend findet stets beides zugleich statt. Politisch-aktivistische Arbeit bedeutet immer auch theoretische Arbeit und Theoriearbeit ist ebenso politisch-aktivistische Arbeit.

Insofern steht die Entwicklung von queer als einem neuen Konzept in der Linie les/bi/schwuler/ trans*/inter sowie feministischer Politik und Theoriearbeit, bricht zugleich aber mit diesen, indem es einige zentrale Grundannahmen verwirft. Aus dieser grundsätzlichen Neu-Justierung heraus entwickelt sich das spezifische Gesicht des Konzeptes queer. Um jene charakteristischen Bedingungen sichtbar zu halten, verwende ich innerhalb meiner Arbeit die Bezeichnung Queer-*Feminismus* bzw. queer-*feministisch*. Die begriffliche Erweiterung soll zum Ausdruck bringen, dass die Entwicklung queer-feministischer Ideen unweigerlich im Kontext verschiedenster feministischer und les/bi/schwuler/ trans*/inter Debatten steht. Darauf hinzuweisen ist für den deutschsprachigen Raum besonders wichtig, da dem Begriff queer hier keine dem U.S. amerikanischen Kontext entsprechende Potentialität innewohne (vgl. dazu Rauchut 2008). Denn dort stelle die Verwendung eine trotzige Selbstaneignung eines vormals abwertenden Begriffs durch eine politische Szene dar.[5] Im deutschsprachigen Raum haben Auseinandersetzungen mit dem Konzept queer dagegen überwiegend über den akademischen Wissenschaftsbetrieb Eingang in die Debatten gefunden. Ohne vergleichbare Ent-

---

5 „‚Queer' bedeutet im amerikanischen Englisch so viel wie ‚seltsam, sonderbar, leicht verrückt', aber auch ‚gefälscht, fragwürdig'; [...] Umgangssprachlich ist/war *queer* ein Schimpfwort für Homosexuelle (Hark 1993: 103).

18

stehungsgeschichte in einem dialektischen Verhältnis zwischen Politik- und Theoriearbeit sowie durch die Übertragung in eine andere Sprache, in der dem Ausdruck queer überhaupt erst mit akademischen Debatten eine Bedeutung verliehen wurde, ist dem Begriff hier sein gesellschaftskritisches Potential weniger direkt eingeschrieben.[6] Auch aus diesem Grund erachte ich es für sinnvoll, queer um den Zusatz feministisch zu ergänzen. Mit dieser Kontextualisierung soll der explizite herrschaftskritische Anspruch erkenntlich gemacht werden. Hinzu kommt, dass die Bezeichnung feministisch in weiten Teilen deutschsprachiger Gesellschaft nach wie vor eine abwertende Konnotierung erfährt. Feministische Strömungen in ihren Errungenschaften, ihren gesellschaftlichen Provokationen und in ihrer Geschichte der Auseinandersetzungen als Grundlage der Debatten um queer sichtbar zu halten und als positive Selbstbeschreibung zu verwenden, ist demnach ebenso Anspruch der Begriffserweiterung.

Grundlage queer-feministischen Handelns ist demnach keine eindeutig bestimmte Identität, sondern v.a. eine kritische Auseinandersetzung mit ihren theoretischen und politischen Vorläufern. Es gründet daran anschließend auf Prinzipien, politischen Zielrichtungen und einer spezifischen Analyseperspektive. Dies ausführlicher darzustellen, ist eines der zentralen Anliegen des vorliegenden Buches. Dem Vorangegangenen folgend kann als Basis des hier zugrunde gelegten Konzeptes des Queer-Feminismus vorerst das festgehalten werden, was Genschel et al. (2001) in Bezug auf die Queer Theory konstatieren:

---

6   Dies ist umso bedeutender, da die Rolle von Sprache durch das diskursanalytische Verständnis von Gesellschaft innerhalb queerer Ansätze so zentral ist.

„Gegenstand der Queer Theory ist die Analyse und Desta-
bilisierung gesellschaftlicher Normen von Heterosexualität und
Zweigeschlechtlichkeit. Sie untersucht, wie Sexualität reguliert
wird und wie Sexualität andere gesellschaftliche Bereiche – etwa
staatliche Politik und kulturelle Formen – beeinflußt [sic!] und
strukturiert. Zentrales Anliegen ist, Sexualität ihrer vermeintlichen
Natürlichkeit zu berauben und sie als ganz und gar von Machtverhältnissen durchsetztes, kulturelles Produkt sichtbar zu machen.
Als politische Protestbewegung bedeutet queer die Abkehr von
einer Toleranz und Minderheitenrechten orientierten Integrations-
politik. Queere Politik ist ein Versuch, Bündnisse gegen die Herrschaft der Normalisierung nicht auf Identität – die ja Ergebnis dieses bekämpften Regimes ist –, sondern auf politische Solidarität
aufzubauen." (Genschel et al. 2001: 11f).

Für Genschel et al. (2001) bedeuten diese Inhalte und Perspektiven, das Konzept v.a. in der Verbform als *„queering* oder
verqueeren" (173; Herv.i.O.) verstehen zu wollen. „Als Verb verweist es auf eine Methode, die die Gegenstände und Anordnungen
der normativen Heterosexualität und der binären Geschlechterordnung in Bewegung bringt und deren stillschweigende Voraussetzungen und Hierarchien anficht." (a.a.O.). Queer-Feminismus ist
demnach vor allem eine bestimmte Perspektive, eine Haltung, eine
„Frageperspektive" (Kraß 2003: 20) oder „eine politische und theo-
retisch-konzeptionelle Idee" (Hark 1993: 103), die vorherrschende
Annahmen über Geschlecht und Sexualität in ein neues Verhältnis
setzen. Sich als queer-feministisch zu bezeichnen, bedeutet demnach nicht, die eigene Person im Sinne einer Identität zu beschreiben, sondern bringt zum Ausdruck, gesellschaftliche Verhältnisse

20

und deren Veränderung in einem spezifischen Licht zu sehen und verändern zu wollen.

„Ich weiß nicht, ob mensch queer SEIN kann. Oder ob queer nicht vielmehr eine Art zu denken ist." (Latsch 2013: 1952).

Warum diese Charakterisierung als spezifische Perspektive und Art des Nachdenkens sowie die Abgrenzung von einer identitären Selbstbeschreibung so wichtig erscheinen, inwiefern dies mir der Auffassung von Geschlechterverhältnissen als Machtregime zusammenhängt und auf welche Weise queer-feministische Praktiken in diese einzugreifen vermögen, ist Gegenstand dieses Buches.

Das Forschungsinteresse

Um mich der Frage nach gesellschaftlicher Veränderung mit Hilfe queer-feministischer Interventionen zu nähern, werde ich zuerst eine queer-feministische Perspektive entwickeln, um die von Latsch konstatierte spezifische Art zu denken zu schärfen. Wie eben erwähnt und wie sich im Folgenden auch noch genauer zeigen wird, bedeutet eine queer-feministische Perspektive eine bestimmte Haltung. Diese einzunehmen, ist das erste Anliegen des vorliegenden Buches. Dazu werde ich einige zentrale theoretische Grundannahmen von Queer-Feminismen umreißen. Sie ermöglichen mir, eine queer-feministische Perspektive entwickeln zu können, aus der heraus ich im Anschluss konkrete queer-feministische Interventionspraxen analysieren und das daran geknüpfte Potential ausfindig machen kann.

Die empirische Untersuchung beschäftigt sich mit Personen, die sich in dezidiert selbstorganisierter, außerparlamentarischer politischer Arbeit gegen herrschende Geschlechterverhältnisse engagieren. Mit ihnen habe ich Interviews und eine Gruppendiskussion geführt. Der Fokus dabei lag darauf, was die Gesprächspartner*innen unter queer-feministischen Praxen sowie deren Verhältnis zu vergeschlechtlichten Herrschaftsverhältnissen verstehen, welche Praktiken sie selbst anwenden und welche Bedingungen erfüllt sein müssen, damit sie diese als gelungen ansehen. Besonderes Augenmerk habe ich auf jene Erfahrungen gerichtet, die in Umgebungen gemacht wurden, in denen keine bis nur wenig Verständnis und Anerkennung alternativer Sexualitäts- und Geschlechtsseinsweisen zu erwarten waren. Denn mit der Frage nach Veränderungen der gesellschaftlichen Machtregime erscheint es besonders lohnenswert, sich solchen Zusammenhängen zu widmen, die v.a. nach gesellschaftlich vorherrschenden Maßstäben zu Geschlecht und Sexualität, also zweigeschlechtlich und heterosexuell, strukturiert sind.

Insgesamt lässt sich das **Forschungsinteresse** also wie folgt zusammenfassen:

: Formen queer- feministischer Interventionen

Welche Wege gibt es aus queer- feministischer Sicht, in herr-schende gesellschaftliche Ordnungen von Geschlecht und Sexuali-tät zu intervenieren, um diese zu verändern? Wie funktionieren diese Strategien? Welche Bedingungen müssen erfüllt sein, damit Menschen, die derlei „Methoden" anwenden, diese auch in Kon-texten als „gelungen/erfolgreich" ansehen, in denen nur wenig bis keine Anerkennung alternativer Geschlechts- und Sexualitätsent-würfe zu finden ist? Und was bedeutet für die Intervenierenden, dass Vorgehensweisen „gelungen bzw. erfolgreich" sind?

Zur Bearbeitung dieser Fragen werde ich die bislang in erster Linie theoretisch ausgearbeiteten Queeren Theorien um empirische Blicke ergänzen. Ich wage mich damit aus wissenschaftlicher Sicht an eine Leerstelle, da es sich hierbei um einen noch wenig beleuch-teten Bereich handelt. Im deutschsprachigen Kontext liegen auf wissenschaftlicher Ebene zwar bereits eine Reihe von (akade-misch) theoretischen Beschäftigungen vor, die elaborierte Überle-gungen dazu anstellen, was Ziele und Prinzipien Queerer Theorien sind. Weniger wird in diesen Zusammenhängen jedoch darauf fo-kussiert, welche eigenen Formulierungen/Gestaltungen und Über-setzungen dessen es in außer- akademischen Kontexten gibt.

Dieser gewissermaßen gleichzeitige Bezug auf einen eher uni-versitär-theoretischen Kontext und eine *Praxis*sebene[7] ist produktiv

---

7   Hier soll nicht die Trennung von Theorie und Praxis reproduziert werden. Mit dieser Einteilung geht es darum, schematisch Ungleich-gewichte innerhalb der Beschäftigung mit queer-feministischem Handeln zu betrachten. Letztlich läuft diese Teilung auf einen univer-

und notwendig. Indem diese zusammen gedacht werden, wird an den Grundsätzen Queerer Theorien angeschlossen, in denen, wie vorab bereits erwähnt, jene Dimensionen nicht voneinander getrennt gedacht werden. Angestrebt wird eine Denkbewegung von akademisch-theoretischen Konzepten über Praxen und Entwürfe des Bewegungskontextes hin zu einer Erweiterung der akademisch-theoretischen Annahmen usf.. Es geht darum, die verschiedenen Ebenen voneinander lernen zu lassen. Dies ist für den deutschsprachigen Kontext umso wichtiger, da hier die Potentialität dieses reziproken Verhältnisses in Verbindung mit der Übersetzung in einen anderen Kontext verloren gegangen sei (vgl. dazu Rauchut 2008). Mit der verstärkten Verknüpfung universitärer und außeruniversitärer Kontexte sollen Teile dieses Potentials aktiviert werden.

Auf Grund ihrer relativen Neuartigkeit ist meine Arbeit aus wissenschaftlicher Sicht als eine explorative zu verstehen. Insofern setze ich mich darin implizit auch mit der Frage auseinander, welche methodischen Wege überhaupt gangbar sind, um queer-feministische Interventionsstrategien aus einer wissenschaftlichen Perspektive heraus zu betrachten. Auf der politischen Ebene geht

---

sitär-wissenschaftlichen Bereich und einen außer-universitär-wissenschaftlichen Bereich hinaus, was nur unzureichend mit einer Trennung von Praxis und Theorie erfasst werden kann. Die Trennlinie ist die Institutionalisierung des akademischen Feldes und keine inhaltliche. Denn auch in außer-akademischen Kontexten findet Handeln statt, dass bspw. als Theoriearbeit im Sinne wissenschaftlicher Theoriebildung verstanden werden kann. Ebenso kann akademisch-wissenschaftliches Vorgehen als queer-feministische Praxis verstanden werden.

es darum, die Möglichkeiten der Intervention und der Formulierung von Alternativen zu fördern. Denn dazu ist es unabdingbar, widerständige Strategien sichtbar zu machen und in ihrem Funktionieren zu begreifen. Ferner geht damit einher, das Konzept queer-feministisch als eine eigene Lebenswirklichkeit zu stärken. Denn es umfasst nicht „nur" alternative politische Strategien, sondern ebenso eigene Verortungen, Szenen, Sichtweisen und Lebensentwürfe. Diesen in ihrem Eigensinn und ihrer Autonomie Rechnung zu tragen ist ebenso Anspruch des Buches.

Ich möchte mit der Studie also das Repertoire an queer-feministischen gesellschaftsverändernden Vorgehensweisen auf empirischem Wege erweitern, und somit Verschiebungen von Machtverhältnissen vorantreiben.

Aufbau des Buches

Im ersten Teil des Buches werde ich ein akademisch-theoretisches, queer-feministisches Verständnis von Gesellschaft und von Queer-Feminismen selbst darlegen. Dem sind das 2. und 3. Kapitel gewidmet. Im 2. Kapitel arbeite ich mich an einigen zentralen theoretischen Begrifflichkeiten und Konzepten ab, die notwendig sind, um das hier zugrunde liegende poststrukturalistische Verständnis von Gesellschaft in seinen Grundzügen erfassen zu können. Da dies in diskurstheoretischen Strömungen verankert ist, bewege ich mich damit in einem theoretischen Ansatz, der sich mit Ebenen symbolischer Bedeutung beschäftigt. Die ausführliche Entfaltung dessen ist notwendig, um nachvollziehbar zu machen, welche spezifische Perspektive mit einer queer-feministischen

Herangehensweise eingenommen wird. Zugleich formuliere ich darüber den Hintergrund der Konzepte queer-feministischer Interventionen, die mir in der späteren empirischen Analyse als Lesehilfe dienen. Außerdem möchte ich mich auf diesem Wege innerhalb Queerer Theorien positionieren, um meinen Zugang transparent zu machen.

Anzumerken ist in diesem Zusammenhang, dass meine Darstellungen, die Kriterien wissenschaftlichen Arbeitens folgen und um eine Nachvollziehbarkeit bemüht sind, eine Stringenz und klare Abfolge gesellschaftlicher Funktionsweisen suggerieren, die diesen nicht ganz gerecht wird. So sind bspw. die Mechanismen der Bezeichnungspraxen, die Logik, Differenz zu denken und die Konstruktion von Subjekten (Kap. 2.1.2, 2.1.4, 2.1.5) keine klar voneinander trennbaren Mechanismen. Vielmehr handelt es sich grundsätzlich um Prozesse, die, wie innerhalb der Ausführungen der theoretischen Grundlagen noch sichtbar werden wird, keinen Anfang, keinen Ursprung, kein Ende haben und zu jeder Zeit miteinander verzahnt bzw. konstitutiv für einander sind und gleichzeitig ablaufen. Dies lässt sich in Textform nur bedingt angemessen darstellen.

Im Anschluss an die Schilderung des grundsätzlichen Gesellschaftsverständnisses werde ich zusammenfassen, was dies für die Frage nach den Funktionsweisen herrschaftsförmiger Strukturen, wie bspw. die hier im Fokus stehenden Geschlechterverhältnisse, bedeutet (Kapitel 2.2). Um zu verstehen, was eine solche Auffassung von Gesellschaft und ihren Machtregimen auf der Ebene politischer Auseinandersetzungen heißt, werde ich jene Überlegungen im Anschluss hegemonietheoretisch einbetten (Kapitel 2.3). In einem nächsten Schritt erweitere ich das bis dahin aufgespannte theoretische Verständnis um eine intersektionale Perspektive, mit der es möglich wird, die komplexen Verschränkungen verschiedener herrschender Machtstrukturen sichtbar zu machen (Kapitel 2.4). Zuletzt skizziere ich auf der Grundlage des theoretischen Abrisses eine queer-feministische Perspektive (Kapitel 2.5).

Davon ausgehend wird es mir dann im 3. Kapitel möglich sein, ein theoretisches Konzept queer-feministischer Interventionen und ihrer politischen Zielperspektiven zu entwerfen. Teil dieses Kapitels ist außerdem ein kurzer Überblick dazu, welche Untersuchungen es in diesem Bereich bereits gibt.

Den zweiten Teil der Arbeit bildet das Kapitel zum methodischen Vorgehen (Kapitel 4). Hierin geht es mir v.a. um die methodologischen Hintergründe der angewandten narrativen Interviews, der dokumentarisch begründeten Gruppendiskussion sowie dem Auswertungsverfahren. Sie werde ich ausführlich beschreiben. Diese intensive Auseinandersetzung erachte ich als notwendig, um einschätzen zu können, welche Analyseeinstellungen mit der jeweiligen Methode geleistet werden können und welche nicht. Zudem bereite ich damit eine Basis, auf der die Ergebnisse aus den beiden unterschiedlichen methodischen Zugängen gegenseitig ergänzend zusammengeführt werden können. Ich werde damit den Rahmen erarbeiten, der die empirischen Ergebnisse nachfolgend strukturieren wird. Bestandteil des methodischen Kapitels ist des Weiteren eine kurze Vorstellung der Personen aus meiner Untersuchung und der jeweiligen Erhebungssituation.

Den dritten Teil meiner Arbeit bildet die Vorstellung der empirischen Ergebnisse (5. Kapitel). In diesem beschäftige ich mich mit den verschiedenen Formen möglicher Interventionsstrategien sowie deren Bedeutung für und Interpretation bzw. Bewertung durch die Gesprächspartner*innen. Dabei umreiße ich, wie Interventions-strategien den Diskutierenden und Interviewten folgend überhaupt verstanden werden müssen, durch welche spezifischen Formen und Funktionsweisen sie geprägt sind sowie welche Zielperspektiven mit ihnen verfolgt werden.

Im resümierenden Teil (Kapitel 6) werde ich diese Ergebnisse abstrahieren, gliedern und diskutieren. Mit der konzentrierten Zu-sammenfassung kann ich das produktive gesellschaftsverändernde Potential der Vorgehensweisen ausfindig machen und bereits auf einige sich daraus ergebende Fragen hindeuten.

Abschluss der Arbeit bildet ein Ausblick (Kapitel 7), in dem ich die Ergebnisse noch einmal verdichte und auf Leerstellen hin befrage. Es geht darum, Gelingensbedingungen für queer-feministische Interventionen auszumachen und Weiterentwicklun-gen vorzuschlagen, die ihr gesellschaftsveränderndes Potential zu katalysieren vermögen.

2 Eine theoretische Verortung

2.1 Einige Grundzüge queer-feministischer Gesellschaftsanalyse

Grundlage Queerer Theorien ist ein diskurstheoretisches Verständnis von Gesellschaft. Demnach wird hierbei die „Bedeutung symbolisch-diskursiver Prozesse für die Hervorbringung gesellschaftlicher Verhältnisse" (Engel 2005: 260) betrachtet. Diese Sichtweise kann als eine Art Resultat innerfeministischer Auseinandersetzungen verstanden werden, in denen Kritik an bisherigen feministischen Strategien und Auffassungen geübt wurde. Das Augenmerk richtete sich dabei auf das Scheitern einer *Frauen*-bezogenen Minderheitenpolitik, deren Ziel Anerkennung und Integration gewesen sei (vgl. a.a.O.). Ins Visier gerieten blinde Flecken innerhalb dieser Politiken, durch die Ausschlüsse und Diskriminierungen erzeugt wurden.

Ausschlaggebend waren vor allem Kritiken Schwarzer Queers und Queers of Color (vgl. Rauchut 2008: 48). In diesen wurde darauf aufmerksam gemacht, dass die genannten problematischen Wirkungen in dem von der Frauenbewegung verwendeten politischen Subjekt der *Frau*[8] selbst begründet waren. Ausgegangen

---

8 Die in dieser Arbeit gesetzten ***Kursivsetzungen*** sollen in Anlehnung an Judith Butler auf das Umkämpftsein des jeweiligen Ausdrucks hinweisen. Butler selbst nutzte zu dieser Markierung Anführungszei-

wurde darin von einem Kollektiv der *Frauen*, ohne zu erkennen, dass die darin vorgenommenen Analysen und aufgestellten Forderungen v.a. für *weiße*, mittelständische und heterosexuelle *Frauen* Geltung besaßen und somit weiterhin diskriminierende (insbesondere rassistische) Strukturen perpetuiert wurden. In jenen Auseinandersetzungen wurde also deutlich, dass es die Konzepte von Identität und Subjekt grundlegend zu hinterfragen galt. Es erschien notwendig, dominante sozio-kulturelle Ordnungen von Herrschaftsverhältnissen in ihren Strukturierungsweisen zu analysieren, statt um Anerkennung und Gleichstellung zu ringen. Das bedeutet nicht, dass mit Hilfe jener Politiken keine wertvollen Veränderungen angestoßen wurden. Auch sollten identitätsbezogene Politikstrategien damit nicht als unsinnig verworfen werden. Vielmehr führten jene Auseinandersetzungen zu neuen Fassungen von Identitätspolitiken, auf die ich an späterer Stelle noch einmal zu sprechen kommen werde.

---

chen. „Ich habe diese Ausdrücke in Anführungszeichen gesetzt, um zu zeigen, dass sie umstritten sind, gleichsam heiß umkämpft sind, um diesen Streit zu entfachen, die herkömmliche Verwendung dieser Termini in Frage zu stellen und eine andere zu fordern. [...] Der Effekt dieser Anführungszeichen besteht darin, diese Begriffe zu entnaturalisieren bzw. diese Zeichen als Schauplätze der politischen Diskussion zu kennzeichnen (Butler 1993: 56). Demnach werde ich Kursivsetzungen im Folgenden dazu verwenden, um zu markieren, dass es sich um politisch zu debattierende und keinesfalls natürlich begründete Begriffe handelt. Trotz ihrer zumeist häufigen alltäglichen Verwendung stellen sie keine so eindeutigen Begrifflichkeiten dar, wie ihre Alltagsverwendung suggerieren mag. Die Notwendigkeit dieser Infragestellung von Wortbedeutungen wird sich mit dem Fortgang der theoretischen Ausarbeitung noch weiter herausstellen.

Zugänglich und nachvollziehbar wurden jene problematischen Implikationen der auf *Frauen* forcierten Identitätspolitik vor dem Hintergrund eines diskursiven Modells von Gesellschaft. Verwurzelt im Strukturalismus, macht dieses darauf aufmerksam, welche zentrale Rolle die Ebene symbolischer Ordnung für die Konstituierung gesellschaftlicher Verhältnisse einnimmt. Ein wichtiger Fokus liege dabei auf Sprache, die darin als ein gesellschaftliches System von Regeln, statt als neutrales Transportmittel zu verstehen sei (vgl. Raab 1998: 12). Als Regelsystem wird sie zur konstitutiven Bedingung von Gesellschaft. Demnach wird mit einem strukturalistisch informiertem Gesellschaftsverständnis die Bedeutung der symbolischen Ebene für gesellschaftliche Verhältnisse herausgestrichen. Dies löst auch die Vorstellung vom Subjekt als eine souverän handelnde und gesellschaftliche Strukturen bestimmende Instanz ab. Stattdessen unterliegen auch Subjekte, wie ich in Kapitel 2.1.5 noch genauer ausführen werde, den symbolischen Regelsystemen.

Innerhalb der Verarbeitung jener Ansätze innerhalb poststrukturalistischer Strömungen wird die in strukturalistischen Ansätzen herausgearbeitete zentrale Bedeutung der symbolischen Ebene für gesellschaftliche Verhältnisse um ein prozessuales Verständnis der Strukturen, die diese Ebene ausmachen, erweitert. Anstatt die Strukturen symbolischer Ordnung als starr, stabil und überdauernd zu verstehen, werden sie als unabgeschlossen, unbegrenzt und sich stetig verändernd begriffen. Ausgangspunkt sei eine „radikale Dezentralisierung und Pluralisierung des Strukturbegriffs" (a.a.O.: 14). Strukturen werden nun als stetiges Werden betrachtet, als Prozessualitäten, nicht als vorgängige Fixierungen. Hinzu kommt, dass jene Vorgänge nicht als v.a. auf Sprache bezogen gedacht werden, sondern auch kulturelle Praktiken mit einbezogen sind. Weiterhin geht es darum, wie sich diese Strukturierungen konkret, wie bspw. in Institutionen, Architektur, körperlichen Erfahrungsweisen niederschlagen. Jedoch liegt der Ausgangs- und damit auch Schwerpunkt der Betrachtung bei den Funktions- und Wirkungsweisen symbolischer Ordnung.

Vor diesem Horizont poststrukturalistischer Paradigmen bewegen sich Queere Theorien und meine im Folgenden zu entfaltende Verortung innerhalb dieser Theorierichtung. Zentrale Bezüge sind darin Foucaults sprach- und diskurstheoretisches Verständnis von Gesellschaft und dessen Verarbeitung und Erweiterung durch Butler. Erarbeitet wird dabei ein Gesellschaftsverständnis, das die Bedeutung von Sinnproduktionen auf der Ebene symbolischer Ordnungen betont. Butler formulierte dabei, ausgehend von der Rolle dominanter Geschlechterverhältnisse, eine radikal veränderte Vorstellung vom Subjekt, das hierin in seiner grundsätzlichen Bedingtheit durch Herrschaftsmechanismen erkennbar wird. In der „kritischen Genealogie der Geschlechtskategorien" (Butler 1991: 10) wird ersichtlich, wie diese von Machtverhältnissen strukturiert sind und wie Veränderungen dieser bzw. Intervention in diese gedacht und ihnen ein Weg bereitet werden kann.

Im Folgenden sollen deswegen zuerst ein grundlegendes, auf Butler zurückgehendes, Verständnis vom Funktionieren symbolischer Ordnung und ihre Rolle für gesellschaftliche Prozesse bzw. den damit verknüpften Konstitutionsbedingungen von Subjekten skizziert werden. Ziel ist es dabei nicht, eine umfassende Exegese vorzunehmen. Stattdessen werde ich mich auf einen knappen Überblick einiger zentraler Aspekte und Begrifflichkeiten beschränken, die nötig sind, um den Hintergrund, vor dem queer-feministische Gesellschaftsanalysen stattfinden, zu verstehen. Dazu zählt ein grundlegendes Verständnis davon, wie sich symbolische Ordnung entwickelt, funktioniert, nach welchen Mustern dieses Funktionieren organisiert ist, wie dies von Macht durchzogen ist und welche Rolle darin Subjekten zukommt. Auf dieser Grundlage werde ich im Anschluss meine queer-feministische Perspektive umreißen. Darunter werde ich zum einen eine hegemonietheoretische Verortung vornehmen. Diese neo- bzw. postmarxistische theoretische Strömung, bildet ein wichtiges Fundament, um politische Zielperspektiven formulieren zu können. Mit Hilfe eines hegemonietheoretischen Ansatzes, der sich v.a. mit der Konstituierung gesellschaftlicher Machtverhältnisse und Vorherrschaft beschäftigt, kann beschrieben werden, wie gesellschaftliche Strukturierungen trotz ihres fluiden und veränderlichen Charakters als Herrschafts- und Unterdrückungsverhältnisse funktionieren. Zugleich wird damit aber auch darauf verwiesen, wie herrschaftskritische Gegenbewegungen Veränderungen anstoßen können. Als weitere Grundlage politischer Zielperspektiven queerfeministischer Ansätze zählen darüber hinaus intersektionale Perspektiven. Diese theoretische Perspektive innerhalb der Gender Studies, die sich dezidiert mit dem Zusammenwirken verschiedener Herrschaftsstrukturen auseinandersetzt, stellt, wie noch zu zeigen sein wird, einige Denkbewegungen bereit, die ermöglichen, die machtvollen Strukturierungen in ihrer Komplexität zu erfassen.

2.1.2 Bezeichnungspraxen

Auf diskurstheoretischen und poststrukturalistischen Grundlagen aufbauend kommt der Rolle symbolischer Ordnung in einem queer-feministischen Gesellschaftsverständnis eine fundamentale Bedeutung zu. Damit rücken Bedeutungen und Sinngehalte sowie ihre (Re-)Produktion durch den Akt des Benennens in den Fokus. Es geht darum, wie Dinge bezeichnet werden, ihnen Bedeutung verliehen wird bzw. wie sie welche Bedeutungen erhalten, was mit welchen Bedeutungen belegt wird. Diese Vorgänge des Bezeichnens sind Prozesse, in denen gesellschaftliches Wissen und symbolische Ordnung produziert werden. Zu Einheiten von Bedeutung bzw. deren Träger*in werden sie erst im Prozess ihres Erscheinens durch Bezeichnungen. Sprache, Worte, Praktiken, etc. sind nicht vor ihrer diskursiven Einbettung da, sondern sie entstehen in ihren Bedeutungen in dem Moment, in dem sie bezeichnet werden. Demnach ist überhaupt nichts existent, ohne benannt zu werden. Sprache ist keine Instanz, die Objekte abbildet bzw. repräsentiert oder Bedeutungen bzw. Normen auf Oberflächen einschreibt. Vielmehr bringt sie Dinge, Subjekte und Verhältnisse zur *Existenz*, indem sie diese benennt, Bezug auf sie nimmt. Die Benennung bildet kein Original ab; repräsentiert es nicht, sondern Originale entstehen als *Original* erst durch ihr Bezeichnetwerden. „Aufgrund seines Postuliert- Seins [wird das Original; A.N.] zur Wirkung des gleichen Postulierens" (Butler 1997: 26).

Dieses poststrukturalistische Konzept von Bezeichnungspraxen bildet eine der Grundvorstellungen queer-feministischer Ansätze über das Funktionieren von Gesellschaft. In diesem kondensiert die diskurstheoretische Vorstellung, nach der nichts und niemand existent ist ohne über das Bezeichnen mit Bedeutung versehen zu werden. Innerhalb feministischer Theorien bewirkte diese Annahme insbesondere hinsichtlich der Trennung von *sex* und *gender* ein grundlegendes Umdenken. Hierin verdeutlicht sich zudem die poststrukturalistische Vorstellung von Bezeichnungspraxen. „Wenn auf das »biologische Geschlecht« Bezug genommen wird als etwas, was dem sozialen Geschlecht vorgängig ist, wird es selbst zum Postulat, zu einer Konstruktion, die in der Sprache als das offeriert wird, was der Sprache und der Konstruktion vorhergeht" (Butler 1997: 26). Demzufolge ist der biologische Körper außerhalb des Diskurses überhaupt nicht greifbar, er *ist* außerhalb des Diskurses nicht. Die Unterscheidung in *sex* und *gender* wurde damit hinfällig. Insofern sei das biologische Geschlecht und auch der Körper gewissermaßen rückwirkend als dem Diskurs vorgängig hergestellt (vgl. Bublitz 2002: 39). Das heiße allerdings nicht, dass die Existenz bspw. körperlicher Erfahrungen geleugnet würde. Sprachliches ist nicht die einzige Dimension, die Gesellschaft bestimmt. Verdeutlicht werde darüber lediglich, dass auch materielle Dimensionen (wie eben körperliche Erfahrungen oder bspw. Architektur) erst durch eine Prägung im Diskurs eine Bedeutung erhielten und damit ebenso wenig als prädiskursiv verstanden werden können (vgl. Rauchut 2008: 69). Erst im Bezeichnetsein können sie eine gesellschaftlich sinnhafte, also relevante, Rolle spielen.

Bezeichnungspraxen verlaufen aber nicht willkürlich und in immer neuer Weise. Vielmehr findet sich darin eine langfristige Stabilität, die mit Hilfe des Butler'schen Begriffs der Performativität nachvollzogen werden kann.

2.1.3 Performativität

Dass gleichbleibende stabile Bedeutungen entstehen können, hängt mit der Form zusammen, in denen Bezeichnungen erfolgen. Denn sie verlaufen wie Zitierungen. Bezeichnungen werden nicht immer wieder völlig variabel von Neuem vorgenommen, sondern sie basieren auf vormaligen Bedeutungen. Jede Bezeichnung schließt in zitatförmiger Weise an vorherige Bezeichnungen an, die selbst ebenso Zitate von Vorangegangenem waren. Butler bezeichnet dies im Anschluss an Derrida als „performative Äußerungen" (Butler 1997: 36). Demnach bilden sich über die Zeit scheinbare Stabilitäten. Sie kristallisieren zu Normen. Solche normativen Ordnungsstrukturen bilden Diskurse, in denen Normen und deren Autorität hervorgebracht werden. Bezeichnungen sind „so gesehen, Zitate von Konventionen und historisch abgelagerten Diskursen, die dem Gesagten ein entsprechendes Gewicht geben" (Bublitz 2002: 33). Damit erneuern und festigen sie aber nicht nur die bestehende Ordnung und ihre Konventionen, sondern darüber werden diese, wie vorab schon beschrieben, überhaupt erst existent. Im repetitiven Bezeichnen werden die Dinge, die scheinbar in diskursiven Akten repräsentiert werden, performativ erschaffen, wiederhergestellt, gefestigt und legitimiert. In ihrem Wiederholtwerden etablieren sich vorherrschende Bezeichnungen und Bedeutungen als Selbstverständlichkeiten; wie jene, dass es *naturgemäß* zwei Geschlechter gibt. Da, wie eingangs erwähnt, sich dies auf jegliche Ebene gesellschaftlicher Praktiken bezieht, umfasse dies u.a. sowohl Dimensionen der subjektiven Ebene wie Verhaltensweisen, Körpererfahrungen, und Gewohnheiten (vgl. Engel 2002: 12) als auch institutionelle Bereiche wie Gesetze oder Architektur. Butler spricht hinsichtlich solcher Verfestigungen von „Materialisierungen" (1997: 21). Als Wirkung der zitathaften Bezeichnungen entsteht gesellschaftliches *common sense* Wissen, also eine Form von geteilten *Wahrheiten* und *Selbstverständlichkeiten.* Dessen weitere Zuspitzung und Verfestigung schlagen sich als Vorstellungen unhintergehbarer *Tatsachen* wie das *Natürliche* sowie deren materialisierte Realisierungen nieder. Demnach kann nicht mehr davon ausgegangen werden, es gebe vorangehende Wahrheiten oder natürliche Fakten, die als Grund von Bezeichnungen fungieren. Erst in den Wiederholungen entsteht dieser Anschein als ein Effekt.

Damit wird hierin auch Veränderungspotential gesellschaftlicher Verhältnisse sichtbar. Denn mit dem Erkennen, dass für die Stabilität von herrschaftsförmigen Strukturierungen stetige Wiederholungen notwendig sind, wird offenkundig, dass sie weniger und stabil sind als sie anmuten. Sie bestehen nicht einfach fortwährend, sondern erscheinen erst im Effekt jener Mechanismen als stabil. Wandelbarkeit liegt darüber hinaus darin, dass die Wiederholungen niemals in exakt derselben Weise verlaufen. Den Zitierungen sind immer schon Nuancen der Verschiebung eingelassen.[9] Trotzdem sind die scheinbar stabilen Regelhaftigkeiten nicht einfach veränderbar. Denn jene Wiederholungen sind, wie weiter unten noch ausgeführt wird, immer auch von Machtverhältnissen durchzogen. Zwang sei die Vorbedingung von Performativität (vgl. Jagose 2001: 113). Demnach können jene Regelhaftigkeiten nicht

---

9   Dies knüpft an Derridas Konzept der „différance" an.

einfach singulär (bspw. durch Wiederholungen in anderer Weise) verändert werden.

Neben ihrer Form als wiederholende Zitierungen sind Bezeichnungspraxen zudem durch eine spezifische Systematik gekennzeichnet. Die Prozesse der Bezeichnungen verlaufen nach einem bestimmten Prinzip, Differenz zu denken. Es handelt sich dabei um eine grundlegende Funktionsweise, nach der Prozesse der Bedeutungsproduktion und damit auch die Beschaffenheit von Bedeutungen selbst organisiert sind.

2.1.4 Die Logik, Differenz zu denken – Das Identitätsprinzip

Die Beschaffenheit von Bedeutungen lässt sich mit Hilfe der Figur des Identitätsprinzips beschreiben (Engel 2005: 265). Demnach erscheinen Bedeutungen als stabile, abgeschlossene und klar umgrenzte Einheiten, die einen einzigen eindeutigen Sinngehalt – eine Identität – die präzise definiert ist, besitzen. Mit dem Begriff der Identität wird verdeutlicht, dass es so wirkt, als sei ein Sinngehalt bzw. eine Bedeutung Ausdruck eines Objektes, das Träger der Bedeutung ist. Gleiches gilt, wie im nachfolgenden Kapitel noch vertieft werden wird, für die Konstitution für Subjekte. Es besteht der Eindruck, die Bedeutung spiegele den Kern/das Wesen wieder bzw. bilde jenen/jenes ab.

Diese Logik, nach deren Muster Bedeutungen geformt sind, entsteht in demselben Moment, wie die Bedeutungen selbst. Erst in den Prozessen der Bezeichnung entsteht auch ihre Form des

38

Identitären. Es gibt nichts oder niemanden, das/die*der dies zuvor bestimmt. Lediglich der Mechanismus des Zitierens erzeugt Stabilität. Die Logik der Differenz ist aber gewissermaßen nicht schon *vorher* da. Demnach ist sie sowohl Effekt als auch notwendige Voraussetzung dieser Prozesse. Im Anschluss an Foucaults macht- und diskurstheoretische Subjektkonzeption meint dies eine konstitutive Verknüpfung von Identität an den Diskurs. „Die Identität ist als *Praxis*, und zwar als *Bezeichnungspraxis* zu verstehen" (Butler 1991: 212; Herv.i.O.). Dies bedeutet, dass es keine vordiskursive Identität gibt und auch keinen Kern, dem sie entspringt, dessen Ausdruck sie ist. Sie artikuliert sich nicht sprachlich, sie i s t diskursive Praxis. Jedoch ist der Anschein einer eindeutigen Identität und präziser Sinngehalte Voraussetzung dafür, dass jemand/etwas zu sozial anerkannter Existenz gelangt.

Bedingung der als abgeschlossen gedachten Bedeutungen bzw. Identitäten sei eine bestimmte Art, Differenz zu denken (vgl. Engel 2005: 264f). Denn für eine klar umrissene Bedeutung braucht es jeweils einen Bereich des *Anderen*, der diese Grenzen konstituiert. Differenz wird damit als Gegensatz gedacht. Sie ist binär organisiert, da eine Bedeutung notwendigerweise stets ein *Anderes* hat. Eine spezifische Bedeutungseinheit bildet in dieser Binarität das Zentrum, eine unverrückbare Figur, die die Norm verkörpert. Dieser „privilegierte Part behauptet durch die Abgrenzung von seinem Anderen die Identität mit sich selbst" (Rauchut 2008: 14). Das zu dessen klarer Konturierung notwendige *Andere* kann als *Anderes* nur noch als Abweichung vom Zentrum gedacht werden. Es ist immer schon unvollständig und damit abgewertet. So gilt bspw. das *Männliche* (oder die Heteronorm, *Weißsein*, etc.) als ein solches normatives Zentrum, worüber das *Weibliche* (oder Homosexualität, Bisexualität, People of Color Sein) nur noch als die minderwertige Differenz gedacht werden kann. In diesem Relationierungsverhältnis entstehen also stets Normen und damit einhergehende Hierarchisierungen. Demnach sind sowohl Normen als auch deren als Gegenüber bzw. Gegensatz gedachten Abweichungen konstitutiv in Bedeutungen eingelassen. Engel (2005) fasst diese Bewegung wie folgt zusammen:

„Moderne westliche Kultur, und mit ihr die binäre Geschlechterordnung, ist bestimmt vom Identitätsprinzip, das die Welt der Zeichen und Dinge in klar umgrenzten, stabilen (Bedeutungs-)Einheiten organisiert. Auf der Basis des Identitätsprinzips formiert sich die Binarität als eine spezifische Form, Differenz zu denken. Diese zeichnet sich nicht nur dadurch aus, Hierarchien zu bilden, sondern diese an einer monolithischen und damit normativen Figur auszurichten. Gemäß eines binären Differenzverständnisses wird eine singuläre Einheit (z.b. der Phallus oder die Heteronorm) als Zentrum gesetzt, demgegenüber jede Differenz nur als Abweichung, als das Andere, das Verworfene angesehen werden kann" (264f).

Hieran anschließend muss folglich die Auffassung zurückgewiesen werden, es gäbe ein *Original* oder *Kern*, das/der von eindeutigen Zeichen repräsentiert würde. Vielmehr ist dies nun als Effekt der Bedeutungsproduktionen zu verstehen, in deren Zuge eine Bedeutung über die Logik der Differenz überhaupt erst zu einem solchen *Kern* bzw. *Original* wird. Die Idee eines Ursprungs ist hinfällig.

Damit wird eine Linie abendländischer philosophischer Denktradition verworfen. Denn so gerät auch der Dualismus von Geist und Körper, der der Natur einen minderen Status zuweist, ins Blickfeld. Es existiert keine natürliche Basis des Kulturellen, das sich im Kulturellen ausdrückt oder auf deren Oberfläche sich Kulturelles abspielt. Über die Funktionsweise des Identitätsprinzips sind die Opposition von Natur und Kultur sowie die darin eingelassenen Hierarchisierungen jedoch grundlegend in Bedeutungen und deren (Re-)Produktion verankert. Über derlei Mechanismen artikulieren sich gesellschaftliche Machtstrategien, die neben Hierarchien auch Ausschlüsse produzieren.

Hier ist es nun nötig, sich der Konstitution des Subjekts innerhalb dieser Mechanismen zu widmen. Denn insgesamt handelt es sich bei diesen Prozessen um ein bestimmtes Verständnis von *Konstruktion,* in der dem Subjekt eine spezifische Rolle zukommt.

2.1.5 Konstruktion des Subjekts

Mit dieser Auffassung von Prozessen der Bedeutungsproduktion ist ein spezifisches Verständnis von Subjekten verbunden. Der Begriff Subjekt bezeichnet in diesem Zusammenhang keine einzelnen Personen, sondern die Position eines*r Träger*in von Handlungen innerhalb dieser Prozesse. Auf Grund der zentralen Stellung des Subjektverständnisses innerhalb poststrukturalistischer Ansätze werde ich dieses im Folgenden in seinen Grundzügen skizzieren. Die Aufgabe ist hierbei allerdings nicht, ein ausformuliertes Subjektverständnis zu entwerfen. Vielmehr geht es darum, die Prozesse der Produktion von gesellschaftlich legitimer Bedeutung zu beschreiben, wozu unweigerlich die Formulierung der Rolle des Subjektstatus gehört.

Davon ausgehend, dass nichts vor der jeweiligen Bezeichnung ist und alles in seiner Funktion und Bedeutung erst durch die repetitive, zitatförmige Benennung materialisiert, muss ebenso die Auffassung verworfen werden, dieser Prozess könne von irgendwem oder irgendetwas bestimmt bzw. initiiert sein oder vollzogen werden. In diesem Prozess der Konstruktion gibt es keine Position eines Subjekts im Sinne eines*r Träger*in, die*der die Handlung des Konstruierens vollzieht. A l s Subjekt im Sinne eines*r Handlungsträger*in wird das Subjekt selbst erst darin konstruiert. In der Konstruktion erlangt es den Anschein, Träger*in dieser Prozesse zu sein. Folglich sind Konstruktionen als Prozesse zu verstehen, in denen Bedeutungen und die Vorstellung vom Subjekt, das scheinbar konstruiert, überhaupt erst zur *Existenz* verholfen werden. Es gibt keinen Anfang und kein Ende von Konstruktion, keinen Ursprung und keine Oberfläche, auf der sie geschieht bzw. in die sie sich einschreibt. „Konstruktion ist weder ein Subjekt, noch dessen Handlung, sondern ein Prozess ständigen Wiederholens, durch den sowohl »Subjekte« wie »Handlungen« überhaupt erst in Erscheinung treten" (Butler 1997: 32). Somit sind Subjekte und Bedeutungen auch keine Produkte, die schließlich aus jenem Verlauf resultieren. Vielmehr sind sie selbst dieser Fortgang. Ferner bedeutet dies, dass es kein Subjekt gibt, das als von Prozessen der Entstehung von Bedeutung und damit auch gesellschaftlichen Strukturen unabhängig gedacht werden kann. Ebenso ist damit kein gegenseitiges aufeinander Einwirken von Subjekten auf der einen und gesellschaftlichen Verhältnissen auf der anderen Seite gemeint. Vielmehr sind sie als gleichzeitige Effekte ein und derselben Prozesse anzusehen. Diesem grundsätzlichen Verwerfen einer Subjektposition als autonome Träger*in von Handlungen folgend können zudem auch gesellschaftliche Strukturen nicht als determinierende Kraft dieser Prozesse aufgefasst werden. Denn dies käme abermals der Position eines bestimmenden Subjekts gleich. Weder Subjekte noch gesellschaftliche Strukturen sind Ausgangspunkt solcher Bezeichnungspraxen und Bedeutungsproduktionen. Zugleich sind sie in diesem Werden, in dem sie sich materialisieren, gegenseitig konstitutiv für einander. Das heißt nicht, dass Subjekte im Sinne konkreter Personen ihrer Handlungsmöglichkeiten enthoben werden. Sie können trotzdem Einfluss nehmen. Es bedeutet „nur", dass sie nicht außerhalb dieses Verhältnisses oder diesem gegenüber stehen bzw. „frei" von diesem wären oder dieses anleiten würden.

In der eigenen Selbstwahrnehmung scheint es undenkbar, geradezu absurd, sich nicht als Initiator*in und Ausführende*r von Handlungen zu verstehen. Ebenso bietet die vorhandene Sprache kaum Möglichkeiten, diesem Gedankenkomplex adäquat Ausdruck zu verleihen. So deutete sich im Vorangegangenen bereits an, dass es kaum Formulierungen gibt, die nicht suggerieren, dass es etwas bzw. jemanden gibt, der/die/das die Subjektposition im Sinne eines*r Trägers*in von Handlungen einnimmt. Für eine angemessene Beschreibung sind Begriffe nötig, die der Prozessualität der Vorgänge Ausdruck verleihen. Damit können die scheinbar beständigen und überdauernden Effekte von Bedeutungsproduktionen in ihrem stetigen Werden sichtbar und angreifbar gemacht werden.

Der Effekt, dass die Subjektposition im Sinne autonomer Träger*innen von Handlungen erscheint, ist konstitutive Bedingung für das (weitere) Funktionieren der herrschenden gesellschaftlichen

Mechanismen von Bedeutungsproduktion. Diese funktionieren in der vorherrschenden Art und Weise nur (weiter), wenn die Subjektposition selbst anschließend an das Identitätsprinzip als eine Träger*in abgeschlossener, einheitlicher, sich selbst beständig und konsistent über die Zeit hinweg gleichbleibender Identität erscheint. Des Weiteren muss die Identität gewisse als selbstverständlich betrachtete Attribute umfassen, die darüber hinaus eindeutig bestimmt sind. Das Subjekt erscheint in den diversen Facetten seiner Identität als klar definiert, eingrenzbar, konsistent und als Ausdruck/Abbild eines wesenhaften Kerns.

Umgekehrt gedacht bedeuten diese Prinzipien, dass es bestimmte Bedingungen gibt, die erfüllt sein müssen, um gesellschaftlich als Subjekt zu gelten. Damit einzelne Personen als Subjekte anerkannt sind, müssen sie durch klar bestimmte und eingegrenzte Attribute charakterisiert erscheinen, die ihnen einen sozial anerkannten Sinn verleihen. Subjekte sind nur dadurch Subjekte, dass sie gesellschaftlich gültige Bedeutungen erfüllen und darüber „Sinn ergeben". Anders kann sich gar nicht auf Personen bezogen werden. Denn „das Subjekt ist die sprachliche Gelegenheit des Individuums, Verständlichkeit zu gewinnen und zu reproduzieren, also die sprachliche Bedingung seiner Existenz und Handlungsfähigkeit" (Butler 2001: 15).

Um zu beschreiben, welche Attribute erfüllt sein müssen, um den Status eines gesellschaftlich anerkannten Subjekts zu erlangen, führt Butler (1991) das Konzept der „Matrix der Intelligibilität" (39) ein. Es bezeichnet den Bereich und die Konstitutionsbedingungen gültiger Ordnungsstrukturen, die maßgeblich für sozial anerkannten Sinn sind. Explizit einbezogen sind darin die Funktionsweisen von Machtverhältnissen, womit das Konzept darauf aufmerksam macht, inwiefern diese Prozesse der Subjektwerdung als Regulierungen zu verstehen sind. Zu den in der Matrix der Intelligibilität verankerten Maßstäben des Intelligiblen zählen u.a. Zweigeschlechtlichkeit und Heterosexualität.[10] So beschrieben wird deutlich, dass es sich bei der Unterscheidung in zwei biologisch begründete Geschlechter sowie der Annahme von Heterosexualität als *normale* bzw. *natürliche* Form der Sexualität um Normen handelt, die gesellschaftliche Strukturierungen organisieren. Um dies zu verdeutlichen wird im Zusammenhang der Heterosexualität im Anschluss an Warner (1991) auch von Heteronormativität gesprochen. Damit wird unterstrichen, dass es sich hierbei um einen ganzen Komplex an Normen handelt, der alle gesellschaftlichen Bereiche durchziehe und, wie hier beschrieben, bis in die Subjekte selbst hineinwirke (vgl. Mesquita 2011: 38). Als Normenkomplexe werden sie über ständig fortlaufende Wiederholungen – performative Akte – hergestellt und aufrechterhalten, die die Matrix der Intelligibilität in ihrer Form wieder und wieder einsetzen und legitimieren.

Damit ist die genannte Matrix als Gefüge kohärenter Normen und Konventionen zu verstehen, welches erst durch seine wiederholte Einsetzung Kohärenz erlangt. Es handele sich um eine „Metapher für Referenz-, Verweisungs- und Differenzstruktur" (Bub-

---

10 Im Abschnitt 2.4 zur Notwendigkeit einer intersektionalen Perspektive wird Bezug darauf genommen, dass die Dimensionen der Zweigeschlechtlichkeit und der Heterosexualität nicht unabhängig von weiteren herrschenden Regulierungsverfahren gedacht werden können. An dieser Stelle fokussiere ich zur besseren Nachvollziehbarkeit allerdings vorerst auf Butlers Begrifflichkeiten, die von herrschenden Geschlechterverhältnissen ausgehend entwickelt wurden.

litz 2002: 66), die abermals entlang der identitätsbezogenen Logik der Differenz organisiert ist. Die Matrix bestimme bspw., „welche Geschlechtlichkeiten als sinnhafte verstanden werden können", wobei sie „sowohl diese Geschlechtlichkeiten als auch einen Bereich nicht-intelligibler Verkörperungen und Identifizierungen als Verwerfungen hervorbringt" (Schirmer 2010: 43). Diesen Bereich des notwendigen Nicht-Intelligiblen bezeichnet Butler als „konstitutives Außen" (Butler 1997: 259). Es ist anknüpfend an die Logik der Differenz erforderlich, um die Grenzen des Intelligiblen zu bestimmen.

Insgesamt sind demnach also sowohl das Format der Abgeschlossenheit und Eindeutigkeit als auch der *Inhalt* der Facetten von Identität notwendig für den Status eines intelligiblen Subjekts. So gelten bspw. jene Geschlechtsidentitäten als intelligibel, „die in bestimmtem Sinne Beziehungen der Kohärenz und Kontinuität zwischen dem anatomischen Geschlecht *(sex)*, der Geschlechtsidentität *(gender)*, der sexuellen Praxis und dem Begehren stiften und aufrechterhalten" (Butler 1991: 38; Herv.i.O.). Um intelligibel zu sein, muss die Geschlechtsidentität als Ausdruck eines biologischen Geschlechts, von dem es nur zwei gibt, erscheinen und das Begehren auf das jeweils andere Geschlecht gerichtet sein. Den geschlechtlich nicht *richtig* identifizierten Personen wird hingegen gewissermaßen ihr Menschsein abgesprochen. Denn sie ergeben keinen sozial gültigen Sinn, können also nicht als Mensch in Erscheinung treten. Die Ausbildung einer kohärenten, eindeutigen und unverrückbaren Geschlechtsidentität sei zwingende Vorausset-

zung, um „kulturell intelligibel zu sein und eine soziale Subjektposition in Anspruch nehmen zu können" (Engel 2002: 23).[11]

Mit jener Dezentrierung des Subjekts und der eben verdeutlich-
ten Instabilitäten, werden Brüche, Diskontinuitäten und Verschiebungen sichtbar. Dies zeigt auf, dass Veränderungen der Strukturierungen, die vormals als recht beständig angenommen wurden,
möglich sind. Zugleich kommt es darin aber durchaus zu Stabilisierungen. Wie im Zusammenhang mit der Matrix der Intelligibilität
beschrieben, kondensieren sie zu Normen, worüber sie machtvoll
wirken. Demnach bedeutet die prinzipielle Veränderlichkeit von
Strukturierungen nicht, dass Wandlungen leicht zu vollziehen wären. Grund dafür ist eine spezifische Form von Macht. Diese ist
Gegenstand des folgenden Abschnitts.

Eine so zentrale Rolle hat die Frage nach der Subjektposition
v.a. deswegen, weil queer-feministische Theorieentwicklung aus
Kritiken an *weißen* feministischen Identitätspolitiken und den damit verbundenen Vorstellungen politischer Subjekte resultieren.
Fraglich wird mit der vorangegangenen Skizze nun aber, wie Identitäten als Grundlage politischer Forderungen verstanden werden
können und weiter, wer Träger*in davon sein kann. Solchen Implikationen für politische Positionierungen werde ich mich an späterer
Stelle (Kapitel 2.5) widmen.

---

11 Die darin herrschenden Normen stellen Ideale dar, die nie vollständig
erreicht werden können. Das Subjekt scheitert stets; es ist keineswegs
je vollständig die Norm. Dieser Aspekt eines notwendigen Scheiterns
spielt bei Butler eine große Rolle; kann an dieser Stelle aber vernachlässigt werden.

2.1.6 Konstitutionsbedingungen von Macht

Wie schon angedeutet, verlaufen Bezeichnungen und damit Bedeutungsproduktionen, auch wenn sie veränderlicher sind, als sie den Anschein erwecken, nicht willkürlich. Da ihr Wiederholtwerden zitatförmig verläuft, kondensieren darüber bestimmte Regelhaftigkeiten. Über Wiederholungen hinweg stabilisieren sich die Zitate zu Konventionen und werden zitatförmig in ihrer (scheinbaren) Stabilität fortgeschrieben. Somit etabliert sich ein normatives Ordnungsgefüge, das bestimmte Bezeichnungen, Deutungsschemata wie auch Subjektpositionen zulässt und andere nicht. „Die diskursiven Regeln [bestimmen; A.N.] die Gegenstände, die in einem Diskurs zur Sprache kommen können, die Subjektpositionen, die in ihm eingenommen werden können, die Begriffe, die in ihm verwendet werden können und die Theorien, die ihn prägen" (Raab 1998: 27). Hinzu kommt, dass die Zitierungsketten keinen Ursprung haben, sondern stets an historische, geopolitisch verortete Regelhaftigkeiten anschließen. Somit ist es missverständlich davon zu sprechen, dass sich die Konventionen darin bilden. Vielmehr haben diese Prozessualitäten keinen Anfang und kein Ende und werden in meiner Beschreibung hier zum Stillstand gebracht, um überhaupt beschreibbar zu sein. Dies wird jedoch ihrem prozessualen Charakter nicht ganz gerecht.

Die dargestellte Auffassung von Stabilisierungen durch Wiederholungen bedeutet ein spezifisches Verständnis von Macht, da diese ebenso Teil der fortwährenden Werdensprozesse ist. Sie besteht immer und überall selbst als Effekt wie auch als maßgebliche Voraussetzung. Sie kann demnach nicht als etwas in einem *Außen* aufgefasst werden und ebenso gibt es kein Außerhalb von Machtverhältnissen. „Macht [ist; A.N.] als ein dynamisches Netzwerk vielfältiger Kräfteverhältnisse und instabiler Relationen zu verstehen [..], die mittels von Diskursen und Praktiken produktive Wirkungen entfalten" (Engel 2002: 42).

Produktiv ist Macht insofern, als sie notwendig Prozesse der Bedeutungsproduktion strukturiert und zugleich selbst erst durch diese generiert wird. Bezeichnungspraxen und damit einhergehend die Produktion von Bedeutungen stehen – strukturiert entlang verschiedener Machtachsen – in (oft auch widerstreitenden) Relationen zueinander. Bedeutungen sind dementsprechend als (spannungsreiche) Relationierungen zu verstehen. Allerdings determinieren Machtverhältnisse Bedeutungsproduktionen genauso wenig wie Bedeutungen durch eine Instanz wie das Subjekt eingesetzt werden. Wie bereits aufgezeigt, kann auch sie keine solche Subjektposition besetzen. Vielmehr ist Macht in jedem Werden mit enthalten und entsteht selbst erst in eben jenem Werden. Die Vormachtstellung von Bedeutungs- und Deutungssystemen bleibt erhalten, da sie mittels der Zitierungen als historisch und geopolitisch vorherrschend sedimentieren. Über ihr beständiges Wiederholtwerden, das mit der Zeit bspw. in der Architektur auch physische Gestalt annimmt, werden sie wieder und wieder in ihrer dominanten Position eingesetzt und legitimiert. Demnach produzieren sich die herrschaftsförmigen gesellschaftlichen Strukturen in gewisser Weise selbst, ohne allerdings, wie schon erwähnt, als Ausgangspunkt oder Träger*in dieser Prozesse verstanden werden zu können. Dies bedeutet nicht, dass die Vorstellung von herrschaftsförmigen Verhältnissen verworfen werden müsste. Es gibt unbestreitbar gesellschaftlich marginalisierte bzw. unterdrückte und dominante Positionen sowie Gewaltverhältnissen. Denn

Machtkonstellationen erzeugen regulierende Effekte, wie ich im Folgenden noch weiter ausführen werde. Vorerst geht es aber darum, festzuhalten, dass Macht nicht außerhalb gesellschaftlicher Verhältnisse und außerhalb von Subjekten besteht und von dort auf diese einwirkt.

Somit müssen auch vorherrschende Bedeutungen als Wirkungen eben dieser Bedeutungsproduktionen verstanden werden. Ihre vorgebliche Stabilität, Dauerhaftigkeit, ihre Vorrangstellung und ihre strukturierende Rolle erhalten sie über Akte des Wiederholens. Übertragen auf das Subjekt, das selbstverständlich eindeutige, konsistente und zum Teil (wie bspw. im Falle von *race* und Geschlecht) naturalisierte Identitäten verkörpern muss, bedeutet dies, dass jene Identitäten nicht als ihm von einem Außen aufgezwungen verstanden werden können. Es gibt kein repressives Verhältnis, denen Subjekte gegenüberstehen, und das diese autoritär dazu nötigt, bestimmte Identitätsfacetten zu erfüllen. Vielmehr ist, wie im vorherigen Abschnitt aufgezeigt, in den Fortgang der Subjektwerdung selbst eingelassen, dominanten Normen folgende Identitäten, wie bspw. eine vergeschlechtlichte, auszubilden. Sie wird dem Subjekt nicht nachträglich aufoktroyiert, sondern das Subjekt kann ohne diese überhaupt kein Subjekt sein.

Wie ich nachfolgend konkretisieren werde, müssen jene Prozesse damit als Regulierungsweisen aufgefasst werden, die in Abgrenzung zu einer Vorstellung von Repression über das Erzeugen von *Normalitäten* verlaufen. Somit kann der zwingende Charakter pointierter in seiner vermittelten Form beschrieben werden. Das bedeutet nicht, dass bspw. Personen oder Institutionen keine Inhaber*innen machtvoller Positionen sein können. Denn, wie bereits erwähnt, Stabilisierungen auf symbolischer Ebene bedeuten immer

50

auch weiterreichende – und auch sehr konkrete – Materialisierungen. Jedoch ist Macht nichts, über das durch Einzelne verfügt werden kann.

2.2 Bedeutungsproduktion als gesellschaftliche Regulierungsweise

Die bisher dargestellte Analyse gesellschaftlicher Bedeutungsproduktion mit ihren regulierenden Effekten liefert einen theoretischen Horizont, vor dem Herrschaftsverhältnisse, in die Queer-Feminismen zu intervenieren versuchen, gedacht werden können. Damit kann die Frage danach, wie gesellschaftliche Veränderungen initiiert werden können, weiter getrieben werden. Denn mit der Sichtbarmachung von Instabilitäten, Lücken und Widersprüchen werden Ansatzpunkte für Wandel markiert. Noch wenig beleuchtet wurden darin jedoch die regulierenden und damit überhaupt Herrschaft erzeugenden bzw. bedeutenden Effekte der beschriebenen Prozesse. In diesem Abschnitt werden die vorangegangenen Überlegungen nun so kondensiert weitergeführt, dass nachvollzogen werden kann, was den herrschaftsförmigen Charakter der beschriebenen Prozesse ausmacht und zugleich deren Fluidität und Wandelbarkeit präsent hält. Darüber wird es möglich, stärker auf die Graubereiche/Ränder/Übergangszonen zu blicken, die im Zusammenhang queer-feministischer Interventionen von besonderem Interesse sind. Denn in den bisherigen Darstellungen wurde vorläufig lediglich eine Unterscheidung in intelligible und nichtintelligible, also sozial (nicht) sinnhafte Bedeutungen vorgenommen. Unklar bleibt darin die Veränderung. Wenn es für den Subjektstatus nötig ist, herrschenden Bedeutungen zu folgen, ist fraglich, was Verschiebungen in der Zitierung bewirken. Offen ist zudem, wie ein Arbeiten gegen jene herrschenden Strukturierungen gefasst werden kann, das nicht Teil des Dominanten aber auch nicht sein Verworfenes/Anderes sein will.

Mit der Fassung der Mechanismen von Bedeutungsproduktion als Regulierungen erhalten auch die Dimensionen sozialer Sinnhaftigkeit eine prozessuale Gestalt. Es gibt nicht mehr nur zwei Zustände, sondern ein Kontinuum. Erfasst werden können damit komplexere und auch ambivalente Entwicklungen. So lassen sich auf diese Weise bspw. widersprüchliche Erscheinungen deuten, wie jene „gesellschaftlichen Integrationsmaßnahmen und Ausdrucksformen des Toleranzpluralismus, die den Effekt haben, dass Heterosexismus heute nicht mehr ausschließlich über rigide Ausschlüsse, sondern auch über flexible Einschlüsse von statten geht" (Engel 2002: 25).[12] Die aufgezeigten Regulierungsweisen müssen also komplexer und flexibler gedacht werden, als es die Idee von Ein- und Ausschlussmechanismen nahe legt. Ferner muss davon ausgegangen werden, dass stets eine Vielzahl verschiedener und nicht nur einzelne Strukturierungsdimensionen maßgeblich für den Status der Intelligibilität sind. So konstatiert Mesquita (2011), dass es möglich ist, „mit manchen Eigenschaften oder Praktiken aus der Intelligibilität herauszufallen, aber dank anderer doch den Status des Subjekts zu genießen" (45). Demnach muss von mehreren

---

12 Zur Veranschaulichung eines solchen Einschlusses siehe Mesquita (2011), die*der beschreibt, wie die *gleichgeschlechtliche Ehe* in heteronormative Regulierungsregime einverleibt wird.

gleichzeitig und miteinander verschränkten Dimensionen ausgegangen werden, die zudem unterschiedliche Effekte erzeugen. Es lässt sich also festhalten, dass ein Verständnis von Bedeutungsproduktionen als machtdurchzogene Mechanismen modelliert werden muss, mit dem Komplexität, Fluidität und Ambivalenz gedacht werden kann. Jene erweiterten Schwerpunktsetzungen finden sich in Engels (2002; 2005) Fassung der *Normalisierungen* und *Hierarchisierungen* wieder.

2.2.1 Regulierungsweisen der Normalisierungen und Hierarchisierungen

Bisher ist davon ausgegangen worden, dass Bedeutungsproduktionen an Normen entlang organisiert sind. Als Effekt (re-)aktivieren sich dabei sowohl die Normen, als auch Normalitäten im Sinne unhinterfragter Selbstverständlichkeiten und Natürliches im Sinne scheinbar faktischer Wahrheiten, die sich zudem bspw. in Institutionen und Gesetzen materialisieren. Jene maßgebliche Rolle bestimmter Normen kann als Normativität beschrieben werden. Diese wird in verschiedensten Prozessen der Bedeutungsproduktion wieder und wieder eingesetzt und darüber stabilisiert und legitimiert.

„Normativität [ist; A.N.] über einen universellen Geltungsanspruch und gesellschaftliche Instanzen der Durchsetzung dieses Anspruchs [ge]kennzeichnet. Sie tritt in Form juridischer Gesetze (das Personenstands- oder das Transsexuellengesetz), religiöser Dogmen (von der Kanzel verkündete Verbote der Homosexualität), bürokratischer Akte (Geschlechts- und Personenstandsmarkierung auf Formularen) oder ethischer Generalisierungen eines „Guten Lebens" oder des „Gemeinwohls" (materialisiert in Verfassungen, politischen Entscheidungen, Verwaltungspraktiken oder Alltagshandeln) in Kraft. Zugleich sind [bspw.; A.N.] Homosexualität und lesbische und schwule Existenzweisen jedoch auch in flexible Prozesse sozialer Normalisierung eingebunden" (Engel 2002: 75).

Demnach kann von einer gewissermaßen direktiv wirkenden, normativen Ausrichtung von Bedeutungsproduktionen ausgegangen werden, die regulierende Effekte hat. Zugleich beinhalten sie jedoch eine nicht-repressive, flexible Komponente, die über Normalisierungen funktioniert. So sind bspw. Homosexualitäten nicht zwangsläufig ausgeschlossen, sondern können auch Teil der Erzeugung von Normalität sein. Diese Kopplung ist im Zusammenhang mit der erwähnten toleranzpluralistischen Anerkennung bspw. alternativer Sexualitäten, deren Einschluss nicht zwingend eine Veränderung von Heteronormativität bedeutet, sondern diese sogar (re-)produzieren kann, wichtig.[13]

Diese Entwicklungen lassen sich nachvollziehen, indem Macht auch als *produktiv* verstanden wird. Hierbei geht es mit Engel in Anlehnung an Foucault darum, wie Menschen sich gewissermaßen selbst entlang herrschender Normen disziplinieren, indem sie „sich

---

13 Wichtig wird dieser Einschluss alternativer und die gleichzeitige (Re-)Produktion dominanter Bedeutungen darüber hinaus im Abschnitt zu den intersektionalen Verschränkungen von unterschiedlichen Strukturierungsdimensionen. Hierin wird nochmal expliziter darauf eingegangen, welche Rolle ein solcher Einschluss für das Wiedereinsetzen herrschender Bedeutungen hat und wie darin weitere Ausschlüsse erzeugt werden.

mittels spezifischer Diskurse und Praktiken selber zu Subjekten machen" (Engel 2002: 73). Dies hängt mit dem zugrunde liegenden Machtverständnis zusammen, wonach Macht den Subjekten nicht äußerlich ist, sondern in der Subjektwerdung selbst entsteht. „Subjektivität markiert also keine äußerliche Grenze der Machtbeziehungen oder ein Anwendungsfeld der Machttechnologien; vielmehr funktionieren moderne Machtmechanismen gerade 'mittels' spezifischer Subjektivierungsformen" (Lemke 1997: 260 zitiert nach Engel 2002: 74). Subjekte befolgen gewissermaßen von sich aus die Normen, da sie andernfalls nicht intelligibel, also kein sozial anerkanntes Subjekt wären. Die Verantwortung, Subjekt zu sein, wird gewissermaßen in die Subjekte selbst verlagert. Sie verinnerlichen die Norm, verkörpern sie (vgl. Engel 2002: 73). Demnach seien Subjekte kein Gegenüber der Macht, sondern diese gehe durch sie hindurch (vgl. Raab 1998: 35). Sie sind nicht nur Produkte, sondern ebenso Ausführende von Macht; auch dann, – vereinfacht ausgedrückt – wenn die Effekte gewissermaßen zu ihrem Nachteil sind. Hierbei muss eher von einer selbst-regierenden Machtform gesprochen werden, die als Normalisierung gefasst wird. Statt *diktatorisch* Subjektivierungsweisen zu bestimmen, sind sie als Orientierungsmaßstäbe Teil individueller Entscheidungs- und Gestaltungsräume. Prinzipiell könnten die Individuen sich immer auch zu anderem entschließen. Aber jene zu machtvollen Normen kondensierten Maßstäbe und Deutungsschemata legen bestimmte Normalitäten nahe, was zu normalisierten und normalisierenden Entscheidungen führt.

Folglich ist von tendenziell zwei Stoßrichtungen von Machtmechanismen auszugehen, die entweder eher repressiv oder eher selbst-regulierend, also normalisierend zu verstehen sind. In beiden

Mechanismen werden gleichsam dominante normative Ordnungs-strukturen in ihrer Vorrangstellung (wieder) eingesetzt. Laut Engel (2002) müsse von einer fortwährenden Gleichzeitigkeit der unter-schiedlichen Machteffekte rigider Normativität und flexibler Nor-malisierung ausgegangen werden. Es handelt sich also nicht um zwei separate Wirkweisen, die an je unterschiedlichen Stellen zu finden sind. Vielmehr muss von ein und demselben Prozess ausge-gangen werden, dessen Effekte unterschiedlich wirken – normativ-repressiv und normalisierend. Um dem Rechnung zu tragen, führt Engel (2002) den Begriff der „Normalitätsregime" (76) ein.

Die zweite zentrale Form der Regulierung ist laut Engel (2002; 2005) die *Hierarchisierung*. Diese schließt an das beschriebene Identitätsprinzip (Kapitel 2.1.4) an, weshalb ich hier nur kurz da-rauf eingehen werde. Denn Hierarchisierungen sind Resultat der spezifischen Weise, Bedeutungen und die damit notwendig ver-bundenen Differenzen in oppositionellen Schemata zu denken. Bedeutungsproduktion funktioniert demnach stets darüber, dass es ein dominantes, in der Dominanz aber unmarkiertes Zentrum gibt, demgegenüber Alternativen lediglich ein *Anderes* darstellen kön-nen und in diesem Zuge abgewertet werden. Die Konstruktion dieses *Anderen* ist notwendig für die Produktion von Bedeutungen, da hierüber die Grenzziehungen der im Zentrum stehenden Bedeu-tungen vollzogen werden. Abwertungen sind demnach unweiger-lich Teil von Bedeutungsproduktion.

Laut Engel (2002; 2005) sind demzufolge zwei wesentliche Machtformen auszumachen, die jene Regulierungsmechanismen organisieren. Diese können sich ergänzen, jedoch auch wider-sprüchliche Effekte erzeugen. Auszugehen ist von stetigen prozesshaften Verschiebungen, die sich notwendig bedingen und voneinander abhängen, zugleich darin aber auch gegenläufig sein können. Damit lässt sich darüber hinaus erfassen, wie die Produktion von Bedeutungen nicht nur auf ein Zentrum, sondern um ein „komplexes Geflecht unterschiedlicher Normen" (Mesquita 2011: 74) herum, das verschiedene Wirkungen habe, die auch konfligieren können und im stetigen Wandel seien, ausgerichtet ist (vgl. Engel 2002: 79; Mesquita 2011: 72). Regulierungsprozesse so verstanden, verweisen auf jene Spannungsfelder, in denen Subjekte an einer Stelle Einschluss erfahren und an anderer Stelle abermals ausgeschlossen werden.

Insgesamt lässt sich für die Funktionsweisen von Regulierungsmechanismen festhalten, was Mesquita (2011) in Bezug auf Heteronormativität konstatiert: Erstens beinhalten sie „sowohl repressive als auch produktive Normen, deren Verhältnis *zweitens* so zu bestimmen ist, dass auch Formen der Normalisierung als Effekte [..] analysierbar werden. *Drittens* gilt es ein Verständnis von Heteronormativität [und Normativitäten im Allgemeinen; A.N.] zu entwickeln, das diese nicht als transhistorische, universell wirksame, binäre Norm, sondern als veränderlichen gesellschaftlichen Normenkomplex konzeptualisiert. Damit zusammenhängend ist es *viertens* notwendig, die historische Verstrickung sexueller, geschlechtlicher, klassenspezifischer, rassistischer und weiterer im Geflecht von Körper, Gesundheit, Alter, Reproduktionsfähigkeit etc. verankerter Normen zu berücksichtigen, die nach wie vor von zentraler Bedeutung für heteronormative Vorstellungen sind" (Mesquita 2011: 74f).

Demnach müssen queer-feministische Analysen in der Lage sein, Prozessualität, Lokalität, Kontextgebundenheit und mehrfach verschränkte Normenkomplexe, die disziplinieren und zugleich Spielraum bieten, zu denken.

Die Dimension des Politischen – Macht und Herrschaftsverhältnisse

Gegenstand der bisherigen Ausführungen war, wie Bedeutungsproduktionen regulierende Effekte erzeugen können. Unklar ist dabei aber noch, wie es dazu kommt, dass bestimmte Normativitäten und Normalitäten vorherrschend sind. Mit den bisherigen Beschreibungen ließe sich das nur sprachtheoretisch über Wiederholungen vorheriger dominanter Strukturierungen erklären. Es wurde durch die Dekonstruktion gesellschaftlicher Bedeutungen ein Feld der Unentscheidbarkeit eröffnet, „ohne politische Mechanismen benennen zu können, die erlauben würden, selbige zu verstehen und mit ihr umzugehen" (vgl. Distelhorst 2007: 68). Um mich dieser Leerstelle zu nähern, werde ich zuerst mit Hilfe hegemonietheoretischer Überlegungen im Anschluss an Gramsci eine gesellschaftstheoretische Einbettung der vorangegangenen dekonstruierenden Analyse vornehmen. Auf Grund der ähnlichen Grundannahmen beider theoretischer Ansätze handelt es sich hierbei um eine naheliegende konstruktive Erweiterung – eine Verbindung, die auch von Butler und den Hegemonietheoretiker*innen Laclau/Mouffe (Butler und Laclau 1998; Butler, Laclau, Žižek 2000) selbst sowie bereits in einer Vielzahl queer-feministischer Arbeiten (s. bspw. die für meine Untersuchung maßgeblichen Arbeiten Schirmers 2010 und Engels 2002) vorgenommen wurde. Mit der Erweiterung um hegemonietheoretische Überlegungen ist eine

Konzeption des politischen Feldes möglich. Dieser Theorieansatz zielt darauf ab, Macht- und Herrschaftsverhältnisse zu analysieren und gestattet damit, Normalitäten und Normativitäten als „Resultat gesellschaftlicher Kräfteverhältnisse und Auseinandersetzungen zu konzeptualisieren" (Ludwig 2012: 117). Darin werden in mit den vorangegangenen Skizzen vergleichbarer Weise Macht- und Herrschaftsverhältnisse entworfen, in denen die gleichzeitige Unterdrückung, Ausbeutung, Benachteiligung und Diskriminierung sowie Integration und Akzeptanz derselben Subjekte Bestand haben können. Sichtbar wird darin jedoch auch, wie umkämpft jene Strukturierungen sind. Auf Grundlage dieser Einbettung wird dann in Kapitel 2.4 der notwendig intersektionale Charakter der so verstandenen gesellschaftlichen Machtverhältnisse in den Blick genommen.

2.3 Eine hegemonietheoretische Einbettung[14]

Das zuvor ausgeführte Verständnis von Regulierungsweisen als Normalisierungen und Hierarchisierungen bringt eine spezifische gesellschaftstheoretische Fassung des Politischen mit sich, in die ich queer-feministische Strategien nun einordnen möchte. Wie im Zusammenhang mit den dominanten Normalitätsregimen deut-

---

14 Ziel des Abschnitts ist es nicht, ein breites Verständnis hegemonietheoretischer Ansätze zu entwickeln. Vielmehr geht es darum, einige grundsätzliche Überlegungen in das Konzept der vorliegenden Arbeit aufzunehmen, die für das weitere Vorgehen, relevant sind. Deswegen verzichte ich hier auf eine vertiefende Auseinandersetzung mit Laclau/Mouffe und Butler und beziehe mich auf für meinen gewählten Fokus relevante Weiterverarbeitungen.

lich wurde, gibt es in dem zugrunde liegenden Gesellschaftsverständnis kein *Außerhalb,* von dem aus queer-feministische Interventionen – gewissermaßen frei von Herrschaftsverhältnissen oder aus einer darüber erhabenen Metaperspektive heraus – vorgenommen werden können. Stattdessen sind sie ebenso in die beschriebenen regulierenden Bedeutungsproduktionen verstrickt. Trotz dieser Eingebundenheit in herrschaftsdurchwobene Strukturierungen, sind sie allerdings nicht durch diese determiniert. Veränderungen sind möglich. Es gilt nun, mit Hilfe hegemonietheoretischer Überlegungen ein Verständnis des Politischen und den darin herrschenden Machtverhältnissen zu beschreiben, das jene ambivalente Gleichzeitigkeit von Gebundensein an Herrschaftsverhältnisse und Wandelbarkeit zu denken vermag und erlaubt, (politische) Zielperspektiven so zu formulieren, dass sie Gestaltungsmacht entfalten können.

Die im Zusammenhang meiner Arbeit wichtigen Weiterführungen durch eine hegemonietheoretische Rahmung sind, die (Re-) Produktion dominanter Verhältnisse und Bedeutungen als einen Prozess der gesellschaftlichen Konsensbildung zu verstehen und gleichzeitig Heterogenität und Widerstreit als konstitutiv in Gesellschaft eingelassen, aber durch den gesellschaftlichen Konsens verschleiert, anzunehmen. Der Aspekt des konsensualen Zuspruchs gründet v.a. auf der bereits erläuterten Auffassung von Macht, nach der diese nicht extern ist oder nur repressiv, sondern auch normalisierend wirkt, also von den Subjekten in gewisser Weise selbst reproduziert wird. Subjekte verkörpern und verinnerlichen die Machtstrukturierungen und setzen sie selbst um. Sie tragen sie über die zu ihrer Subjektwerdung notwendigen (Re-)Produktion mit (s. Kapitel 2.2.1). Damit wird das Gesellschaftliche zu einem Feld, in dem Bedeutungen kontingent und kontextuell gebunden sind und darüber hinaus die Dominanz von Strukturierungen potentiell ständig in Gefahr ist. Denn sie bestehen nicht von sich aus, sondern müssen von den Subjekten beständig wieder hergestellt werden. Gesellschaftliche Herrschaftsverhältnisse funktionieren nicht, ohne im Alltagsverständnis, in Deutungsmustern und kulturellen Praxen der Subjekte immer wieder ihren Ausdruck zu finden und hierdurch (wieder) hergestellt zu werden. Der Begriff der Hegemonie drückt eben dieses ambivalente Verhältnis von Macht und die dafür notwendige Reproduktion durch die Subjekte aus. Das bedeutet allerdings nicht, sich diesen Verhältnissen leicht entziehen zu können. Wie bereits ausgeführt, ist die Reproduktion *zwingend* notwendig, um als Subjekt anerkannt zu sein.

Die darin entstehenden und fortbestehenden Machtachsen sind allerdings nicht allumfassend und gleichförmig – ein weiteres zentrales Charakteristikum, das mit dem Hegemoniebegriff herausgestrichen wird. Denn das Gesellschaftliche ist grundlegend von Antagonismen[15] bestimmt. Sie sind konstitutiv für das Gesellschaftliche. Hierbei handelt es sich jedoch nicht einfach um Differenzen oder Widersprüche. Vielmehr müssen diese als grundsätzliche Trennung verstanden werden. Der Butler'schen Matrix der Intelligibilität ähnlich folgen auch diese Trennungen der Logik der Differenz. Erzeugt werden demnach auch hier Ausschlüsse, die für

---

15 An marxistische Theorien anschließend gelte die „fundamentale Gespaltenheit der Gesellschaft" (Distelhorst 2007: 71) als ein Kernbestandteil der Arbeiten Gramscis und Laclau/Mouffes. In ihrer Weiterführung und Dekonstruktion marxistischer Theoriengeschichte wird diese gesellschaftlich elementare Heterogenität mit dem Begriff der Antagonismen beschrieben, mit dem sich vom vorherigen Begriff des Klassenkampfes distanziert wird.

die Konstituierung des Gesellschaftlichen notwendig sind, da durch sie die Grenzen des Systems gebildet werden. Jenes Außen muss unbestimmt bleiben, da es andernfalls doch Teil des intelligiblen Innen wäre. Diese für das System konstitutiven Antagonismen bilden den Boden gesellschaftlicher – im *Innen* bzw. Intelligiblen befindlicher – Differenzen. Ihre grundlegende Heterogenität und die damit einhergehenden Ausschlüsse sowie die daran geknüpfte Kontingenz sind Grundlagen gesellschaftlicher Unterschiedlichkeiten. Denn die elementaren Antagonismen stecken den Rahmen des gesellschaftlichen Systems ab, in dem sich zeitgleich in demselben Prozess intelligible Bedeutungen entwickeln, die auf Grund der Gleichzeitigkeit von jenen grundsätzlichen Antagonismen mit geformt sind. Sie sind damit „quasi-ontologisch" (vgl. Distelfeld 2007: 75). Elementare widerstreitende Unterschiede bilden demzufolge die Grundlage aller gesellschaftlicher Strukturierungen. Im Zustand stabiler Hegemonie sind sie allerdings zugedeckt. Sie sind also vielmehr als *Potential* für widerstreitende Kräfte zu verstehen. Denn einzelne Weltauffassungen haben in dieser Situation eine hegemoniale Stellung erlangt, in der sie als allgemeingültig erscheinen, also ihre Interessengeleitetheit verschleiern. „Hegemonie wird verstanden als die Erlangung einer stabilen gesellschaftlichen Situation, in der bestimmte gesellschaftliche Gruppen in der Lage sind, ihre Interessen in einer Art und Weise zu artikulieren, dass andere gesellschaftliche Gruppen diese Interessen als ein Allgemeininteresse ansehen" (Wullweber 2012: 33). Alle gehen davon aus, ihre Interessen fänden sich in der herrschenden Weltauffassung vertreten und reproduzieren jene Deutungsweisen als selbstverständlich und natürlich. Abweichende Lesweisen sind ausgeschlossen und erscheinen damit überhaupt nicht vorstellbar. „Hegemonie hängt wesentlich von der Normalisierung der Idee ab, es gebe keine Alternativen" (Habermann 2012: 91). Demnach stellt Hegemonie eine Form der Vorherrschaft dar, in der gesellschaftliche Differenzen zugedeckt und Dominanz als alternativlos oder sogar Allgemeininteresse, also nicht als Machtverhältnis, erscheint. Sie ist jedoch nicht eindeutig, allumfassend und dauerhaft, sondern heterogen und insofern instabil, als sie fortwährender (Re)Produktion bedarf. „Die Hegemonie bleibt [..] in ihrer Angewiesenheit auf fortwährende Zustimmung [..] ständig gefährdet und möglichen Anfechtungen ausgesetzt." (Engel 2002: 89). Sie stelle demnach vielmehr eine „vorherrschende Tendenz" (Habermann 2012: 92) dar, die immer historisch spezifisch sei. Somit sind hegemoniale Diskurse gesamtgesellschaftlich wirkmächtig, „aber nicht überall und für alle in der gleichen Weise" (Schirmer 2010: 47).

Die Frage nach sozialen Kämpfen

Auf der Ebene sozialer Kämpfe um Deutungshoheiten sind diese Zusammenhänge in verschiedene Richtungen relevant. Grundlegend ist davon auszugehen, dass sich erst dann Raum für Alternativen ergibt, wenn die scheinbare Allgemeingültigkeit einer Weltauffassung in Zweifel gerät. In dem Moment, in dem Alternatives artikuliert werden kann, stellt es bereits ein Gegengewicht zur hegemonialen Weltauffassung dar, da es als Artikulierbares nicht im Bereich des Ausgeschlossenen, sondern im Intelligiblen liegt.[16]

---

16 Das Konzept des *Außens* soll hier wenig ausgearbeitet bleiben, da uns

Damit kann in ein Ringen um hegemoniale Deutungshoheit eingetreten werden. Bei queer-feministischen Deutungsmustern, die als politisches Konzept gelten und an Universitäten institutionalisiert sind, handelt es sich um solche – wenn auch marginalisierte – Artikulationen. Sie stellen einen eigenen und nicht von herrschenden Verhältnissen verunmöglichten Diskursbeitrag dar. Zugleich kann mit der hegemonietheoretischen Einbettung aber auch deutlich gemacht werden, dass sie marginalisiert sowie an der (Re)Produktion herrschender Verhältnisse beteiligt sind. Denn sie können sich in dieser Stellung, wie erwähnt, dem Hegemonialen nicht völlig entziehen. Als Artikuliertes sind sie Teil intelligibler, also hegemonialer Bedeutungen. Andernfalls wären sie nicht artikulierbar. Auch sie unterliegen den bestehenden Herrschaftsmechanismen, tragen sie also mit, sind aber gleichzeitig auf eine randständige Position verwiesen.

Dies eröffnet ein spannungsgeladenes Feld für queer-feministische Eingriffe ins vorherrschende System von Bedeutungsproduktionen, die sich von Grund auf gegen hegemoniale Regulierungsweisen richten. Es muss stets in der Waage gehalten werden, inwiefern sie hegemonialen Strukturierungen folgen und zugleich der Eigenlogik queer-feministischer Entwürfe insoweit Rechnung getragen werden, dass sie als *Gegenspieler*in* hegemo-

---

eine Vertiefung zu weit von der interessierenden Frage entfernen würde. Damit wird es aber auch schwierig, ein angemessenes Vokabular zur Beschreibung zu finden. Wichtig ist festzuhalten, dass das Außen nicht als ein Behältnis an bestehenden Alternativen verstanden werden darf, die nur auf den Moment warten, an dem sie artikulierbar werden. Stattdessen muss das Außen unbestimmt bleiben, da es andernfalls als Bestimmbares bereits im Bereich des Intelligiblen liegen würde.

nialer Weltauffassungen auftreten. Wie Schirmer (2010) mit Bezug auf Engel feststellt, gehe es darum, „die Möglichkeit sozialer Wirklichkeiten, die hegemonial nicht als solche gelten, adressieren zu können und zugleich die Frage nach dem *wie* des Wirklichwerdens und nach dem, was dies erschwert oder verhindert zu stellen" (45f).

Zudem ergibt sich aus der hegemonietheoretisch informierten Perspektive, politische Zielperspektiven entwickeln zu müssen, die ermöglichen, sich in diesem Kräftefeld zu positionieren und Gewicht zu erlangen. Denn die Annahme nebeneinander bestehender Deutungssysteme, die um Hegemonie ringen, darf nicht als eine Auffassung missverstanden werden, mit der alle politischen Positionen als Ausdruck von gesellschaftlicher Heterogenität naturalisiert und damit als legitim begründet würden. Dies beschreibt lediglich das Funktionieren politischer Kämpfe und stellt noch keine Bewertung dar. Für die eigene Position ergibt sich daraus, dass sich nicht auf ein über allem schwebendes moralisch oder *objektiv* letztendlich *richtiges* Wertesystem, das Allgemeingültigkeit beansprucht, bezogen werden kann. Vielmehr sind die Positionen Teil des Ringens und müssen aus ihrer jeweiligen Stellung heraus argumentieren, warum bestimmte andere politische Positionen ausgeschlossen bzw. gegen diese vorgegangen werden *sollte(n)*. Damit wird die kontextuelle Gebundenheit präsent gehalten und die für aktuelle Herrschaftsverhältnisse wichtige Funktion der scheinbaren Allgemeingültigkeit und verschleierten Dominanz unterlaufen. Dem folgend bedarf es moralisch-ethischer und politischer Maßstäbe, mit Hilfe derer formuliert werden kann, inwiefern hegemoniale Verhältnisse aus queer-feministischer Sicht zu verändern sind.

Darüber hinaus wird anschließend an den konsensualen Charakter von Herrschaft die Notwendigkeit, die eigene Eingebundenheit darin zu antizipieren, ersichtlich. Denn auch Queer-Feminismen sind ein „heterogenes, umkämpftes und durch Machtrelationen organisiertes Feld als auch eine Bewegung, die sich unweigerlich in Relation und Verwicklung zu hegemonialen heteronormativen Verhältnissen vollzieht, denen sich niemand voluntaristisch entziehen kann" (Engel 2002: 42f). Um jene Verstricktheit reflexiv in den Blick nehmen zu können, sind Überlegungen aus der Debatte der Intersektionalität hilfreich. Darin wird sich dezidiert damit auseinander gesetzt, wie Herrschaftsverhältnisse und ihr Wirken in ihrer Komplexität konzipiert werden können.

2.4 Intersektional verwoben

Innerhalb Queerer Theorien wurden die zuvor ausgeführten Überlegungen ausgehend von der Analyse von Geschlechterverhältnissen und Sexualität auf der Ebene symbolischer Ordnung entwickelt. Als Auffassung von Gesellschaft in ihrem grundsätzlichen Funktionieren besitzen sie aber für alle Herrschaftsverhältnisse Geltung. Jedoch fokussierten Queer-Feminismen im *weißen* deutschsprachigen Kontext bisher weitgehend ausschließlich auf geschlechts- und sexualitätsbezogene Herrschaftsformen. Der An-

66

spruch, verschiedene Strukturierungsdimensionen im Blick zu haben, ist nur in einigen Teilen queerer Theorien, insbesondere in der „Queer of Color-Kritik" (vgl. Puar 2011), grundsätzlich verankert. Unbearbeitet blieb in *weißen* Auseinandersetzungen somit, ein spezifisches Verständnis von Machtverhältnissen zu entwickeln, in dem sich diese entlang verschiedener Normenkomplexe entspannen. Jene lange Zeit implizite Beschränkung auf einzelne Herrschaftsachsen brachte jedoch Engführungen und blinde Flecken mit sich, die zu einiger Kritik an queeren Theoretisierungen führten. Denn ohne eine solche intersektionale Blickrichtung ist es unmöglich, zu reflektieren, inwieweit in queer-feministischen Debatten und Praxen selbst herrschaftsförmige Verhältnisse reproduziert werden. Da dies in den *weiß*-dominierten Debatten bisher nur wenig systematische Umsetzung erfahren hat und um ein Bewusstsein für diese Zusammenhänge zu entwickeln, will ich mich noch einmal ausführlicher damit auseinandersetzen.

Blinde Flecken Queerer Theorien

Besondere Bedeutung erfährt die mangelnde Reflexion der eigenen Eingebundenheit in Machtverhältnisse im Zusammenhang von Normalisierungen. Denn häufig werden queere Entwürfe in hegemoniale Regulierungen integriert. Exemplarisch weist Puar (2005) einen solchen Mechanismus im U.S. amerikanischen Kontext nach. Hier zählt queer zu der Palette möglicher Sexualitäten. Sie gilt lediglich als eine extravagante Form. Als ein solches Ausgefallenes bescheinigt sie der Gesellschaft aber sexuelle Pluralität. In diese normalisierte Form des Begriffs queer ist jedoch gemäß des Identitätsprinzips die Abgrenzung zu einem *Anderen* konstitutiv eingelassen. In diesem Fall werden intolerante *orientalische Andere* konstruiert, über die der in diesem Fall U.S. amerikanische Kontext zu einem Garant sexueller Toleranz wird. „The Orient [...] now symbolizes the space of repression *and* perversion, and the site of freedom has been relocated to Western identity" (a.a.O.: 125).[17] Westliche Identität wird darin zur aufgeklärten Gesellschaft, in der selbst so ausgefallene Formen wie queere Lebensweisen einen Platz haben. Darüber werden westliche Gesellschaften allerdings in ihrer Rolle als maßstabsetzend und vorherrschend legitimiert.

Hieran wird erkennbar, wie queere Konzepte zwar Anerkennung erfahren haben, Herrschaftsverhältnisse darüber aber nicht zwangsläufig verändert, sondern nur verschoben werden. Die Logik, Differenz zu denken, und der wie hier rassistische Rahmen bleiben unangetastet. So bildet hegemoniales *Weißsein* innerhalb der queeren als auch der hegemonialen gesellschaftlichen Perspektive weiterhin das unmarkierte Zentrum (vgl. dazu Engel et al. 2005, Puar 2005, Strohschein 2005), das den Boden für die Konstruktion *(orientalischer) Anderer* bereitet. Auf Grund eines mangelnden Blicks für solche Konstellationen verschiedener Strukturierungsdimensionen werden queere Entwürfe Teil herrschender Normalisierungsmechanismen. Demnach gelingt es an dieser Stelle nicht, die eigene Situiertheit und die Begrenztheit der eigenen Perspektive zu reflektieren, sodass die partikularen *weißen* Sichtweisen universalisiert und damit als *normal* gesetzt werden.

---

17 In ihrem Buch „Terrorist assemblages : homonationalism in queer times" (2007) beschäftigt sich Puar damit ausführlicher und vielschichtiger unter dem Begriff des Homonationalismus.

Hinzu kommt ferner ein mangelndes Bewusstsein gegenüber transphober Effekte der eigenen Positionierung. So beschreibt Haritaworn (2005, 2005a), wie v.a. der grundlegende Dekonstruktivismus der Queere Theorien, trans*- Positionierungen verunmöglicht. Denn Maßstab für Progressivität sind anti-essentialistische Haltungen, womit trans*-Selbstverständnissen die Basis ihrer politischen Selbstpositionierung entzogen wird und sie als reaktionär erscheinen. Damit gelte nicht Transphobie, sondern geschlechtliche Identifikation als politische Zielscheibe (vgl. a.a.O.). Die Dominanz dieser nicht- trans*-Position ist jedoch unsichtbar.

So scheitern Queere Theorien an einigen Stellen in ihrem Vorhaben der Herrschaftskritik. Sie sind durch ihre Fokussierung auf die Dimensionen der Sexualität und Zweigeschlechtlichkeit reduktionistisch und produzieren darin selbst gewaltsame Ausschlüsse und Unsichtbarmachungen. „Der selbst gestellte Anspruch, eine Komplexität von Herrschaftsverhältnissen zu denken und analytisch zu erfassen, geschweige denn zu verändern, wird nicht erfüllt" (Engel et al. 2005: 14).

Eine intersektionale Perspektive

Um diese Kritikpunkte angemessen in queer-feministische Ansätze einzubinden, kann auf Prinzipien und Denkbewegungen aus den Konzepten der Intersektionalität zurückgegriffen werden. So haben sich intersektionale Ansätze zur Aufgabe gemacht, Verquickungen von Herrschaftsverhältnissen und die darin entstehenden Unsichtbarmachungen in den Blick zu nehmen. Ihre Grundannahme ist, dass verschiedene ungleichheitsstiftende Strukturierungen

nicht unabhängig voneinander gedacht werden können. Walgenbach (2012) konstatiert dazu:

„Unter Intersektionalität wird [..] verstanden, dass soziale
Kategorien wie Gender, Ethnizität, Nation oder Klasse nicht iso-
liert voneinander konzeptualisiert werden können, sondern in ihren
‚Verwobenheiten' oder ‚Überkreuzungen' (*intersections*) analysiert
werden müssen. Additive Perspektiven sollen überwunden werden,
indem der Fokus auf das *gleichzeitige Zusammenwirken* von sozialen Ungleichheiten gelegt wird. Es geht demnach nicht allein um
die Berücksichtigung mehrerer sozialer Kategorien, sondern ebenfalls um die Analyse ihrer *Wechselwirkungen*" (a.a.O.: 81).

Gesellschaftliche Strukturierungen treten nicht unabhängig
voneinander auf, sondern sind je nach Konstellation und Position
spezifisch. Denn die unterschiedlichen Differenzierungen können
nicht als separierbare Effekte, sondern nur in ihren jeweiligen Verhältnissen zueinander betrachtet werden. Weiter gedacht reicht es
auch nicht aus, von einer wechselseitigen Einflussnahme auszugehen. Vielmehr geht es darum, jeweils das Gefüge unterschiedlicher
Dimensionen und Strukturierungen als ein konstelliertes Ganzes zu
denken, in dem die verschiedenen Relationierungen in den Fokus
rücken.[18] Das heißt, es kann nicht von Entitäten, wie Sexismus auf
der einen und Rassismus auf der anderen Seite, ausgegangen wer-

---

18 Puars Begriff der *Assemblage* verfolgt diesen Anspruch in radikaler
   Form. Mit diesem Konzept distanziert sich Puar zudem von der
   Mehrzahl intersektionaler Ansätze, denen sie*er vorwirft, letztlich
   doch immer zu starren und schließlich wieder kategorisierenden Auffassungen verhaftet zu bleiben. An dieser Stelle sei allerdings lediglich darauf verwiesen, da sich die Komplexität in diesem Rahmen
   nicht angemessen einholen ließe.

den, die über die Zeit hinweg konsistent aufeinander einwirken oder in einem spezifischen überdauernden Verhältnis zueinander stehen. Vielmehr sind sie als ein je bestimmtes Gefüge an Relationen und Verbindungen in ihrem gleichzeitigen Werden zu verstehen, das zudem, wie bereits ausgeführt, fundamental an Prozesse der Subjektwerdung gekoppelt ist. Bspw. Klasse sei immer auch schon rassisiert, sexualisiert und lokalisiert (vgl. Dietze et al. 2007: 108). In der Analyse kann demnach immer nur auf einen „Knoten" zu einem bestimmten Zeitpunkt unter gewissen Bedingungen geblickt werden. Der Fokus verschiebt sich weg von den Akteur*innen oder deren Identitäten hin zu, „Modi des Seins und Handelns, von denen sich u.U. mehrere in einer Person befinden" (Dietze et al. 2007: 137).

Sollen die genannten Leerstellen und blinden Flecken vermindert oder sogar vermieden werden, ist es also unabdingbar, gesellschaftliche Normalitätsregime stets in ihrer Komplexität zu denken und eine gleichzeitige Reflexion in Bezug auf die eigene Verstricktheit in und (Re-)Produktion von Herrschaftsstrukturen anzustreben. Eine Erweiterung um intersektionale Perspektiven verhilft Queeren Theorien dazu, sensibel für die Konfigurationen unterschiedlicher Herrschaftsdimensionen sowie den daraus resultierenden Unsichtbarmachungen zu sein und die notwendige Reflexion eigener Situiertheit in eben jenen Verhältnissen anzustoßen.

Diese und die hegemonietheoretischen Überlegungen bringen eine spezifische Vorstellung politischer Positionen und der Verortung in gesellschaftliche Verhältnisse mit sich, die ich nachfolgend beschreiben werde.

2.5 Eine queer-feministische Positionierung

Die geschilderten Überlegungen stellen keine konkrete Handlungsanleitung bereit, wie mit der ausgeführten Komplexität umgegangen werden kann und sie führen auch nicht dazu, alle Bereiche der herrschaftsperpetuierenden Prozesse gleichermaßen im Blick haben zu können. Aber verstanden werden können sie als „epistemologisches Korrektiv" (Dietze et al. 2007: 138), das dazu anhält, aufmerksam für die jeweiligen Machtprozesse und damit einhergehenden Leerstellen zu sein (vgl. a.a.O.).[19] Damit bedeutet der Einbezug intersektionaler Perspektiven in queer-feministische Ansätze einen dezidiert herrschaftskritischen Anspruch zu verfolgen, der dazu anhält, jegliches Tun danach zu überprüfen, inwieweit dadurch und durch die eigene Gebundenheit Herrschaftsstrukturierungen fortgeschrieben und/oder verändert werden. Damit verbunden ist weiterhin, in jeglichen Forderungen und Postulaten um die Bezugnahme auf die eigene historische und geopolitische Lokalität zu erweitern, um nicht in universalisierende Argumentationen zu verfallen.

Die zentralen Fragen im Zusammenhang dieser notwendigen Haltung kreisen also um Aspekte der expliziten (politischen) Positionierung und der Reflexion der eigenen Situiertheit.[20] Denn es

---

19 In dem Aufsatz Dietzes et al. (2007) geht es darum, herauszustellen, dass queer-feministische Ansätze und Intersektionalitätsdebatten gegenseitig epistemologische Korrektive füreinander darstellen.

20 In Bezug auf die Möglichkeit politischer Positionierung gibt es innerhalb der Queeren Theorien und der intersektionalen Ansätze z.T. recht unterschiedliche Herangehensweisen. Diese Debatte vernachlässige ich aus Gründen des Umfangs an dieser Stelle. Denn letztlich

bedarf klarer (z.T. auch identitätspolitischer) Positionen, um in Auseinandersetzungen um Deutungshoheiten gehen zu können. Zugleich dürfen diese jedoch nicht essentialisierend sein. Notwendig ist dafür ein Verständnis von Identitäten als „strategische Essentialismen" im Sinne Spivaks (1985: 214). Sie können Grundlage und Ausgangspunkt politischer Forderungen und Positionen sein, begründen diese jedoch nicht *wesenhaft*. Im Anschluss an die hegemonietheoretischen Überlegungen sind sie lokal sowie zeitlich begrenzt, enthalten Widersprüche wie auch Ambivalenzen und sind Teil beständiger Aushandlungen. Somit steht die eigene Perspektive in einer bestimmten Konstellation gesellschaftlicher Verhältnisse und kann nur beanspruchen, aus dieser heraus zu sprechen. Um diese Bedingungen sichtbar zu halten, möchte ich in zwei Formen der gesellschaftlichen *Position* unterscheiden: zum einen in ein Positioniertsein/eine Situiertheit, die auf das Gebundensein an einen bestimmten historischen und lokalen Kontext verweist und zum anderen in eine Position/Positionierungen, die eine die eigene gesellschaftliche Gebundenheit reflektierende, politische Artikulation meint. In der Positionierung muss die jeweilige Situierung mit ihren spezifischen Ausschlüssen, Selbstverständlichkeiten und Auslassungen mit reflektiert und sichtbar gemacht werden. Mit Erel et al. (2006) kann dies als „Positionalität" (244) bezeichnet werden.

Selbstbezeichnungen und politische Forderungen beziehen sich damit nicht auf identitätslogische Wesenhaftigkeiten oder

---

lassen sich die Überlegungen produktiv zusammenführen. Bzgl. einiger zu verhandelnder Differenzen in eben jenen Auseinandersetzungen s. Dietze et al. (2007), „Checks and Balances. Zum Verhältnis von Intersektionalität und Queere Theorien".

universalisierte Wertesysteme, sondern werden als historisch und geopolitisch kontextualisierte spezifische Artikulationen erkennbar. Dem folgend stellen queer-feministische Positionierungen Benennungen dar, die „sich über politisch begründete Grenzziehungen konstituieren" (Engel 2002: 92). Sie sind keine kategorisierenden und normalisierenden Festsetzungen, sondern strategische Entscheidungen, die sich als „vorläufige Schließungen" (Engel 2002: 90)[21] verstehen, um sich im Ringen um hegemoniale Bedeutungen zu positionieren. Zudem müssen sie den Anspruch verfolgen, nach den Auslassungen zu fragen – nach den blinden Stellen, an denen Herrschaftsverhältnisse und zumeist die eigenen Privilegien naturalisiert bzw. selbstverständlicht und damit unsichtbar gemacht werden (Erel et al. 2006: 245).

Insgesamt können derlei Ansprüche und Perspektiven nicht in konkrete Handlungsanweisungen überführt werden. Auch wird jenes Spannungsverhältnis nicht dadurch aufgelöst, dass gesellschaftliche Positioniertheiten (im Sinne von „Ich bin *weiß*, heterosexuell usw.) aufgezählt werden.[22] Stattdessen steht jedes Mal aufs Neue zur Disposition, was diese Haltung konkret bedeutet und m. E. muss das auch offen bleiben. Es handelt sich dabei unweigerlich um ein Spannungsfeld, das nicht abschließbar ist bzw. für das es keine Lösung gibt. Wichtig ist, die eigene Positionalität zu reflektieren und sichtbar zu halten sowie Selbstverständnisse immer als beweglich und partikular anzusehen. Es geht darum, „die Hetero-

---

21 Dieses Konzept entlehnt Engel Laclau/Mouffe (1991: 160ff).
22 s. Bretz und Lantsch (2013: 27) dazu, dass die Aufzählung eigener gesellschaftlicher Positioniertheiten nicht automatisch eine kritische Selbstverortung bedeuten.

genität und Konflikthaftigkeit als unhintergehbares und inhärentes Moment der politischen Praxis anzuerkennen" (Engel, Schulz und Wedl 2005: 17).

Für die vorliegende Arbeit bedeutet das v.a. eine Reflexionsebene einzuziehen, die erlaubt, die Begrenztheit meiner Perspektive im Blick zu haben. Ich muss mich bei jedem Schritt meiner Forschung immer wieder fragen, was meine Situiertheit mit meinen Interessen zu tun hat und was das für meine Positionalität bedeutet. Demnach werde ich keine allgemeingültige queer-feministische Perspektive suggerieren. Auch möchte ich kein akademisch autorisiertes Urteil dazu abgeben, ob das Handeln und die Lebensentwürfe der Akteur*innen des empirischen Feldes nach absolutistischen Maßstäben richtig oder falsch bzw. tatsächlich queer oder nicht queer sind. Vielmehr verstehe ich meine Perspektive als eine, die solidarisch ist mit queer-feministisch aktiven und sich verstehenden Menschen. Dies bedeutet, dass ich ihre Geschichten, Interpretationen und Positionen zum Ausgangspunkt nehme. Dies unterstreicht Perspektiven, die ansonsten marginalisiert sind, und ist zugleich ein Angebot zur und ein Versuch der Reflexion, um Potentiale und Lücken auszumachen. Ziel ist es, damit einen Teil zu queer-feministisch initiierten Veränderungen beizutragen bzw. diese voranzutreiben.

Dies bildet den Hintergrund, vor dem ich nun mein Verständnis queer-feministischer politischer Prinzipien und Interventionsstrategien entfalten möchte.

3 Queer-feministische Interventions-strategien

3.1 (Politische) Zielperspektiven

Grundlagen queer- feministischer Interventionen sind dem folgend also Heterogenität, Ambivalenz und Unabgeschlossenheit. Darüber hinaus müssen jegliche Veränderungsversuche, anknüpfend an das Verständnis gesellschaftlicher Bedeutungsproduktion als Regulierungsprozesse, auf die Grundfunktionsweisen der Normalisierung und Hierarchisierung zielen. Andernfalls besteht die Gefahr, von hegemonialer Bedeutungsproduktion vereinnahmt bzw. in diese integriert zu werden. Deshalb gilt es, Kategorisierungen und Festschreibungen zu verhindern sowie – anschließend an das zugrunde liegende hegemonietheoretische Verständnis des Politischen – Metaerzählungen oder Universalisierungen als Begründungszusammenhang zu vermeiden (vgl. Rauchut 2008: 11). Maxime ist ein konflikthaftes Offenhalten, sodass Werte wie bspw. Gleichheit und Gerechtigkeit nicht als immer und überall in gleicher Weise geltend in Anschlag gebracht werden können. Denn als universalistische Ziele überdecken sie entweder soziale Ungleichheit oder schreiben abermals soziale Differenzen als Abweichung selbstverständlicher Normen ein (vgl. Engel 2002: 85).[23] Vielmehr

---

23 s. dazu bspw. Mesquita (2011) in Bezug auf die verschiedenen Wirkungen der rechtlichen Anerkennung gleichgeschlechtlicher Part-

geht es darum, stets erneut lokal auszuhandeln, was in Bezug auf die konkrete Situation gerecht und gleich heißt. Genauso stellen auch Pluralisierungen keine angemessene Forderung dar. Denn diese harmonisiere mit neoliberalen Individualisierungstendenzen, die eine Lösung gesellschaftlicher Probleme der Ungleichheit und Diskriminierung in die Einzelnen verlagere (vgl. Engel 2005: 275).

Dies bedeutet ferner, dass auch die nur situativ fixierten Interpretationen und Forderungen nicht frei von Widersprüchen und Ambivalenzen sind. Prozesshaftigkeit, Veränderbarkeit und Widersprüchlichkeit werden in die Normen selbst verlagert und diese damit zu einem Feld der Aushandlung und Auseinandersetzung. „Aus der Kritik an Idenitätspolitiken resultiert das Anliegen, provokativere Formen der Reartikulation von Differenz zu finden, die einer klassifikatorischen Logik der Markierung widerstehen, oder, so Butler, das Risiko der Inkohärenz der Identität auf sich nehmen" (Engel 2002: 83). Das Bestreben ist, identitäre Logiken der Abgeschlossenheit und Festgelegtheit auszusetzen und Ambivalenz und Inkohärenz zu leitenden Prinzipien zu erheben.

Wie sich dies in Konzeptionen queer-feministischer Strategien des Eingreifens übersetzt, wird nun zum Gegenstand werden.

---

ner*innenschaften oder Gutiérrez Rodríguez (1999) hinsichtlich des Ineinandergreifens von Vergeschlechtlichung und Ethnisierung.

3.2 Die Interventionsstrategien der VerUneindeutigung und der Disidentification

Vor dem bisher ausgeführten theoretischen und politischen Hintergrund lassen sich für queer- feministische Interventionen v.a. zweierlei Wirkungsweisen ausmachen. Zum einen analysieren sie hegemoniale Strukturierungen in ihrem Hegemonialwerden sowie in ihren regulierenden Effekten und lassen darüber ihre Natürlichkeit und Alternativlosigkeit als vermeintliche sichtbar werden. Vollzogen werden demnach dekonstruierende Bewegungen. Zum Anderen stellen queer-feministische Ansätze damit zugleich einen Teil von Diskursproduktion und damit von gesellschaftlichen Auseinandersetzungen um hegemoniale Deutungen dar, wirken also nicht „nur" dekonstruierend und erschaffen zugleich Neues/Alternatives. Dies darf nicht als zwei verschiedene Wirkungen verstanden werden. Vielmehr handelt es sich dabei um zwei lediglich heuristisch unterscheidbare Dimensionen, die aber nicht unabhängig voneinander sind.

Anknüpfend an die poststrukturalistische historisch spezifische Untersuchung von Gesellschaft werden dabei „Mechanismen der Grenzziehung und Klassifizierung, die Logik binärer Oppositionen, die Machtprozesse der Normalisierung und Subjektivierung sowie Universalisierungs- und Fundierungsdiskurse im Allgemeinen" (Engel 2002: 41) in den Blick genommen. Diese grundlegenden Funktionsweisen von Gesellschaft, ihre herrschaftsförmigen Wirkungen und ihre konstitutive Rolle für die Subjektwerdung sind Ausgangspunkt sowie Ziel queer-feministischer Vorgehensweisen. Um gesellschaftsverändernd wirken zu können und nicht, wie im

Zusammenhang mit den rassisierenden Effekten der Normalisierung von queeren Entwürfen bereits aufgezeigt, in Herrschaftsmuster zurück zu fallen, streben queer-feministische Strategien der Intervention an, auf jene elementaren Pfeiler einzuwirken. Theoretische Konzepte solcher Vorgehensweisen liefern Antke Engel (2002, 2005) mit der *VerUneindeutigung* und José Esteban Muñoz (1999) mit der *Disidentification*. Diese stellen kein Raster dar, das vorschreibt wie queer-feministische Strategien beschaffen sein müssen. Vielmehr möchte ich sie als theoretische Rahmungen einführen, die dazu dienen, Interventionen systematisch betrachten, Ziele formulieren sowie Reflexionen initiieren und damit meine weitere Analyse unterstützen zu können.

Antke Engel schlägt die *VerUneindeutigung* als Konzeption für Interventionen vor. Diese fasst sie*er als eine Haltung im Sinne einer „Strategie mit Methode" (Engel 2005: 273). Das bedeutet, VerUneindeutigung als einen Anspruch/ein Leitprinzip zu fassen, der systematisch in konkrete Vorgehensweisen eingelassen ist. Nach diesem wird angestrebt, mit allen Vorgehensweisen systematisch, queer-feministischen politischen Prinzipien folgend, in hegemoniale Strukturierungen zu intervenieren. Es ist also kein Handlungsvorschlag, sondern ein Grundsatz, der die Handlungen mit einer taktischen Haltung versieht. Die VerUneindeutigung schließt damit an die queer-feministische genealogische Analyse der zentralen Rolle der Logik der Differenz für gesellschaftliche Regulierungsmechanismen an und verweigert konsequent, dieser Logik zu folgen. Demnach bezieht sich diese Strategie direkt auf die grundlegende Funktionsweise des Identitätsprinzips und dessen Stellung innerhalb der Produktion von Bedeutungen. In den Fokus gerät dabei der Effekt, in dem Bedeutungen lediglich als Repräsentationen, also Ausdruck, von *Natürlichem/ Wesenhaftem/ Originalem* erscheinen. Dem folgend ist die Intention verUneindeutigenden Handelns, „Repräsentationen oder Praxen hervorzubringen, die sich einer Stilllegung von Bedeutungen widersetzen, jedoch auf die Norm verweisen, die sie verUneindeutigen" (a.a.O.: 274). Ziel kann nicht sein, Bedeutungen zu pluralisieren, zu erweitern oder zu verschieben. Es geht vielmehr darum, die hegemoniale Form der Bedeutungsproduktionen von Grund auf zu umgehen und sie gleichzeitig als hegemoniale sichtbar zu machen. Damit formuliere Engel eine Perspektive, in der die Vorstellung von Differenz nicht auf dem Identitätsprinzip basiere (vgl. Rauchut 2008: 102). Die VerUneindeutigung konstatiere dagegen das Recht auf Mehrdeutigkeit. Statt Abgeschlossenheit und Eindeutigkeit werden Inkohärenz, Inkonsistenz, Wandelbarkeit und Vieldeutigkeit zu leitenden Organisationsprinzipien von Identität und Bedeutungen. So geraten die für das Fortbestehen hegemonialer Verhältnisse notwendigen grundlegenden Funktionsmechanismen in den Fokus. Die verUneindeutigenden Vorgehensweisen stehen dabei allerdings stets in Bezug zu hegemonialen Normen und Normalitäten. Denn sie gehen diesen gegenüber nicht in Opposition, sondern knüpfen direkt an ihre Funktionsweisen an und unterlaufen diese, ohne dabei jedoch selbst wieder normative Grenzziehungen zu erzeugen. Betont wird innerhalb dieser Strategie die Produktivität der Interventionen, da sie darauf abzielt, „widerständiges Wissen" und „subkulturelle oder marginalisierte Vorstellungsweisen und Darstellungsformen" (Engel 2005: 275) zu generieren.

Da queer-feministische Entwürfe, wie erwähnt, Gefahr laufen, innerhalb herrschender Verhältnisse ebenfalls normalisiert und damit vereinnahmt bzw. integriert zu werden, müssen diese Vorgehensweisen mit Kriterien verbunden werden, die diesen Risiken entgegen wirken. Denn die in queer-feministischen Entwürfen angelegten Flexibilisierungen und Pluralisierungen von Geschlecht und Sexualität harmonisieren ebenso mit neoliberalen Prinzipien der Individualisierung, in denen Geschlecht und Sexualität sich zum Gegenstand individueller Entscheidung und queer-feministische Entwürfe sich lediglich zu einem „konsumlogischen Lifestyle" (Engel 2005: 275) entwickeln. Um auf diese Weise nicht selbst abermals hegemonialen Effekte zu (re-)produzieren, schlägt Engel (2005) vor, die Vorgehensweisen stets normativ an den Prinzipien der Denormalisierung und Enthierarchisierung/ Entprivilegierung auszurichten (a.a.O.: 276). Diese stellen einen „relativen normativen Horizont" (a.a.O.: 276) dar, an denen sich queer-feministische Interventionen messen lassen müssen. Dieser Horizont bezieht sich ebenfalls direkt auf die Funktionsweisen von Regulierungsmechanismen sowie deren Prozessualität. Die Prinzipien enthalten keine positiv gesetzten, abstrakten Universalziele, sondern fordern dazu auf, lokal und situativ zu prüfen, ob Hierarchisierungen und Normalisierungen vermindert oder verstärkt werden. Welche Hierarchien und welche Normalisierungen darin dann wie bewertet werden, bleibe, wie ich bereits ausgeführt habe, unbestimmt und müsse Gegenstand politischer Aushandlungen sein (vgl. a.a.O.). Dies bedeute jedoch keinen Relativismus, sondern bilde vielmehr einen Bewertungshorizont, der Heterogenität, Kontextgebundenheit und widerstreitende Auseinandersetzungen unterstreicht. Damit trägt diese Konzeption dem poststrukturalistischen

Gesellschaftsverständnis, der daran gebundenen hegemonietheoretischen Auffassung des politischen Feldes, der geforderten intersektional informierten, reflexiven Positionalität sowie der dezidierten Herrschaftskritik von Queer-Feminismen Rechnung.

Ein vergleichbares Modell für queer-feministische Interventionen hat José Esteban Muñoz (1999) mit der *Disidentification* entwickelt. Diese bezieht sich auf die Ebene subjektiver Identifikationen, indem sie nach Umgangsweisen mit hegemonialen Subjektivierungsangeboten sucht. Ihr Schwerpunkt liegt dabei auf der Bedeutung intersektionaler Verknüpfungen von gesellschaftlichen Strukturierungen. Das Konzept knüpft an Ideen der Althusser'schen Anrufung an und nimmt in den Blick, wie Subjekte gewissermaßen auf die jeweiligen hegemonialen Anrufungen reagieren können.[24] Dabei macht Muñoz drei Modi aus, in denen sich marginalisierte Subjekte zumeist mit der hegemonialen Kultur und den darin für sie offerierten Plätzen auseinandersetzen. Die eine Form funktioniert eher assimilatorisch, sodass jegliche Nicht-Konformität mit Hegemonialem unterdrückt würde. Daneben gibt es eine ablehnende Weise, in der die hegemonial möglichen Identifizierungen zurückgewiesen werden (vgl. Dietze et al. 2007: 118). Hierbei bestehe allerdings die Gefahr, „*ex negativo* durch die ideologische Struktur determiniert zu bleiben, die sie anzufechten versucht" (Schirmer 2010: 34; Herv.i.O.), da sie in denselben Funktionswei-

---

24 Innerhalb dieses Konzepts beziehe sich Muñoz auf den französischen Linguisten Pêcheux, der sein Modell der Disidentification in Auseinandersetzung mit der Althusser'schen Anrufung erarbeitet hat (vgl. Schirmer 2010: 34).

sen verläuft. Die Disidentification als dritte Art bezieht dagegen hegemoniale Positionierungen mit ein und entwickelt an diese anknüpfend neue Formen der Subjektivierung. „Disidentification is the third mode of dealing with dominant ideology, one that neither opts to assimilate within such a structure nor strictly opposes it; rather, Disidentification is a strategy that works on and against dominant ideology" (Muñoz 1999: 11). Es handelt sich demnach um einen von dominanten gesellschaftlichen Mustern distanzierten Umgang, der die hegemonialen Bedeutungen jedoch mit einbezieht. Demnach nimmt die Disidentification hegemoniale Regulierungsweisen zu ihrem Ausgangspunkt, stellt sich diesen aber nicht einfach entgegen, sondern macht sie als hegemoniale in ihren Funktionsweisen sichtbar, arbeitet sie um und verwirft sie zugleich.

"Disidentification is about recycling and rethinking encoded meaning. The process of Disidentification scrambles and reconstructs the encoded message of a cultural text in a fashion that both exposes the encoded message's universalizing and exclusionary machinations and recircuits its workings to account for, include, and empower minority identities and identifications. Thus, Disidentification is a step further than cracking open   the code of majority; it proceeds to use this code as raw material for representing a disempowered politics or positionality that has been rendered unthinkable by the dominant culture" (Muñoz 1999: 31).

Die hegemonialen Platzanweisungen werden gewissermaßen zu Grundlagen für alternative Positionen, die ansonsten keinen Platz haben, und für die nun Subjektstatus reklamiert wird.

Ihr*sein Konzept entwickelt Muñoz v.a. aus der Analyse von Performances von Queers of Color heraus. Diese empirischen Untersuchungen werden zur Basis der theoretischen Erarbeitung. Muñoz analysiert

„wie darin hegemoniale geschlechtliche, sexuelle und ethnische Signifikationen und deren misogyne, homophobe und rassistische Implikationen aufgerufen und in einer Weise umgearbeitet werden, die alternative Verortungen aufzeigt. Neben der auch für Muñoz entscheidenden Dimension der destabilisierenden Anfechtung des Hegemonialen durch dessen distanzierende Wieder-Aufführung (ähnlich wie bei Butler) betont Muñoz damit die produktive Dimension hinsichtlich der Hervorbringung und/oder Repräsentation von Alternativen" (Schirmer 2010: 35).

Mit der VerUneindeutigung vergleichbar geht es demnach auch innerhalb der Disidentification um die Produktion alternativer Bedeutungen. Es brauche allerdings die Realisierung durch die Künstler*innen, um sie theoretisch fassbar zu machen (vgl. Muñoz 1999: 5). Das Gewicht liegt demnach auf den Performances. Die Disidentification ist eine ihrer möglichen Beschreibungen. Laut Dietze, Yekani und Michaelis (2007) liegt mit der Verquickung von künstlerischer und politischer Praxis sowie vielfacher Marginalisierungen und Diskriminierungen ein ausdrücklicher Fokus auf die intersektionale Verwobenheit (vgl. a.a.O.: 134). In diesem Zusammenhang seien Disidentifikationen auch als Überlebensstrategien zu verstehen (vgl. Muñoz 1999: 4). Denn sie bieten einen Umgang mit dem multiplen gleichzeitigen Ausgeschlossensein aus mehrheitsgesellschaftlichen wie auch subkulturellen Kontexten (vgl. Dietze et al. 2007: 134), indem sie alternativen Deutungsgefügen zur Existenz verhelfen.

Mit den beiden Strategien der *VerUneindeutigung* und der *Disidentification* liegen also Konzepte queer-feministischer Interventionen vor, die an grundlegende Mechanismen herrschaftsstabilisierender Ordnung anschließen. Beide nehmen diese zum Ausgangspunkt, um sie in ihren Funktionsweisen sichtbar zu machen und gleichzeitig so umzuarbeiten, dass alternative Bedeutungen entstehen, die sich den Grundfunktionsweisen entziehen/sie unterlaufen/sie verschieben. Die Zielperspektiven richten sich dabei v.a. auf die produktiven Momente der Interventionseffekte. Die VerUneindeutigung hebt dabei v.a. auf die Logik, Differenz zu denken, ab. Damit rekurriert sie auf das Identitätsprinzip, das Voraussetzung jeglicher Bedeutungsproduktion, aber bisher auch Fundament für eine Vielzahl feministischer Identitätspolitiken war. Um abzusichern, dass dieses Konzept jedoch nicht den Regulierungsweisen neoliberaler Normalisierung anheim fällt, verbindet Engel jene Taktik mit dem relativen Normenhorizont der Denormalisierung und Enthierarchisierung. Demnach bezieht sich die VerUneindeutigung sowohl auf das herrschende Prinzip, Differenz zu denken, als auch auf Normalisierung und Hierarchisierung als grundsätzliche Strukturierunsgweisen gesellschaftlicher Bedeutungsproduktion. Die Disidentification ist ebenso fundamental in den Mechanismen gesellschaftlicher Bedeutungsproduktion verankert. Sie schließt dabei allerdings v.a. an die Ebene der Identifizierung, also an Subjektivierungsweisen an, wobei sie auf die intersektionale Eingebundenheit von Subjektwerdung fokussiert. Im Blick ist dabei das Risiko der Vereinnahmung/Integration, das Engel mit dem relativen normativen Horizont der Denormalisierung bzw. Entprivilegierung zu verhindern sucht. Die Disidentification setzt genau an jenem Punkt an, an dem die hegemoniale Ordnung auch für marginalisierte Personen einen Subjektstatus bereit hält, allerdings nur solange wie sie die ihnen angebotenen Rollen der Randständigen annehmen. Damit liegt hierin ein besonderes Augenmerk auf den ambivalenten Verstrickungen, in denen Minoritäres zur Stabilisierung von Hegemonialem integriert wird, also Ausschluss auch Einschluss bedeuten kann; eine Wirkungsweise, auf die Theoretiker*innen, die intersektionale Perspektiven einfordern, schon lange hinweisen.

Unterschiede zwischen den beiden Entwürfen liegen v.a. in den Fundierungen, aus denen heraus die Autor*innen ihre Konzepte entwickeln. Engel verortet das Modell der VerUneindeutigung in Repräsentationspolitiken, wobei sie*er einen akademisch-theoretischen Zugang wählt.[25] Muñoz nimmt hingegen Performance-Praxen von *Queers of Color* Aktivist*innen/Künstler*innen, wie Vaginal Davis, in den Blick und beschreibt ausgehend von diesen die disidentifikatorischen Momente, aber auch ihre Grenzen. Hier findet sich demnach ein empirischer Zugang gestärkt.

---

25 Engel erarbeitet für das Konzept der VerUneindeutigung drei Bausteine queerer Methodik: (a) eine „queer-feministischen Analytik der Gegenwart" (Engel 2005: 266), in der sie sich auf Michel Foucault bezieht; (b) „queere Lektüren heteronormativer Erzählungen" (a.a.O.: 268), deren Grundlage Bezüge zu Teresa de Lauretis bilden; und (c) „Begehren als Methode" (a.a.O.: 271), worin sie sich auf Elspeth Probyn stützt.

VerUneindeutigung und Disidentification als Analyseperspektive

Diese beiden Modellierungen queer-feministischer Interventionen mit ihren unterschiedlichen Zielperspektiven bilden im Folgenden den Horizont, vor dem ich meine Analyse vornehmen will. Es handelt sich hierbei um elaborierte Ausarbeitungen, die, wie bereits erwähnt, auf theoretischer Ebene einen unterstützenden Rahmen darstellen, um meine eigene Perspektive zu klären und damit eine Grundlage für die empirische Analyse zu schaffen. Missverstanden werden darf dies nicht als Bewertungsfolie, mit der ich darüber urteilen werde, ob die zu untersuchenden Strategien *tatsächlich queer* sind. Vielmehr ist diese Fassung – anknüpfend an den dialektischen Rahmen queer-feministischer Vorgehensweisen – Ausdruck meines gegenwärtigen Verständnisses, das nun mit Sichtweisen von im Feld Handelnden konfrontiert werden soll. Die Frage ist, wie derlei Strategien konkret aussehen können und wie sie von den Ausführenden selbst interpretiert werden, um ein Wissen dazu zu erarbeiten, wie mit Schwerpunkt auf geschlechts- und sexualitätsbezogene Strukturierungen in hegemoniale Verhältnisse verändernd eingegriffen werden kann. Wie auch Schirmer (2010) festhält, handelt es sich dabei allerdings um keine „erkenntnistheoretische (bzw. forschungspraktische), sondern eine prinzipiell in der sozialen Wirklichkeit selbst zu rekonstruierende" (24) Frage. So geht es mir darum, einen Zugang zu solchen Strategien zu entwickeln, der in der Lage ist, sie in ihrer eigenen Logik wahr- und ernstzunehmen. Die beiden ausgeführten theoretischen Konzepte von Interventionen bilden dafür eine Hilfe. Sie sind eine Analyseperspektive, eine Unterstützung des Verstehens, aber keine Erklärung der Ergebnisse. Erst in einem zweiten Schritt werde ich versuchen auszumachen, worin ihre herrschaftskritischen Potentiale liegen.

Bevor ich erläutere, wie ich mich dieser Frage methodisch genähert habe, werfe ich zuvor noch einen Blick darauf, welche empirischen Beschäftigungen es bereits mit vergleichbaren Themen gibt. Auf dieser Grundlage werde ich die Forschungsfrage weiter verdichten können.

3.3 Empirische Untersuchungen queerfeministischer Interventionen und ihrer (Gelingens) Bedingungen – ein Überblick

Entgegen der theoretischen Auffassungen davon, wie das Funktionieren queer-feministischer Interventionen verstanden werden kann, sind die empirischen Beschäftigungen damit weniger umfangreich. So stellt Schirmer (2010) fest, dass es zwar einige kürzere Beiträge, aber nur wenige Monografien gebe, die queer-feministische Strategien und deren produktive Wirkungen im Sinne der Erzeugung alternativer Seinsweisen in den Blick nehmen (a.a.O.: 55). Die Studien, die überhaupt unter einem Verständnis queer-feministischer Strategien verortet werden können, beziehen sich zudem auf recht unterschiedliche Bereiche und Ebenen. So haben einige (Bühnen)Performances im Blick (Greer 2012 zu queerem Theaterspiel und Performances seit den 1990ern in Großbritannien; Hale 2005 nimmt Rollenspiele in der „Lederlesben-Szene" in den Blick; Katz et al. 2011 analysieren Performances der

88

queeren Allgirl Boygroup „Sissy Boyz"; Muñoz 1999 entwickelt sein Disidentification-Konzept anhand von verschiedenen Performances von Queers of Color; Schirmer 2010 untersucht Drag Kinging), andere setzen sich mit Literatur auseinander (Genschel 2001 nimmt Tagebücher eine*r U.S. amerikanischen Trans*-Aktivist*in in den Blick; Hark 1998 liest den Roman „Stone Butch Blues" hinsichtlich der darin zum Ausdruck kommenden geschlechtlichen Verortungen). Untersucht werden zudem die Beschaffenheit alternativ vergeschlechtlichter und sexualitätsbezogener Kontexte (Painter 1996 zu lesbischem Humor; Schirmer 2010 zum Drag Kinging). Es gibt jedoch fast gar keine Studien zu Handlungsweisen und Erfahrungen, die nicht in solchen spezifisch alternativen Kontexten stattfinden bzw. an ein spezifisches Publikum gerichtet sind, deren Teilnehmende und Adressat*innen alternative geschlechtliche Seinsweisen in gewisser Weise prinzipiell anerkennen. Einige empirische Untersuchungen beziehen sich zwar auf Strategien (links-)politischer Gruppen, die häufig zumindest anstreben, auch in andere Kontexte hinein wirksam zu werden, diese Analysen haben aber v.a. die politisch-theoretischen Selbstverortungen der Gruppen und deren Ziele im Blick (Groß 2008 zu Aktivismen autonomer, linksradikaler feministischer Gruppen und linksradikaler queerer Gruppen; Lenz und Paetau 2009 zu aktuellen feministischen Strategien und Zielen in Bezug auf die politische Praxis und deren Organisation).

Insgesamt lässt sich also festhalten, dass sich bisher nur selten auf die Ränder/ Übergänge/Konfrontationszonen alternativer geschlechtlicher Entwürfe und hegemonial zweigeschlechtlich und heterosexuell strukturierter Umwelt konzentriert wurde. Handlungsweisen, die auch über queer-feministische Kontexte hinaus gehen, werden aber bspw. von Bretz und Lantzsch (2013), Schirmer (2010) und Wagels (2013) betrachtet. Erstere geben einen Überblick über einige Bereiche queer-feministischer Aktions- und Widerstandsformen. Thematisiert werden dabei notwendige Prinzipien einer reflektierten Haltung bzw. Positionierung, Sprache, Körper, do-it-yourself Praxen, die Möglichkeit queer-feministischer Praxis in/als Lohnarbeit und Formen von zwischenmenschlichen Beziehungen. Damit nehmen auch diese Autor*innen Bezug auf queere Vorgehensweisen als Interventionen, stellen sie aber beschreibend vor und untersuchen sie nicht empirisch. Insofern sind Interpretationen von Handelnden implizit enthalten, aber nicht Ausrichtung der Darstellungen. Dies macht ihre Arbeit zu einer unterstützenden Lesehilfe, jedoch nur bedingt übertragbar auf meine Forschungsfrage. Die Blickrichtung Schirmers stellt dagegen eine wichtige Basis meiner Überlegungen dar. Auf Grund dessen lohnt sich an dieser Stelle ein ausführlicherer Blick auf ihre*seine Ergebnisse.

Die Kontextgebundenheit queer-feministischer Praxen

Schirmer (2010) interessiert sich dafür, in welchen Kontexten alternative geschlechtliche Seinsweisen als *wirklich* erfahrbar sind und betrachtet dazu eine städtische Szene des Drag Kinging und außerszenische Zusammenhänge wie die Erwerbsarbeit und den öffentlichen Raum „der Straße".[26] Im Fokus stehen hierbei Praxen

---

26 Die folgenden Darstellungen sind eine Wiedergabe einiger der zentralsten Ergebnisse Schirmers (2010). Zur besseren Lesbarkeit verzichte ich auf die zur Kennzeichnung solcher Paraphrasierungen übli-

des Drag Kinging hinsichtlich der darin stattfindenden Konstitution alternativer geschlechtlicher Seinsweisen und inwiefern diese auch in anderen Kontexten außerhalb des Drag Kinging lebbar sind. Von Interesse ist, inwiefern Praxen und Erfahrungsweisen in welchen Kontexten von den sich alternativ-geschlechtlich verortenden Personen selbst als *wirklich* erlebt werden und was dieses *Wirklichsein* begrenzt (Schirmer 2010: 54). Eines der zentralsten Ergebnisse ist, dass die Praxen des Kinging als eigene *Wirklichkeit* Eingang in die Erfahrungsebene der performenden Personen finden. Einfluss haben sie dabei auf die hegemoniale Opposition von Spiel und Wirklichkeit, über die die Bedeutung von Wirklichkeit bestimmt ist. Die im Kinging performten Entwürfe werden nicht als gespielt, sondern als *wirklich* erlebt. *Wirklich* werden sie jedoch nicht in dem Sinne, dass sie eine weitere, gewissermaßen dritte *wirkliche* Möglichkeit der Geschlechtlichkeit bilden. Vielmehr werden sie in ihrem Nicht-Festgelegtsein auf ein Geschlecht oder ein Zwischen den Geschlechtern, also in einer Art „Schwebezustand" als *wirklich* erfahren. Der Zwang, sich auf etwas Klares, etwas Abgeschlossenes festzulegen, der ansonsten konstitutiv für die Anerkennung von *Wirklichsein* ist, ist ausgesetzt. Damit entsteht im Kinging eine eigene Erfahrungsqualität, die die Maßstäbe von *Wirklichem* berührt und verändert. Kontingenz, Konstruiertheit, soziale Bedingtheit und Offenheit des geschlechtlichen Selbstverhältnisses werden darin als Kennzeichen von *Wirklichkeit* erfahrbar und präsent. Um dieses Mehr/Andere/in Hegemonialem nicht Benennbare erfassen zu können, führt Schirmer das heuristische Konzept des >etwas< ein. Damit versucht sie*er das zu umreißen, was

---

che Schreibweise im Konjunktiv.

bisher noch keine sichtbare oder lediglich marginalisierende Bezeichnungen erfahren hat.

Zugleich stellt sie*er aber auch fest, wie entscheidend die Umgebung der Drag Kinging Szene für jene Erfahrungsqualität ist. „Eben diese als subkulturell gekennzeichneten Bezüge und Szenen wurden mehrfach als konstitutiv für die kollektiven Praxen im Horizont der Drag King-Szene ausgewiesen" (a.a.O.: 185). Die Möglichkeiten, die Erfahrungsweisen des *Wirklichseins* auch in andere Kontexte mitzunehmen, schwanken erheblich.

„Dabei wurde bereits deutlich, dass diese Praxen eingelassen sind in soziale Beziehungen und Bezugnahmen, und dass der Effekt des „Wirklichwerdens" von >etwas< wesentlich von diesen abhängt: Wer man geschlechtlich sein kann, was als ein „Teil von mir", als ein „ich", als Wirklichkeit eines eigenen Geschlechtseins lebbar und erfahrbar wird, ist gebunden an unterschiedliche Weisen des Adressiertwerdens sowie eigener Bezugnahmen auf andere, realisiert sich in Interaktionen und Beziehungen in geschlechtlich strukturierten sozialen Zusammenhängen" (a.a.O.: 303).

Um in ihrer Erfahrungsqualität als *wirklich* aufrecht erhalten zu werden, bedürfen die alternativen Seinsweisen einer gewissen Art der Anerkennung in dem Umfeld, in dem sich die Person befindet. Andernfalls haben sie keinen Bestand. Diesbezüglich zeigt Schirmer auf, inwieweit öffentlicher Raum, wie die „Straße" oder Kontexte der Erwerbsarbeit grundsätzlich durch hegemoniale Bedeutungssysteme strukturiert bleibe (a.a.O.: 313).

Vergleichbares stellt Wagels (2013) fest, die*der das Umfeld von Erwerbsarbeit ausführlich behandelt hat.[27] Auch sie*er nimmt in den Blick, welchen Raum alternative Geschlechtsentwürfe und Sexualitäten im Bereich der Erwerbsarbeit haben. Deutlich wird hierbei, dass Heterosexualität und Zweigeschlechtlichkeit konstitutiv an Erwartungen bezüglich der Fähigkeiten und Professionalität gekoppelt sind, sie rahmen die „Definition von Arbeitssubjekten" (a.a.O. 232). Wagels stellt fest, wie wenig Möglichkeiten und wie viele Zwänge der Erwerbsarbeitskontext mit sich bringt.

Auch wenn es möglich wird, mit einer lesbischen oder schwulen Identität im Feld der Erwerbsarbeit sichtbar zu werden, so vollzieht sich dieses Sichtbarwerden in den engen Grenzen, die ein heteronormatives Denken vorgibt. [...] Die Möglichkeit individueller und punktueller Überschreitungen dieser Ordnung bedeutet dabei nicht, die Struktur in Frage zu stellen oder gar zu überwinden; dies käme einer Bagatellisierung des Zwangs und der inhärenten Gewalt gleich, die Heteronormativität im Feld von Erwerbsarbeit auf diejenigen ausübt, die sich darin bewegen (a.a.O.: 233).

Es gibt nur wenige Optionen, die hegemonialen Grenzen zu überschreiten; und dort, wo dies geschieht, scheinen sie nicht grundlegend angegriffen zu werden. Der zwanghafte Charakter der Regulierungsmechanismen im Rahmen der Lohnarbeit scheint zu stark und sich gegen ihn auzulehnen, bringt existenzielle Gefahren mit sich.

---

27 Wagels fokussiert dabei auf die Rolle des Körpers in der geschlechtlichen Selbstwahrnehmung, doch ist ihre Blickrichtung mit der Schirmers vergleichbar.

In den Untersuchungen Schirmers und Wagels kommt demnach in Bezug auf die Frage nach Interventionen an den Rändern/Übergängen/Konfrontationszonen v.a. zweierlei zum Ausdruck. Zum einen wird die Wirkmächtigkeit und Eigenlogik alternativ geschlechtlicher Praxen und Selbstverständnisse deutlich. Zum anderen zeigt sich aber auch, wie eng sie an bestimmte Kontexte gebunden und wie prekär sie damit in anderen Zusammenhängen sind.

An diese Überschau anschließend lässt sich meine zuvor formulierte Frage nach den Rändern weiter fokussieren. Von besonderem Interesse ist, was passiert, wenn queer-feministische Interventionen in Kontexten stattfinden, die hegemonial strukturiert sind. Mit Hilfe Schirmers und Wagels wurde deutlich, dass der zwingende Charakter von derlei Umgebungen nur schwerlich vermindert werden kann. Jedoch wurde auch ersichtlich, dass es nicht unmöglich ist. Umso mehr erscheint es also sinnvoll, den Blick genau darauf zu richten und danach zu fragen, welche Bedingungen erfüllt sein müssen, damit solche Umgebungen weniger regulierend wirken. Welche Formen der Intervention gibt es? Wie funktionieren diese? Wie gelingen sie? Gibt es Bedingungen, die für sie erfüllt sein müssen bzw. die sie vereinfachen? Können Bedingungen ausfindig gemacht werden, die es ermöglichen, in hegemoniale Regulierungen zu intervenieren und sie so zu vermindern/zu verändern, dass Platz für alternative Geschlechtlichkeiten geschaffen werden kann? Damit betrachte ich nicht unbedingt andere Praktiken, als die erwähnten Studien, jedoch bringt dieses Interesse eine spezifische Perspektive mit sich.

3.3.1 Gelingen queer-feministischer Interventionen

Spezifiziert werden müssen diese Fragen noch hinsichtlich der Dimension des *Gelingens*. Der Begriff und einige der aufgeworfenen Fragen suggerieren, dass es Praktiken gibt, die in der Lage sind, hegemoniale Ordnungen zu verschieben und damit *tatsächlich queer* zu sein sowie diesen Effekt zudem messen/analysieren zu können. Das hier zugrunde liegende Verständnis von Gelingen bezeichnet jedoch keine solche entweder (*queer*)- oder (*nicht queer*)- Einteilung, sondern ein Kontinuum. Ich werde, das, was von den Gesprächspartner*innen als queer bzw. dessen Prinzipien folgend verhandelt wird, herausarbeiten. Der Fokus liegt darauf, welche und wie hegemoniale(n) Erwartungen und Forderungen darin zurückgewiesen und bearbeitet werden sowie auf welche Weise alternative Entwürfe präsent gehalten werden können. Erst in einem zweiten Schritt werde ich sie hinsichtlich der herrschafts-kritischen Momente befragen und reflektieren.

Die Prozesse des Disidentifizierens und VerUneindeutigens so verstanden können mit   Schirmer und Wagels als *Aufwand* gefasst werden, den die Gesprächspartner*innen immer wieder mehr oder weniger zu leisten haben. Die Autor*innen konzeptualisieren diesen mit dem Modell der „sexuellen Arbeit" von Boudry, Lorenz und Kuster (1999). Mit diesem zeigen die Autor*innen anschließend an ein Althusser'sches Konzept der Anrufung am Beispiel des Erwerbsarbeitskontextes,   wie   Subjekte   immerfort vergeschlechtlichte und sexualitätsbezogene Anforderungen[28] ver-

---

28 Gemeint seien damit zumeist stark geschlechtlich konnotierte Fertig-keiten und Gefühle, die in die an Arbeitsverhältnisse geknüpften Er-wartungen und Anforderungen integriert würden. „Es handelt sich um

handeln müssen. Diese stellen eine Art Zwang dar, seien aber auch mit eigenen Wünschen und Begehrensweisen verbunden (vgl. Schirmer 2010: 338). Gefordert sei darin eine Art Managen der verschiedenen Erfordernisse. Dieses würde laut Lorenz und Kuster (2007) fortwährend allen Subjekten abverlangt, um den hegemonialen Anforderungen gerecht zu werden. Auf jene könne aber auch, wie Wagles (2013: 235) feststellt, in disidentifizierender Weise geantwortet werden. Somit würde mit und gegen die Grenzen der hegemonialen Forderungen, Zurechtweisungen und Versprechungen gearbeitet (vgl. dazu Schirmer 2010: 340). Von dieser Perspektive ausgehend, „gilt es daher, den je unterschiedlichen Aufwand in den Blick zu nehmen, den das Verhandeln oder auch Zurückweisen sowohl von identitären Zwängen und Bindungen als auch von den mit ‚Mobilität' oder ‚Flexibilität' einhergehenden Anforderungen und Versprechen bedeutet" (Schirmer 2010: 340). Queer-feministische Interventionsstrategien bedeuten immer Aushandlungs- und Reflexionsarbeit für die Personen. Die Einschätzungen und Bewertungen dessen durch die Gesprächspartner*innen sind Maßstab für das *Gelingen* von Interventionsstrategien.

„Ob dies allerdings tatsächlich geschieht und auch, ob die disidentifizierende Arbeit an, mit und gegen gesellschaftlich vorgegebene Platzanweisungen herrschaftsförmig strukturierte Anordnungen reproduziert oder unterläuft, ist eine empirisch offene Frage. Als ein analytisches Konzept lenkt „sexuelle Arbeit" zunächst lediglich die Aufmerksamkeit auf den „Aufwand" selbst und auf

---

Weisen der Selbstdarstellung in Kleidung und Verhalten, darum, >wie< eine bestimmte Person Aufgaben erledigt, >wie< sie Gespräche führt." (Boudry et al. 1999: 9).

das, was ihn anreizt, auf die Bedingungen, unter denen er geleistet wird, und wie" (Schirmer 2010: 341).

Demnach gilt es, empirisch zu untersuchen, welche Arbeit in den Augen der Intervenierenden geleistet wird und wie diese funktioniert. Es geht darum, was ihre Einschätzungen und Interpretationen ihrer geleisteten sexuellen Arbeit sind. Ziel ist, danach zu suchen, wo und auf welche Weise hegemoniale Ordnungen für einige weniger drückend werden können, alternativen Seinsweisen in ihrer *Wirklichkeit* Rechnung zu tragen und daraus für zukünftige queer-feministische herrschaftskritische Vorgehensweisen zu lernen.

4 Methodisches Vorgehen

Im Fokus meiner Arbeit stehen Formen disidentifizierender und verUneindeutigender Strategien queer-feministischer Interventionen in hegemoniale Verhältnisse. Die Herausforderung der Analyse ist, mit Hilfe der im Vorherigen ausformulierten theoretischen Lesehilfe eine Perspektive zu entwickeln, die nach derlei verUneindeutigenden und/oder disidentifizierenden Momenten zu suchen vermag. Die Ergebnisse dessen möchte ich als beispielhafte Typologisierungen, also Möglichkeiten intervenierender Vorgehensweisen auffassen. Damit wird keine Repräsentativität beansprucht.

Meine Untersuchung basiert auf einer Gruppendiskussion und vier Interviews. Die Gesprächspartner*innen sind, bis auf eine*r, aus derselben mitteldeutschen Großstadt. Kriterium für die Auswahl der Personen war nicht, dass sie sich selbst als queer bezeichnen. Denn, wie ausgeführt, queer und mit diesem Begriff verbundene intervenierende Praktiken bedeuten bestimmte Zielperspektiven, also ein politisches Konzept und keine Selbstbezeichnung – auch wenn es zumeist gleichzeitig als solche verwendet wird. Demnach ist es nicht notwendig, dass die Gesprächspartner*innen sich selbst oder ihr Handeln als queer bezeichnen und auch nicht, dass ihnen allen eine Selbstbezeichnung gemeinsam ist.[29] Wichtig

---

29 Die Vorstellung der Personen und deren Selbstbezeichnungen werde ich im Abschnitt 4.4 noch ausführlicher vornehmen.

ist dagegen, dass sie in irgendeiner Weise zum Ziel haben – bzw. sich diesem verbunden fühlen – in einem dekonstruierenden Sinne in normalisierte Vorstellungen von Sexualität und Geschlecht einzugreifen.

Von Interesse sind in der der Untersuchung die Sichtweisen der Intervenierenden. Denn den im vorangegangenen Teil des Buches ausgeführten erkenntnistheoretischen Annahmen des Poststrukturalismus folgend, bedarf *Wirklichkeit* immer einer Konstruktionsleistung. Wenn also die Wirksamkeit queerer Intervention im Fokus steht, dann kann dies nur eine Frage an die *Wirklichkeit* der intervenierenden Subjekte sein. Aus diesem Grund interessiere ich mich für die Darstellungen queer-feministisch Handelnder und Lebender. Für die Analyse waren folgende Fragen leitend: Wie haben die Gesprächspartner*innen die Interventionen erlebt? Wie haben sie diese bewertet bzw. bewerten sie diese aus der Retrospektive? Gab es bestimmte Intentionen und wenn ja, welche waren es? Wie haben sie sich positioniert, wie wurde die eigene und die andere(n) Position(en) ausgehandelt und reflektiert? Welchen Einfluss hatten die Situationen auf ihre Positionierungen und im Zusammenhang mit ihren jeweiligen biografischen Bezügen? Unter welchen Bedingungen kam es zu solchen Momenten und welche werden darin als inwiefern entscheidend eingeordnet? uvm.

Entscheidungskriterien für den methodischen Zugang

Auf Grund des Interesses an subjektivem Erleben sowie der subjektiven Einordnung, Interpretation und Bewertung dessen durch die Intervenierenden, ist es unumgänglich, ihnen selbst in der empirischen Erhebungssituation die Deutungshoheit zu überlassen. Insofern stellen zum einen narrative Interviews eine geeignete methodische Annäherung dar.[30] Neben subjektiven Facetten zeichnen sich die Strategien aber auch durch ihre Eingebundenheit in kollektive Zusammenhänge und Bezugsgruppen aus. Das bringt kollektive sog. Orientierungsstrukturen mit sich, die die Deutungen der Handelnden entscheidend mitbestimmen (vgl. Bohnsack 2008: 114). Wie bereits in der Überschau der bisherigen empirischen Studien deutlich wurde, spielt der kollektive Kontext *queerer Szenen*[31] für das Funktionieren der jeweiligen Handlungspraxen, Selbstverständnisse und Positionierungen eine zentrale Rolle. Demnach ist der Einbezug dieses kollektiven Zusammenhangs von besonderer Bedeutung. „Ein direkter und valider Zugang zu [solchen; A.N.] milieuspezifischen Bedeutungsmustern [führt; A.N.] über die Rekonstruktion jener Diskurse [..], in denen die Beteiligten wechselseitig milieuspezifische ‚signifikante‘ andere füreinander darstellen" (a.a.O.: 115). Deshalb habe ich außerdem eine

---

30 Zur besonderen Eignung des narrativen Interviews in Bezug auf subjektive Dimensionen s. bspw. Bohnsack 2008 oder Przyborski und Wohlrab-Sahr 2008.

31 Diese Bezeichnung, ist kursiv gesetzt, da unklar und sehr unterschiedlich ist, was sich dahinter verbirgt. Gemeint sind hier in einem übergeordneten Sinne jene Kontexte, in denen queer-feministische Seinsweisen und Positionierungen prinzipiell eine gewisse Anerkennung erfahren.

Gruppendiskussion mit einer sich als queer-feministisch verstehenden Realgruppe dazu gezogen. Dieses Verfahren ist geradezu prädestiniert dafür, kollektive Bezugssysteme und ihre kollektive (Wieder-) Herstellung zu erfassen. In der vorliegenden empirischen Betrachtung können demzufolge mit Hilfe der Interviews subjektive Erlebnisse und deren Deutungen der geleisteten „sexuellen Arbeit" (s. dazu Kapitel 3.3.1) erfasst werden, während diese unter Zuhilfenahme des Gruppendiskussionsverfahrens im Kontext der Orientierungsrahmen *queerer* Bezugsgruppen analysierbar werden.

Zunutze machen werde ich mir dabei im Falle der Interviews zum einen die spezifischen Zugänge, die die methodologischen Grundlagen narrativer Verfahren bereit halten. Für die Gruppendiskussion bilden Prinzipien der dokumentarischen Methode den methodologischen Hintergrund. Trotz der recht unterschiedlichen Methodologien und damit letztlich differierenden Blickrichtungen der beiden Methoden, treffen sie sich jedoch in einigen grundsätzlichen Auffassungen. Denn Ausgangspunkt für das Funktionieren der Methode ist in beiden Fällen die Annahme, dass sich in der Erhebungssituation Orientierungs- und Deutungsmuster widerspiegeln, die die lebensweltlichen Handlungspraxen der Interviewten und Diskutierenden für gewöhnlich strukturieren. Demnach bieten beide Vorgehensweisen einen direkten Zugang zu den alltäglich relevanten Bedeutungsstrukturen. Sie lassen sich innerhalb der Auswertung rekonstruieren, da sie sich gewissermaßen in der Erhebungssituation abbilden. Dem folgend wird nicht nur der Inhalt des Gesagten zum Gegenstand der Analyse, sondern auch die Gestalt sowie der Ausdruck, in der/in dem erzählt und diskutiert wird. Während allerdings narrationstheoretisch begründete Interviews und deren Auswertung vom Einzelfall ausgehen, versteht die dokumentarische Methode ihre Blickrichtung als zwischen der subjektiven und objektiven Dimension angesiedelt (vgl. dazu Bohnsack 2008; Przyborski und Wohlrab-Sahr 2008). Im Falle der Narrationsanalyse wird somit der Blick auf die Ebene des subjektiven Sinns gerichtet, über die jene Orientierungsschemata, die Handlungen, Erleben und Deutungen Einzelner organisieren, rekonstruierbar werden. Zu einem späteren Zeitpunkt werden diese mit der Gestalt anderer Einzelfälle verglichen. Dokumentarische Verfahren hingegen vernachlässigen den Einzelfall. Sie verorten die handlungsleitenden Orientierungen in einem kollektiven Erfahrungsraum und nehmen diesen zum Ziel ihrer Analyse. Der Vergleich mit anderen Orientierungsschemata ist deshalb von Anfang an zentral. Beide Methoden fokussieren also auf handlungs- und deutungsleitende Orientierungsmuster, verorten diese aber auf verschiedenen Ebenen. Dies führt zwar zu unterschiedlichen methodologischen Ausdifferenzierungen und demzufolge verschiedenen Blickrichtungen. Diese lassen sich jedoch zusammen führen.

Von handlungsleitenden Orientierungs- und Deutungsmustern ausgehend bieten beide Methoden eine passende Anschlussstelle an den hier interessierenden Gegenstand. Die Frage richtet sich darauf, nach welchen Strukturierungen queer-feministischer Deutungssysteme die Interventionen organisiert sind. Im Blick sind somit die Orientierungsfiguren, die die „sexuelle Arbeit" (s. dazu Kapitel 3.3.1), die dabei aufgewendet werden muss, maßgeblich bestimmen.

Zunächst werde ich im Folgenden die besonderen Leistungen und Perspektiven der beiden methodischen Zugänge im Hinblick auf meine Arbeit beleuchten (Kapitel 4.1 und 4.2). Denn auf spezifische Methodologien gründend bringen diese unterschiedliche Stärken, Begrenzungen und v.a. ganz bestimmte Blickrichtungen mit sich. Um einschätzen zu können, was sie jeweils hinsichtlich meines Forschungsgegenstandes leisten können und letztlich nicht Interpretationen miteinander zu verknüpfen, die dazu nicht geeignet sind, halte ich es für unabdingbar, die methodologischen Hintergründe ausführlicher mit einzuholen. Auf Grund der Gemeinsamkeiten der beiden Methoden können sie jedoch mit Hilfe desselben Verfahrens ausgewertet werden. Gewählt habe ich dafür die dokumentarische Methode. Deren Anschlüsse ans Forschungsinteresse und das konkrete Vorgehen sind Gegenstand des Abschnitts 4.3. Die interviewten bzw. diskutierenden Personen sowie die konkrete Erhebung werde ich im letzten Abschnitt des methodischen Kapitels vorstellen (Kapitel 4.4).

4.1 Das narrative Interview – Erlebnisaufschichtung und subjektive Deutungen

Da angenommen wird, dass sich in der Interviewsituation für die Personen übliche Deutungsschemata in der Gestalt des Erzählten (re-)produziert finden, wird in der Methode des narrativen Interviews versucht, die je besondere Struktur der Interviews mit in die Methode und die Auswertung miteinzubeziehen. Es wird „die Kommunikation [..] so weit wie möglich in ihrem je spezifischen Verweisungszusammenhang ,eingefangen' und somit das für die Kommunikation konstitutive Moment der Indexikalität nicht ausgeblendet, sondern bewusst einbezogen" (Küsters 2009: 31). Der kontextspezifische Verweisungszusammenhang, die je spezifischen Bedeutungssysteme, innerhalb derer sich die kommunikativen Interaktionen der Interviewten bewegen, müssen also erfasst und nachvollzogen werden. Andernfalls ist ein Verstehen der Deutungen und Orientierungen unmöglich. Dazu sei es notwendig, den Befragten, „die Möglichkeit zu geben, die Sachverhalte und Problemstellungen innerhalb ihres Relevanzsystems in der ihnen eigenen Sprache darzustellen" (a.a.O.). Narrative Interviews erfüllen in besonderer Weise jene Kriterien, da sie in der Lage seien, längere und „autonom gestaltete Präsentationen einer bestimmten Thematik" anzuregen (Rosenthal 2008a: 137).

Diesen eigenständig geformten Darstellungen und v.a. den Erzählungen kommt innerhalb der Methode eine wichtige Rolle zu, da ihnen anschließend an die narrationstheoretischen Grundlagen ein besonderer Zugang zu Erlebtem zugeschrieben wird. Im erzählerischen Durchleben vergangener Ereignisse, so die Annahme, lassen sich das Handeln und die dieses organisierenden Deutungen und Orientierungen erkennen und nachvollziehen. Demnach zielt die Methode des narrativen Interviews in erster Linie auf Schilderungen von Erlebtem ab. Am besten eignen sich dafür nicht vorbereitete Erzählungen. „Der Option für das narrative, also auf autobiografische Erzählung basierende Interview lag die empirisch fundierte Überlegung zugrunde, dass die Erzählung – und zwar die nicht vorbereitete Stegreiferzählung – am ehesten die Orientierungsstrukturen des faktischen Handelns reproduziere" (Przyborski und Wohlrab- Sahr 2008: 93). Grundlage dieser Annahme ist die sogenannte „Homologiethese" (a.a.O.), nach der die Aufschichtung von Erlebtem in einer nicht zuvor durchdachten Erzählung repro-

104

duziert wird.[32] Ausgegangen wird davon, dass die Interviewten ihre relevanten Erfahrungen nach denselben Maßstäben rekonstruieren, wie sie in der Situation handlungsleitend waren. An der Form der Erzählung lässt sich damit gewissermaßen nachzeichnen, wie die Erfahrungen strukturiert und aufgearbeitet sind. Rosenthal (2008a) fasst dies folgendermaßen zusammenfassen:

„Wenn wir uns nicht damit zufrieden geben wollen, nur etwas über die übersituativen Einstellungen und Alltagstheorien der Befragten zu erfahren, die von den Erlebnissen und Erfahrungen abgehoben sind, [...] sondern wenn wir rekonstruieren wollen, was Menschen im Laufe ihres Lebens erlebt haben, und wie dieses Erleben ihre gegenwärtigen Perspektiven und Handlungsorientierungen konstituiert, dann empfiehlt es sich, *Erinnerungsprozesse* und deren sprachliche Übersetzung in *Erzählungen* hervorzurufen" (141; Herv.i.O.).

Dazu ist es notwendig, dass die interviewte Person ihre Erzählung möglichst vollständig selbst bestimmt. Denn Narrationen mit den je eigenen Relevanzsetzungen kommen nur in autonom gestalteten Redesituationen zustande. Innerhalb der Methode des narrativen Interviews wird davon ausgegangen, dass sich die Interviewten in diesem Zuge gewissermaßen in ihre Erzählungen „verwickeln", dadurch in einen Redefluss geraten, der wenig von heutigen Interpretationen überformt oder kontrolliert ist – beispielsweise aus selbstdarstellerischen Bedürfnissen – sondern sich nahe am Erleb-

---

32 Ein Überblick zu Kritikpunkten an dieser Grundannahme zur Homologie von Erfahrungs- und Erzählgestalt findet sich bei Bohnsack 2008.

ten abspielt.[33] Die Methode ist systematisch so aufgebaut, dass viele solcher narrativer Phasen entstehen.

Hinsichtlich des zugrunde liegenden Forschungsinteresses ist das Verfahren vielversprechend, da es durch die Ausrichtung an den Interviewten diesen die Möglichkeit gibt, die je eigenen Relevanzsetzungen zu explizieren. Die Interviewten können darstellen, was sie unter disidentifizierenden und verUneindeutigenden Strategien verstehen und welchen Aufwand im Sinne „sexueller Arbeit" sie innerhalb dieser leisten müssen. Sie können diese in ihren je eigenen Bezügen und Gewichtungen beschreiben, bewerten und in Bezug auf die eigene Biografie bzw. gesellschaftliche Zusammenhänge verorten und interpretieren. Darüber hinaus ergibt sich ein besonderer Zugang zum subjektiven Erleben von Situationen, in denen in hegemoniale Strukturierungen interveniert wurde. In den Erzählungen solcher Begegnungen wird analysierbar, inwiefern die Interviewten derlei Momente erlebten, welche Deutungshorizonte Orientierung gaben und welche Aushandlungsprozesse mit anderen und sich selbst abliefen. Neben

---

33 Grund für diese besondere Gestalt von Narrationen sind die ihnen zugrunde liegenden „Zugzwänge des Erzählens" (Kallmeyer und Schütze 1977: 162). Hierbei handelt es sich um Regelhaftigkeiten des Erzählens, durch die die Person zumeist mehr erzählt, als sie vorhatte, dass sie sich dabei an immer mehr erinnern kann und sie dies aber zugleich nach ihren Relevanz strukturieren muss, damit es noch erzählbar und für die Zuhörenden (hier die Interviewer*innen) verstehbar bleibt. Gefasst werden diese Mechanismen als Detaillierungszwang, Gestaltschließungszwang und Kondensierungszwang. (s. genauer dazu u.a. Kallmeyer und Schütze 1977; Przyborski und Wohlrab- Sahr 2008; Küsters 2009). Diese gehören laut Schütze zu den kognitiven Figuren, in denen sich die Ordnung, der Kommunikation folgt, ausdrückt (siehe dazu beispielsweise Przyborski und Wohlrab-Sahr 2008).

diesem Prozesshaften der jeweiligen Interventionsstrategien wird zudem die Darstellung ihrer Einbindung und Entwicklung über biografische Phasen hinweg ermöglicht.

Die genannten Potentiale des narrativen Interviews führen dazu, dass das Verfahren zumeist bei Forschungsgegenständen zur Anwendung kommt, in denen die Verkettung von Ereignissen und ein prozesshaftes Erleben im Vordergrund steht, wie bspw. in der Biografieforschung. Meine Forschungsfragen zielen jedoch nicht nur auf Narrationen von Erlebnissen. Argumentationen, Theoretisierungen und Berichte sind auf Grund der darin enthaltenden Selbstdeutungen und der orientierungsgebenden Deutungshorizonte ebenso von Interesse. Auch diesen wird mit der Offenheit und des Grades der Selbststeuerung durch die Interviewten innerhalb eines narrativen Verfahrens Raum gegeben. Ich erwarte gewissermaßen ein Schwanken zwischen Erfahrungen mit Interventionspraxen, deren Auslegungen durch die Interviewten und ihrer biografischen Einordnung. Aufrollen werde ich das Themenfeld jedoch nicht aus biografischer Perspektive, wie es bei narrativen Interviews häufig der Fall ist, sondern ausgehend von der Frage nach den eigenen queer-feministischen Strategien.

4.2 Gruppendiskussion – kollektive Orientierungen

Das in der Methodologie dokumentarischer Methode verortete Gruppendiskussionsverfahren ist besonders interessant, da es Orientierungsschemata als kollektive Wissensbestände begreift. Innerhalb der Methodologie wird davon ausgegangen, dass Handlungen und Deutungen durch Orientierungsmuster strukturiert sind, die aus verschiedenen relevanten Erfahrungsräumen unterschiedlicher kollektiver Zusammenhänge hervorgehen. Jene Orientierungsmuster, die im Falle des Interviews auf die einzelnen Fälle bezogen als subjektive Sinnstrukturen herausgearbeitet werden, sind innerhalb dokumentarischer Methodik demnach in kollektiven Bezugssystemen verortet. So gibt es bspw. milieu-, geschlechts- oder altersbezogene Erfahrungsräume, die handlungsrelevante Deutungsschemata mit sich bringen. Daran anschließend erscheint es sinnvoll, mit Hilfe einer Gruppendiskussion Wissensbestände eines queer-feministischen Milieus zu betrachten.

Zentral für die Blickrichtung und besondere Fertigkeit dieser Methode ist im Anschluss an die Verortung auf der Ebene kollektiver Zusammenhänge die Unterscheidung zweier Sinnebenen, die innerhalb solcher Gespräche eine Rolle spielen. Zum einen wird von einer Ebene immanenten Sinngehalts ausgegangen. Diese bezieht sich ausschließlich auf das betrachtete Phänomen und kann aus seinen eigenen Inhalten und Regeln heraus erklärt und beschrieben werden (vgl. u.a. Przyborski und Wohlrab-Sahr 2008: 277). Der dokumentarische Sinngehalt zum anderen bezieht hingegen den Entstehungszusammenhang mit ein und fragt bspw. nach den Bedingungen des historischen Kontextes, in den das Phänomen eingebettet werden muss. „Der dokumentarische Sinngehalt bzw. Dokumentsinn [..] nimmt den soziokulturellen Entstehungszusammenhang bzw. das, was sich davon manifestiert hat, in den Blick" (Przyborski und Wohlrab-Sahr 2008: 278). Diese Unterscheidung sei letztlich nur eine analytische, da stets beide Wissensformen relevant seien. Für die Vorgehensweise der dokumentarischen Methode ist sie jedoch entscheidend. Denn damit gerät die Interaktionsebene einer Diskussion besonders in den Fokus. Die Art des wechselseitigen aufeinander Beziehens und die Gestalt der Diskussion werden zum „Schlüssel zu der in den Texten aufgespeicherten Kollektivität" (Przyborski 2004: 18). Der Schwerpunkt liegt demnach auf dem W i e der Diskussion, in dem sich „konjunktive Erfahrungsräume" (u.a. Mannheim 1980: 216) manifestieren. Beschrieben wird damit das Wissen, das selbstverständlich und fraglos das Handeln strukturiert und begründet. Dieses liege laut Mannheim in Form eines „atheoretischen Wissens" vor, das nicht bewusst und umfassend gewusst werde, aber stets handlungsleitend sei (vgl. dazu u.a. Przyborski 2004: 23). In diesem Sinne löst sich das Konzept von den konkreten einzelnen Fällen und erfasst den reziproken Einfluss von Handlungen und Strukturen sowie deren wechselseitige Bedingtheit.

„Das Konzept des konjunktiven Erfahrungsraums fasst also eine von der konkreten Gruppe gelöste Kollektivität grundlagentheoretisch. Es verbindet diejenigen, die an Wissens- und Bedeutungsstrukturen teilhaben, welche in einem bestimmten Erfahrungsraum gegeben sind. Zugleich ist diese Kollektivität [...] keine dem [/der; A.N.] Einzelnen externe, ihn [/sie; A.N.] zwingende oder einschränkende, sondern eine, die Interaktion und alltägliche Praxis ermöglicht" (Przyborski 2004: 29).

Von wissenstheoretischen Annahmen ausgehend, wird dieses Wissen nicht als ein objektiv und extern bestehendes verstanden. Vielmehr bedarf es der Artikulation. Es muss fortwährend interaktiv hergestellt werden und jene Herstellung ist zugleich durch bestimmte Regelhaftigkeiten strukturiert. Besonders dokumentiert finden sich diese konjunktiven Wissensbestände in der „Art und Weise, wie eine Praxis vollzogen wird", in der „Körperlichkeit" sowie „in andere[n] praktischen[n] Vollzügen", wie der „diskursive[n] Praxis und gibt diesen eine typische Gestalt" (Przyborski 2004: 25). Demzufolge bietet die Analyse der Gestalt von Diskussionen einen direkten Einblick in jene kollektiven Orientierungen, die sich in der Performanz manifestiert finden.[34]

„In einem Sich-wechselseitig-Steigern-und-Fördern, im diametralen Gegeneinander, in der kommentierenden Ergänzung oder auch in der systematischen Vereinnahmung der anderen finden jeweils andere Modi der Diskursorganisation und somit aber auch unterschiedliche – milieuspezifische – Formen fundamentaler *Sozialität* ihren Ausdruck, und es zeigt sich, ob den Beteiligten überhaupt ein ‚Erfahrungsraum', ein Milieu gemeinsam ist oder nicht" (Bohnsack et al. 2010: 8f).

---

34 Deshalb gibt es auch eine detaillierte Ausarbeitung verschiedener Modi der Diskussionsorganisation, die je nachdem, ob gemeinsame Wissensbestände angesprochen werden oder nicht, differieren und über die damit auf die Form der Kollektivität zurück geschlossen werden kann (s. dazu Bohnsack u.a. 1989, 2007 und Przyborski 2004, die eine Erweiterung dieser vorgenommen hat).

Vermittels der interaktiven Bezüge und Aushandlungen einer Gruppendiskussion kann analysiert werden, welche kollektiven Erfahrungsräume für die konkrete Gruppe relevant sind. Diese konstituieren sich in der „kollektiven Entfaltung" (Przyborski 2004: 27).

Die Gruppen selbst sind innerhalb der dokumentarischen Methode nicht als Ausdruck ihrer Selbst, sondern als Repräsentant*innen gesellschaftlicher Bereiche und Milieus relevant. Denn bedeutend werden die jeweiligen kollektiven Orientierungsstrukturierungen erst, wenn sie in einer „Reproduktionsgesetzlichkeit über unterschiedliche Themen und Phasen der einzelnen Gruppendiskussion wie auch über den Vergleich mit anderen Gruppen hinweg" (a.a.O.: 35) nachvollziehbar sind. Demzufolge müssen die Deutungsmuster innerhalb der jeweiligen Diskussion über verschiedene Themen hinweg und auch in Diskussionen anderer Gruppen auffindbar sein.

„Es geht also letztendlich nicht darum, wie die einzelnen Gruppen inhaltlich ein bestimmtes Thema *bewerten*, ob sie ihm bspw. positiv oder negativ gegenüberstehen, sondern *wie* sie es *behandeln*. Dokumentarisch ist diese Form der Interpretation, weil ich die Frage nach dem *Wie* einer Äußerung nicht nur auf diese *eine* Äußerung beziehe, sondern als Dokument für ein Grundmuster ansehe, das in ähnlicher Form auch andere Äußerungen präformiert" (Loos und Schäffer 2001: 63; Herv. i. O.).

Demzufolge können mit Hilfe des Gruppendiskussionsverfahrens kollektive Wissensbestände rekonstruiert werden, die innerhalb eines queer-feministischen Milieus handlungsrelevant sind. Sichtbar werden darin gemeinsame Bezugssysteme, innerhalb derer queer-feministische Interventionen eingebettet sind. Es kann also nachvollzogen werden, aus welchem kollektiven Hintergrund heraus, sie entwickelt werden, welche Deutungssysteme darin leitend sind und wie sie daran anschließend bewertet werden. Zum Gegenstand wird weiterhin, welche Erfahrungen innerhalb jenes kollektiven Hintergrundes geteilt werden, also zum üblichen „Inventar" queer-feministischer Lebenswelten gehören. Wie ich im Abschnitt zur Auswertung noch vorstellen werde, ist für eine solche Analyse unabdingbar, andere Gruppen hinzuzuziehen, um von den einzelnen Gruppen weg hin zu den kollektiven Wissensbeständen abstrahieren zu können. Dies kann hier nur eingeschränkt geleistet werden. Denn die Interviews können zwar ebenso zur Komparation herangezogen werden, stellen jedoch eine andere Materialform dar und können demnach den Vergleich mit anderen Gruppen nicht ersetzen. Insofern kann das Potential der Methode hier nicht voll ausgeschöpft werden.

Insgesamt lässt sich für das hier angelegte methodische Vorgehen festhalten, dass mit den beiden Erhebungsansätzen auf Grund ihrer unterschiedlichen Zielperspektiven eine fruchtbare Kombination hinsichtlich des Forschungsinteresses in Aussicht steht. Interviews zielen auf die subjektive Ebene des Erlebens und Bewertens, sie können aber auch, wie ich im folgenden Abschnitt noch darstellen werde, im Sinne der dokumentarischen Methode, also hinsichtlich der relevanten kollektiven Orientierungen, ausgewertet werden. „Mithilfe der dokumentarischen Methode […] lassen sich […] auch einzelfallübergreifende (kollektive) Erfahrungen und Orientierungen rekonstruieren, die in ihrer Mehrdimensionalität typisierbar sind" (Bohnsack et al. 2007: 21). Zugleich bieten Interviews mit ihren erzähltheoretischen Grundlagen die Möglichkeit, einen Zugang zu jenen Momenten zu erhalten, in denen Orientierungsstrukturen in Bewegung geraten/gerieten, was das Gruppendiskussionsverfahren nicht erlaubt. Denn in Gruppendiskussionen dokumentieren sich v.a. selbstverständliche Bezugssysteme. Demnach haben wir es mit recht unhinterfragten und gefestigten Wissensbeständen zu tun, die hinsichtlich der Frage nach den Begegnungen mit hegemonialen Bedeutungen einen unvollständigen Blick gewähren. Denn von Interesse sind auch die sich in Veränderung befindenden Bezugssysteme, da es für jene Konfrontationssituationen vermutlich nur wenige feste etablierte gibt. Jener nur geringfügig selbstverständliche Teil, seine Entwicklungen und das konkrete Erleben solcher Situationen können mit Hilfe des narrativen Interviews betrachtet werden. Dieses lässt mehr Raum für bspw. Erzählungen und Schilderungen spontaner Irritationen, die noch wenig reflektiert, theoretisch überformt oder selbstverständlich geworden sind. Zudem ist es dazu geeignet, (langfristige) Entwicklungen in den Blick zu nehmen. Zwar können auch Gruppen auf Vergangenes zurückblicken, „längere Entwicklungen werden aber kaum selbstläufig erzählt" (Przyborski 2009: 107). Zusätzlich lässt sich in Interviews im Gegensatz zu Gruppendiskussionen mehr über alltäglichere Handlungspraxen erfahren. Denn diese sind als Teil des konjunktiven Erfahrungsraums denjenigen, die diesen Hintergrund teilen, bekannt und werden demnach innerhalb einer Gruppensituation im jeweiligen Kollektiv nicht mehr expliziert. Innerhalb einer Interviewsituation müssen sie den fremden Interviewer*innen gegenüber jedoch ausgeführt werden, um ein Verstehen zu gewährleisten (vgl. dazu Przyborski und Wohlrab-Sahr 2008: 272). Ebenso bietet das Hinzuziehen von Gruppendiskussionen Ergänzungen/Erweiterungen der Analyse von narrativen Interviews. Denn hierin dokumentieren sich kollektive Erfahrungsräume im Moment ihrer Aushandlung; ein Prozess, der in Einzelinterviews nicht eingefangen werden kann. Insofern können sie als eine Lesehilfe und ein komparativer Horizont fungieren, der erleichtert, von den Einzelfällen abzuheben und in der Dimension kollektiver Bezugssysteme zu denken.

Um die verschiedenen Blickrichtungen der beiden Materialsorten in diesem Sinne zusammen führen zu können, werde ich mich bei der Auswertung in beiden Fällen eines dokumentarischen Vorgehens bedienen. Dabei wird zudem ein Augenmerk auf den erzähltheoretisch fundierten Leistungen des narrativen Interviews liegen, um die besonderen Zugänge zum Erleben von Interventionssituationen und den subjektiven Deutungen nicht zu verlieren.

4.3 Dokumentarische Auswertung

Im Fokus der Untersuchung stehen Formen verschiedener Interventionsstrategien sowie die für ihr *Funktionieren* notwendigen Bedingungen. Anknüpfend an die Möglichkeiten der beiden gewählten methodischen Zugänge ist die Analyseeinstellung dabei auf die kollektiven Orientierungsrahmen gerichtet, an denen die Interventionen sowie deren Bearbeitung und Interpretation ausgerichtet sind. Von Interesse sind demnach nicht einzelne Vorgehensweisen, sondern die Orientierungsstrukturen, die die verschiedenen Strategien organisieren.

Wie im vorherigen Abschnitt ausgeführt, dokumentieren sich jene Erfahrungsräume und ihre jeweiligen Strukturierungen in den Erhebungssituationen. So verfügen Personen, die ein „kollektiven Gedächtnisses" miteinander teilen über gemeinsames atheoretisches Wissen, das „ein (unmittelbares) Verstehen untereinander möglich" (Bohnsack 2001: 231) macht. Dass es sich bei Orientierungen um grundlegende und weitgehend geteilte Horizonte handelt, lässt sich über die Dichte von Situationen ausmachen, in denen diese thematisiert werden. „Zentren des gemeinsamen Erlebens zeichnen sich im Diskurs [...] durch eine hohe interaktive Dichte, durch einen gemeinsamen Rhythmus, eine Einstimmung der Gesprächsteilnehmer/innen aufeinander aus" (Przyborski 2004: 36f). Mit Bohnsack (u.a. 1989) werden diese als „Fokussierungsmetaphern" bezeichnet. Dies sagt zum einen etwas über die Form der Kollektivität der Gruppe und zum anderen über die Gestalt dieses konjunktiven Wissens aus. Im Falle des Interviews, in dem sich solche kollektiven Aushandlungen nicht direkt manifestieren, wird das kollektive Moment durch die frühzeitige Einbindung der komparativen Analyse mit anderen Interviews eingeholt (vgl. Nohl 2012: 37). Hierin gehe es dann nicht nur um die Einbettung und die Homologien der Orientierungsstrukturen im Zusammenhang mit der jeweiligen Lebensgeschichte, sondern deren Funktionalität über verschiedene Einzelfälle hinaus. Ausgehend von der Suche nach Regelhaftigkeiten, die über Einzelpersonen, Situationen und Gruppen hinweg Relevanz besitzen, ist ein komparatives Vorgehen jedoch – auch im Falle anderer Materialsorten – für die dokumentarische Auswertung generell von zentraler Bedeutung.

Wichtig ist in der Auswertung außerdem die vorab bereits erwähnte heuristische Teilung der zwei stets enthaltenden Sinnebenen, wodurch nicht nur auf die inhaltliche Ebene fokussiert wird.

„Im Rahmen der dokumentarischen Methode versuchen wir diese Oberflächensemantik systematisch zu transzendieren, indem wir diese zunächst in ihren ‚wörtlichen‘, thematischen Sinngehalten zusammenfassend *formulieren* (formulierende Interpretation), um dann die Frage zu stellen, *wie*, d.h. innerhalb welches *Orientierungsrahmens*, die auf dieser Ebene identifizierten *Themen* bearbeitet werden (reflektierende Interpretation)" (Bohnsack et al. 2010: 12f; Herv. i.O.).

Um diese Analyseeinstellung leisten zu können, wird sich eines sequenziellen Vorgehens bedient, das in der Lage ist, die Gestalt interaktiv hergestellter Äußerungen in ihrer Entfaltung nachzuvollziehen. Über den zunehmenden Vergleich mit anderen kollektiven Horizonten lassen sich dann als Ergebnis verschiedene Typen formulieren. Das Vorgehen in der Analyse werde ich im Folgenden etwas ausführlicher darstellen.[35]

---

35 Siehe umfassender (z.T. auch mit beispielhaften Analysen) zu den einzelnen Auswertungsschritten u.a. Bohnsack 2001; Bohnsack, Nentwig-Gesemann und Nohl 2007; Bohnsack, Przyborski und Schäffer 2010 Przyborski 2004; Przyborski und Wohlrab-Sahr 2008. Zur dokumentarischen Auswertung narrativer Interviews siehe Nohl 2012.

Formulierende Interpretation

Dieser Schritt der Auswertung bezieht sich auf die inhaltliche Ebene des Materials. In einem ersten Teil wird der *thematische Verlauf* nachvollzogen. Die einzelnen Themen werden in der Reihenfolge, in der sie verhandelt werden, festgehalten. Demnach geht es hierin um die thematische Struktur sowie den thematischen Wechsel. Jene Abschnitte, in denen ein Thema behandelt wird, werden „Passagen" genannt und stellen die „kleinste mögliche Einheit" für die Interpretation dar (u.a. Przyborski 2004: 50). Neben dem Inhalt werden auch Aspekte, wie die interaktive Dichte, Interventionen durch Forscher*innen oder andere für das Forschungsinteresse relevante Merkmale festgehalten. Denn der thematische Verlauf bildet die Grundlage für die Auswahl der später tiefer gehend zu analysierenden Abschnitte.

Den zweiten Teil dieses eher inhaltlich angelegten Analyseschritts bildet die *formulierende Interpretation* selbst. Aufgabe ist, die thematische Struktur der Texte nachzuvollziehen. Dazu werde der immanente Sinngehalt des Gesagten zusammenfassend (re-)formuliert (vgl. Przyborski 2004: 53), indem Ober- und Unterthemen ausgemacht (vgl. u.a. Nohl 2012: 40f) und jeweils kurz in allgemein verständlicher Form wiedergegeben werden. Dies bildet die Grundlage für die nächste, weiter abstrahierende Phase.

„Der Übergang von der formulierenden (immanenten) zur reflektierenden (dokumentarischen) Interpretation markiert den Übergang von den Was- zu den Wie-Fragen. Es gilt das, was thematisch wird und als solches Gegenstand der formulierenden Interpretation ist, von dem zu unterscheiden, wie ein Thema, d.h. in welchem Rahmen oder nach welchem modus operandi es behan-

117

delt wird, was sich in dem Gesagten über die Gruppe oder das Individuum dokumentiert" (Bohnsack 2001: 337).

Fokussiert wird nun auf die kollektiven Orientierungen, die sich in den Gesprächen dokumentieren.

Reflektierende Interpretation

Anschließend an die vorherigen Ausführungen geht es in diesem zweiten Teil der Analyse um die Orientierungsstrukturen, also um die Muster, nach denen das Gesagte und die Interaktionen strukturiert und organisiert sind. Von Interesse sind jene, die sich innerhalb eines Falls in Bezug auf verschiedene Themen wiederfinden lassen und jene, die sich auch in anderen Fällen zeigen. Als handlungspraktisches und selbstverständliches Wissen verstanden, liegen diese nicht explizit vor, sondern müssen aus der Gestalt der Diskussionen bzw. Interviews heraus entfaltet werden. Dazu werden die Horizonte in den Blick genommen, vor denen die einzelnen Themen verhandelt werden (vgl. Przyborski und Wohlrab-Sahr 2008: 290). Herauszufiltern sind dabei die „Ideale", nach denen die Sinnzusammenhänge streben bzw. von denen sie sich abwenden und von denen sie begrenzt sind sowie die Möglichkeit ihrer Umsetzung. Dazu wird in sequenzieller Weise vorgegangen, wobei stets andere Sinnhorizonte – anfänglich die der Interpretierenden und später jene aus anderen Fällen – komparativ einbezogen werden. Begonnen wird hierbei vorerst mit nur einer Äußerung bzw. einem sich abzeichnenden Muster. Diese/s wird zum Ausgangspunkt genommen, um weitergehend folgende Frage daran zu stellen: „Welche Unterscheidung wurde im ersten Zug getroffen, welcher Horizont entworfen, so dass der nächste Zug als sinnvolle Reaktion/Weiterführung nachvollziehbar wird?" (Przyborski und Wohlrab-Sahr 2008: 290).[36] Entscheidend für diesen Analyseschritt ist demnach die Suche nach Regelhaftigkeiten. Diese sind rekonstruierbar, indem weitere Abschnitte ausgemacht werden, die thematisch passen und in derselben Weise strukturiert sind (vgl. dazu Nohl 2012: 46).

Für die Auswertung von narrativen Interviews im Sinne der dokumentarischen Methode schlägt Nohl (2012) vor, diesen Analysepart in zwei Schritte aufzuteilen, um die Stärken des narrativen Verfahrens einbeziehen zu können. Dabei werden zunächst die verschiedenen Textsorten (Berichte, Argumentationen, Evaluationen, Erzählungen) identifiziert. Dies bezeichnet die*der Autor*in als *formale Interpretation*. Dieses Vorgehen lehnt an narrationsanalytische Verfahren an, denen zufolge auch diese Ebene Auskunft über die jeweiligen Relevanzstrukturen gebe. Insbesondere in den Beschreibungen und Erzählungen ließen sich dann konjunktive Wissensbestände ausmachen (a.a.O.: 43). Im zweiten

---

36 Bei der Auswertung von Gruppendiskussionen werden zur Systematisierung dieses Schrittes die Rollen der einzelnen Gesprächsbeiträge und Züge innerhalb einer Diskussion ausgemacht. Unterschieden wird dabei danach, ob sie bspw. ein neues Thema eröffnen, eines abschließen, der vorherigen Aussage zustimmen, sie ablehnen oder weiter ausführen usw. Auf dieser Grundlage lassen sich dann Formen ausmachen, in denen einzelne Themen diskursiv verhandelt werden. Laut Przyborski (2004) lassen sich diese im Anschluss an Bohnsack als „Diskursmodi" bezeichnen. Diese sind Charakterisierungen verschiedener Arten, wie innerhalb einer Diskussion aufeinander Bezug genommen werden kann. Über sie lässt sich weiterhin auf die Art der Kollektivität der Gruppe schließen.

Teil, der *semantischen Interpretation,* kommt es dann unter Zuhilfenahme komparativer Sequenzanalysen zu der genannten Suche nach den Orientierungsrahmen, in denen die Themen verhandelt werden. Das Ziel in diesem Schritt sei, den Orientierungsrahmen eines Falls dadurch genau herauszuarbeiten, dass er mit den Orientierungsrahmen anderer Fälle verglichen wird (Nohl 2012: 51).

Typenbildung

Sind Regelhaftigkeiten identifiziert, wird versucht, diese systematisch über minimale und maximale Kontraste an anderen Stellen des jeweiligen Falls und in anderen Fällen wiederzufinden und abzugrenzen. In dieser Phase ist nun das jeweilige Thema das Tertium Comparationis, jenes Dritte, das einen Vergleich ermöglicht und nicht mehr, wie zuvor, Regelhaftigkeiten anderer Fälle (vgl. dazu u.a. Przyborski und Wohlrab-Sahr 2008: 297). Es geht darum, herauszuarbeiten, auf welch unterschiedliche Weisen ein Thema behandelt wird. Zeichnet sich über den Vergleich verschiedener Muster innerhalb eines Themas eine Orientierungsfigur ab, gilt diese im weiteren vergleichenden Vorgehen als Tertium Comparationis. Es wird nun untersucht, inwiefern sie auch innerhalb anderer Themen und für andere Gruppen organisierend wirkt. Dies wird mit verschiedenen Orientierungsstrukturen durchgeführt. Ergebnis ist die Bildung *sinngenetischer Typen.* Hierin werden nun die unterschiedlichen Orientierungsrahmen, die im vorherigen Schritt nur als Abgleich zum ersten Fall dienten, in ihren jeweiligen eigenen Bedeutungen ausbuchstabiert.

„Die komparative Analyse der Sequenzanalyse hatte bis hierin noch vornehmlich dazu gedient, die sequentielle Struktur, den Orientierungsrahmen (in dem ein Thema bearbeitet wird) in einem ersten Fall dadurch besonders genau zu rekonstruieren, dass es sich von den Orientierungsrahmen in einem vierten und fünften Fall klar abgrenzen ließ" (Nohl 2012: 51).

Die jeweiligen Orientierungsrahmen werden nun aber in ihrer Eigenständigkeit nachvollzogen, vom Einzelfall abstrahiert und als Typen beschrieben (vgl. a.a.O.). Damit kann aufgezeigt werden, innerhalb welcher unterschiedlichen Orientierungsrahmen die für das Forschungsinteresse relevanten Themen bearbeitet und verhandelt werden.

In der Bildung *soziogenetischer Typen* werden dann die sozialen Zusammenhänge sichtbar gemacht. Ziel ist, die Genese eines Orientierungsrahmens zu erfassen. „Im Zuge der Typenbildung wird eine Orientierung in ihrer funktionalen Beziehung zur (kollektiven oder individuellen) Erlebnisschichtung, d.h. zur Sozialisationsgeschichte oder biografischen Entwicklung, zum „existentiellen Hintergrund" (Mannheim 1980: 276) herausgearbeitet (Bohnsack 2001: 341). Dazu werden die Fälle nun systematisch variiert, um die maßgeblichen kollektiven Hintergründe einer Typik auszumachen. So werden bspw. bei einer altersbezogenen Typik Gruppen verschiedenen Alters einbezogen.

Diesen Schritt werde im Rahmen meiner Arbeit auf Grund des anders gelagerten Interesses weglassen. Zudem erscheint er auf Grund des explorativen Charakter und der damit einhergehenden geringen Fallzahl sinnlos. Ziel ist es dagegen, sinngenetische Typen verschiedener Formen queer-feministischer Interventionen

121

herauszuarbeiten. Demnach werden die Ergebnisse anhand der Orientierungsrahmen beschrieben, die maßgeblich die Interventionsstrategien organisieren. Im Fokus stehen also die Zielperspektiven und Ausrichtungen, die die einzelnen Strategien anleiten. Nach diesen werden die Darstellung der Ergebnisse strukturiert sein.

4.4 Die konkrete Erhebung

Die Gruppendiskussion

Feldzugang

Die Gruppendiskussion habe ich mit einer Realgruppe geführt, die sich monatlich zu einem queer-feministischen Stammtisch trifft. Der Stammtisch findet in einer Kneipe einer mitteldeutschen Großstadt statt. Aufmerksam wurde ich auf die Gruppe, indem eine Bekannte mir davon erzählte. Ich ging zu einem der monatlichen offenen Treffen. Hier eröffnete ich bereits mein Interesse, Teilnehmende für Interviews und eine Gruppendiskussion zu suchen. Ich hoffte, die Besucher*innen des Stammtisches selbst oder einige von ihnen dafür gewinnen zu können oder aber über sie Kontakte zu anderen Interessierten vermittelt zu bekommen. Einige der Gruppe waren demgegenüber eher verhalten, andere dagegen sehr aufgeschlossen. Wir vereinbarten, dass sie sich nach einiger Bedenkzeit und der Möglichkeit, sich als Gruppe zu besprechen, bei mir melden. Sie sagten mir dann kurze Zeit später per E-Mail zu,

als Gruppe die Diskussion mit mir führen zu wollen. Beim nachfolgenden Treffen im Rahmen des üblichen Stammtisches klärten
wir letzte Fragen und verabredeten einen Termin. Nun standen alle
meinem Interesse aufgeschlossen und wohlgesonnen gegenüber.
So überlegten wir auch gemeinsam, in welchen Räumlichkeiten
wir uns treffen könnten und Personen aus der Gruppe boten hierfür
eigene Kontakte an. Zudem freuten sie sich auf den gemeinsamen
Termin, weil sie die Diskussion als eine Reflexionsmöglichkeit für
sich selbst begriffen.

Die Gruppe

Der Stammtisch besteht zum Zeitpunkt der Kontaktaufnahme
im Mai 2013 seit etwa 6 Monaten. Fünf Personen sind zu diesem
Zeitpunkt regelmäßige Besucher*innen. Einige Personen sind bereits seit langer Zeit eng befreundet, andere kennen sich erst über
den Stammtisch. Sie verstehen den Stammtisch als Ort, der Austausch ermöglicht, streben aber auch an, bspw. kleinere politische
Aktionen (wie auf dem örtlichen Christopher Street Day - CSD[37])
durchzuführen oder Veranstaltungen (bspw. Vorträge) zu organisieren. Die einzelnen Personen sind zwischen Anfang Zwanzig und
Mitte Vierzig Jahre alt.[38] Zwei absolvieren eine Ausbildung, eine*r

---

37 Jährlich stattfindende Demonstration für die Rechte von
Les/bi/schwulen, Trans*gendern, Queers, etc. und, um ihre Ausgren-
zung sowie Diskriminierung öffentlich zu thematisieren. Mit der Na-
mensgebung wird an den ersten öffentlich bekannt gewordenen Auf-
stand von Les/bi/schwulen, Trans*gendern, Queers gegen polizeiliche
Willkür in der Christopher Street in New York 1969 erinnert.
38 Die folgenden Angaben und Verortungen entnehme ich den Antwor-

im gewerblichen und die*der andere im elektrotechnischen Bereich. Zwei Personen arbeiten im sozialarbeiterischen Feld, die eine in einer städtischen, die andere in einer eigenständigen Institution für Jugendarbeit. Die fünfte Person promoviert in einem medienwissenschaftlichen Fach. Die Diskutierenden ordnen sich als links(radikal), feministisch, und autonom ein, verstehen ihren Stammtisch als linkspolitische, queer-feministische Arbeit und einige engagieren sich auch über den Stammtisch hinausgehend in anderen linkspolitischen Zusammenhängen (bspw. in einer parteinahen Jugendorganisation). Die Frage nach der selbst gewählten politischen Position beantwortete nur eine Person. Sie unterstrich den flexiblen und nicht definierten Umgang mit identitätsbezogenen Bezeichnungen. In Bezug auf ihr gesellschaftliches Situiertsein kann festgehalten werden, dass sie alle überwiegend als weiblich angesprochen werden und die gesellschaftliche Position *weiß* besetzen.

Diskussionssituation

Die Diskussion fand in einem Seminarraum eines (linkspolitischen) Jugendverbandes statt. Die Atmosphäre war sehr nett und es wurde viel gelacht. Das Setting und die Rahmung einer Gruppendiskussion, laut der lediglich ein Diskussionsimpuls angeboten wird, aber keine weiteren Nachfragen o.ä. folgen, hatte ich bereits

---

ten der Diskutierenden aus einem Kurzfragebogen, den ich allen ausgehändigt hatte. Allerdings haben nur drei der fünf Teilnehmenden den Fragebogen ausgefüllt. Einige andere Informationen habe ich aus den Gesprächen und der Diskussion mit der Gruppe.

im Vorfeld mit der Gruppe besprochen. Zum Teil löste das offene Konzept einige Unsicherheiten hervor, sodass das Gespräch hin und wieder stockte. Insgesamt entwickelte sich die Gruppendiskussion aber trotzdem ohne weitere Nachfragen oder Impulse durch mich, sondern vollständig selbstläufig. Lediglich der anfängliche Diskussionsimpuls und eine Themenproposition kurz vor Ende wurden von mir als Organisator*in gesetzt. Das Gespräch wurde ansonsten ausschließlich von der Gruppe gestaltet. Es dauerte etwa zwei Stunden.

Interviews

Feldzugang

Meiner Untersuchung liegen außerdem vier narrative Einzelinterviews zu Grunde. Zugang zu den Interviewpartner*innen erhielt ich kurze Zeit nach der Gruppendiskussion über persönliche Netzwerke und nach dem Schneeballprinzip. Nach der Kontaktaufnahme zu der ersten Interviewperson, vermittelte diese zwei weitere Kontakte. Zudem wandte sich eine*r Interviewte*r aus dem weiteren Freund*innen- und Bekanntenkreis einer*s anderen Interviewten von sich aus an mich. Die ersten Kontakte erfolgten jeweils per E-Mail, in zwei Fällen wurden diese durch ein kurzes Telefonat ergänzt. Treffen fanden jeweils nur für die jeweiligen Interviews statt.

Personen

Drei der Interviewten wohnen in einer mitteldeutschen Großstadt und fühlen sich dort mehr oder weniger an die *queer-
feministische Szene* angeschlossen. Die vierte Interviewperson, die
sich eigeninitiativ an mich gewendet hatte, wohnt in einer Großstadt Nordrhein-Westfalens. Sie ist mit einer*m der anderen Interviewten befreundet und hat mit ihr*ihm bis vor einem Jahr in
ebendieser Stadt studiert. Zwei der drei Personen aus der mitteldeutschen Stadt leben in derselben Wohngemeinschaft, die dritte
Person im selben Haus. Die Interviewten sind von Mitte Zwanzig
bis Mitte Vierzig Jahre alt.[39] Die drei jüngeren Interviewten studie-
ren gesellschaftswissenschaftliche Fächer, eine*r im Lehramt in
Kombination mit dem Fach Kunst. Die älteste Person arbeitet als
Sozialarbeiter*in und Heilpraktiker*in. Alle vier Personen ordnen
sich selbst als politisch links(radikal) ein und drei Personen bezeichnen ihre politische Ausrichtung zudem als (queer-
)feministisch. Sie alle sind außerdem mehr oder weniger linkspoli-
tisch, autonom und auf queer-feministische sowie zwei auch auf
hochschulpolitische Themen bezogen aktiv. Die Facetten gesellschaftlicher Verortungen sind breit gefächert. Von außen werden
alle vier Personen überwiegend als weiblich angesprochen, zwei
von ihnen häufig, die anderen beiden zu 30-50% auch als männlich. Selbstbezeichnungen sind hingegen trans*, nicht-hetero, lesbisch, inter, Frau*, queer und androgyn. Ein*e Interviewte*r erwähnte unter der Frage nach gesellschaftlichen Verortungen au-

---

39 Siehe die 43. Fußnote. Von den Interviewten haben alle den Fragebogen ausgefüllt.

ßerdem Positioniertheiten wie *Weißsein*, Westeuropäer*in und aus dem ostdeutschen Bildungsbürger*innentum kommend. Zu derlei Dimensionen treffen die anderen drei keine Aussage, sie können jedoch als *weiß* situiert verortet werden.

Interviewsituationen

Die Interviewsituationen waren durchweg angenehm und hatten einen informellen Charakter. Zweimal fanden die Interviews in der Privatwohnung der Interviewten statt, einmal in der Wohnung, in der der/die Interviewte zu Besuch war und einmal in den Praxisräumlichkeiten, in der die Person arbeitet. Die Interviewten konnten relativ gut in das offen angelegte Format einsteigen und erzählten immer wieder über längere Abschnitte hinweg autonom. Dadurch, dass das Forschungsinteresse nicht nur auf einzelne prozesshafte Erlebnisse abzielt, sondern auf verschiedene Themen- und Lebensbereiche, strukturierte sich der Verlauf über eine Einstiegsfrage und anschließend immanente und externe Nachfragen. Als Orientierung für die Nachfragen diente ein grober Leitfaden. Dieser enthielt verschiedene für die Fragestellung relevante Themenbereiche. Ich habe sie jedoch möglichst nur dann angesprochen, wenn das von den Interviewten Gesagte Anknüpfungspunkte dafür bot. Damit sollte gewährleistet werden, dass die Relevanzsetzungen weitestgehend von den Interviewten vorgenommen werden. Dies ließ sich je nach Verlauf des Interviews und Umgang mit dem offenen Setting jedoch nicht immer angemessen umsetzen. Die Interviews dauerten 40-80 Minuten.

5 Formen queer-feministischer Interventionsstrategien - Ein empirischer Blick

Der Fokus der empirischen Betrachtung liegt darauf, was die Gesprächspartner*innen unter Interventionsstrategien verstehen und wie sie diese beschreiben. Anknüpfend an die methodologischen Grundlagen geht es dabei darum, welche Orientierungsfiguren maßgeblich die intervenierenden Vorgehensweisen bestimmen. Die folgenden Darstellungen der Kernergebnisse meiner Untersuchung sind demzufolge anhand der darin zum Ausdruck kommenden Orientierungsfiguren strukturiert. Anzumerken ist hierbei, dass sich die einzelnen orientierenden Muster nicht so einfach voneinander trennen lassen sowie den Praktiken nicht nur je ein Orientierungsmuster zugrunde liegt. Zumeist handelt es sich vielmehr um komplexe Verschränkungen. Demnach muss meine Darstellung als heuristische Trennung verstanden werden, die sich so explizit im empirischen Material nicht finden lässt. Hinzu kommt, dass einige Figuren nicht trennscharf sind, weil sie bspw. in eine ähnliche Richtung streben. Dies ist dem Anspruch geschuldet, die jeweiligen Gewichtungen und als relevant gesetzten Nuancen durch die Gesprächspartner*innen nachzuvollziehen. Auf Grund dessen orientiere mich in der Darstellung folglich am Material und versuche nicht logische Abgeschlossenheit zu suggerieren. Auch stehen in einigen Fällen mehr die kollektiven Erarbeitungen, also die dokumentarische Ebene, und in anderen eher die inhaltliche, also die sinngenetische Ebene, im Fokus.[40] Je nach Charakter der einzelnen Orientierungsmuster werden diese somit zum Teil eher auf Grundlage der Gruppendiskussion bzw. der Interviews oder anhand beider Methodenzugänge aufgearbeitet.

Struktur der empirischen Darstellungen

In der Analyse wird sich eine enorme Wichtigkeit tagtäglicher Erfahrungen und Auseinandersetzungen mit hegemonialen Deutungshoheiten, Weltsichten und Strukturen zeigen. Ich werde sie in meiner Ergebnisdarstellung als *Problemzusammenhänge* einführen. Sie bilden den Hintergrund bzw. die Grundlage, den Bewertungshorizont und den Rahmen intervenierender Praktiken. Insofern haben sie elementaren Charakter, dessen zentrale Rolle ich hier mit einholen möchte. Denn daraus ergibt sich ein spezifisches Verständnis von Strategien, die weniger als ein systematisches und selbst initiiertes, sondern vielmehr als ein spontanes und immer wieder durch gesellschaftliche Zwänge von den Gesprächspartner*innen gefordertes Vorgehen zu begreifen sind. Nach der Ausführung dessen in Kapitel 5.1 beschreibe ich in einem nächsten Schritt die Orientierungsmuster der Interventionspraktiken und die verschiedenen Vorgehensweisen, derer sich bedient wird, um jene

---

40 Um sprachlich sichtbar zu machen, dass sich die analytische Beschreibung auf die dokumentarische Ebene bezieht, werde ich im Folgenden Formulierungen verwenden, wie „zum Ausdruck kommen", „sich dokumentieren", „sich zeigen", etc. Diese rekurrieren auf den Charakter der dokumentarischen Sinnebene, bei der davon ausgegangen wird, dass sich Wissensbestände über Formen des Redens sowie des gegenseitigen Bezugnehmens ausdrücken.

Zielperspektiven zu verfolgen (Kapitel 5.2). Mit dieser Grundlegung wird deutlich werden, inwiefern Formen strategischen Vorgehens entwickelt und angewandt werden, die in konkreten Konfrontationen der zuvor ausgeführten Problemfelder hegemoniale Mechanismen zu unterlaufen bzw. mit ihnen umzugehen suchen. In einem ersten Teil (Kapitel 5.2.1 bis 5.2.3) werde ich mich v.a. mit einer Art *erster Ebene* von Orientierungsfiguren der Strategien beschäftigen. Gemeint sind damit Zielperspektiven, die den Vorgehensweisen gewissermaßen direkt zugrunde liegen, sie werden mit den einzelnen Strategien relativ unmittelbar verfolgt. Es handelt sich folglich um Ziele der bzw. Motivationen für die jeweiligen konkreten Vorgehensweisen. In der zweiten Hälfte (Kapitel 5.2.4) wird es um eine gewissermaßen *zweite Ebene* von Strategien gehen. Hierbei zielen die Praktiken gleichsam in zweiter Instanz darauf ab, Handlungsfähigkeit zu erlangen. Dies wird zwar mittels gewisser Strategien auch direkt verfolgt, lässt sich insofern also auch der ersten Ebene der Strategien zuordnen. In großen Teilen handelt es sich aber um eine Art übergeordnete Ebene der Strategien, die in erster Linie andere Ziele verfolgen und gewissermaßen in einem weiteren Schritt auch darauf hinwirken, Handlungsmacht herzustellen. Hierbei handelt es sich demnach um eine Art Metaebene bzw. Querschnitts-Orientierungsfigur. Abschluss der Ausführungen der empirischen Ergebnisse bildet die genauere Betrachtung einer Situation, die von der*dem Gesprächspartner*in als erfolgreiche Intervention bewertet wird. Diese stellt ein anschauliches Beispiel dar, an dem sich eine Vielzahl der vorherigen Feststellungen kristallisieren. Resümieren werde ich jene empirischen Ergebnisse anhand der Frage, unter welchen Bedingungen queerfeministische Interventionen stattfinden und inwiefern diese kata-

131

lysierende Wirkungen entfalten können. Hierin schlage ich eine Brücke zur akademisch theoretischen Grundlage des ersten Teils der Arbeit. Abschließend (Kapitel 7) weise ich in einem Ausblick darauf hin, welche Schlüsse sich hinsichtlich der herrschaftskritischen Zielperspektiven ziehen lassen.

5.1 Ausgangspunkte interventionistischer Strategien – Problemzusammenhänge

Über weite Teile der Interviews und v.a. der Gruppendiskussion hinweg beschäftigen sich die Gesprächspartner*innen damit, welche Erfahrungen sie innerhalb hegemonial strukturierter Kontexte[41] machen. Es zeigt sich, dass diese durchweg als konflikthaft,

---

41 In der empirischen Analyse werde ich eine Trennung in hegemonial strukturierte und queere Kontexte vornehmen. Ziel dieser Aufteilung ist eine handhabbare Bezeichnung für Darstellungen der Gesprächspartner* innen. Sie bezieht sich auf Räume/Orte/Zeiten und Positionierungen, die von hegemonialen Deutungen dominiert sind, und solche, in denen herrschende Bedeutungen als weniger drückend erfahren werden. Um die Abgrenzung zu verdeutlichen, werde ich jene weniger zwingenden Umgebungen als queer, alternativ, gegenhegemonial, etc. bezeichnen. Diese Begrifflichkeiten dürfen jedoch nicht als adäquate Bezeichnungen missverstanden werden. Sie entsprechen nicht unbedingt den Selbstverständnissen der jeweiligen Personen. Zudem eröffnen sie eine simplifizierte Gegensätzlichkeit von hegemonial und nicht-hegemonial, die der Komplexität nicht gerecht wird. Es zeigt sich hier also eine vorerst nicht aufzulösende Diskrepanz zwischen theoretischen Annahmen und den sprachlichen Möglichkeiten, diese auszudrücken. Letztlich müssen die von mir verwendeten Ausdrücke mehr als eine Art Platzhalter aufgefasst werden, die eine *Tendenz* des Bezeichneten ausdrücken.

anstrengend und/oder verletzend empfunden werden. Denn hierin ist der normative und normalisierende Druck herrschender Deutungssysteme für die Gesprächspartner*innen direkt spürbar. In konkreten Interaktionen manifestiert sich, dass sie nicht als vollständige Subjekte anerkannt werden. Mit der nicht- konformen sexuellen und vergeschlechtlichten Seinsweise kann kein intelligibler Subjektstatus erlangt werden (s. Kapitel 2.1.5). Derlei Begegnungen sind unausweichlich und erfolgen dauerhaft sowie überall und stellen damit einen Ausgangspunkt für intervenierendes Handeln dar. Die Gesprächspartner*innen sehen sich immer wieder dazu gezwungen, einen Umgang damit zu finden. Auf Grund der zentralen Rolle als eine Art Hintergrund bzw. Basis von Interventionen möchte ich die einzelnen Problemfelder, die sich darin für die Gesprächspartner*innen ergeben, näher beschreiben.

5.1.1 Unausweichlichkeit von Abwehr

Die Begegnungen mit hegemonial strukturierten Welten, die eindeutige Geschlechter und heteronormative Sexualitäten erwarten, prägen zutiefst die jeweiligen Selbstverständnisse, Verortungen und politischen Positionierungen der Gesprächspartner*innen[42]

---

42 Alle im Folgenden erwähnten Personen, die sich selbst oder von den Gesprächspartner*innen, als jenseits der Zweigeschlechtlichkeit positioniert sind/werden, werde ich mit der bisher verwendeten *-Schreibweise bezeichnen. Jene Personen, die von den Gesprächspartner*innen allerdings sprachlich als männlich oder weiblich positioniert werden, werde ich auch mit weiblichen bzw. männlichen Bezeichnungen bzw. Personalpronomina beschreiben. Ich folge hier der

bzw. bilden deren Ausgangspunkt. Denn diesen Konfrontationen können sich die Interviewten und Diskutierenden nicht entziehen. In ihrem nicht Entsprechen der Normen und Normalitäten sind sie immerzu mit hegemonialen Strukturierungen konfrontiert.

Lu: Man möchte ja meistens eigentlich einfach nur vor sich hin leben und sich denken, „lalala, alles ist schön", aber meistens kann man das dann halt nicht und dann (.)[43], wenn man halt quasi seine Umgebung und die Norm provoziert, indem man nicht der Norm entspricht. (3)
(GD 1580ff)[44]

Unabhängig davon, ob die Gesprächspartner*innen Auseinandersetzungen forcieren oder nicht, müssen sie diese zwangsläufig eingehen. Denn, wie in der Wortwahl der Provokation zum Ausdruck kommt, sie fordern die Normen heraus, sie stören sie. Der

---

Ausdrucksweise der Gesprächspartner*innen, um deren Bedeutungsstrukturen in den Schilderungen gerecht zu werden. Denn es ist davon auszugehen, dass sich darin bestimmte Zuschreibungen und Deutungen manifestieren. Um allerdings auf den Konstruktionscharakter der vergeschlechtlichten Verortung aufmerksam zu machen, werde ich diesen Bezeichnungen ebenfalls ein {*} anfügen (Bsp.: sie*; Mann*).

43 Die verwendeten Transkriptionszeichen befinden sich im Anhang.

44 Im Folgenden werde ich in den Verweisen auf das Material die Kürzel der Pseudonyme der Gesprächspartner*innen zur Kennzeichnung der Quelle verwenden. Die Gruppendiskussion ist durch ein zusätzliches Kürzel gekennzeichnet. Daraus ergeben sich folgende Bezeichnungen: (a) GD = Gruppendiskussion; Sa = Sam, Si = Simone, F = Frauke, Lu = Lui, Li = Lisa (für die einzelnen Diskutierenden); (b) L = Luca (Interview 1); (c) P = Pat (Interview 2); (d) C = Christine (Interview 3); (e) S = Susann (Interview 4).

Wortbedeutung nach drücke das Wort „provozieren" aus, „sich so [zu; A.N.] äußern, verhalten, dass sich ein anderer [sic!] angegriffen fühlt und entsprechend reagiert" (Duden 2014). Demnach suggeriert der Begriff, dass es sich um ein Verhalten handelt, das unweigerlich einen – vielleicht sogar mutwilligen – Angriff auf eine andere Person bedeutet, welche damit das Recht hat, entsprechend auf die Provokation zu antworten. Dass alternative Seins- und Lebensweisen sichtbar werden, bringt dominante Deutungssysteme in Gefahr und wird deswegen häufig mit Ablehnung abgewehrt. Die Palette der möglichen Mechanismen der Zurückweisung und ihr jeweiliges Funktionieren ist breit gefächert, als Effekt ist ihnen jedoch gemeinsam, den aufscheinenden alternativen Entwürfen ihre Legitimität zu verweigern.

Innerhalb des empirischen Materials findet sich die grundsätzliche Abwehr der eigenen Person als ein von allen Gesprächspartner*innen geteilter Erfahrungshintergrund wieder. Diese reichen sogar bis hin zu aggressiven Reaktionen unbekannter Personen in der Öffentlichkeit. Luca berichtet von der vehementen Ablehnung einer*s Mitfahrers*in in der U-Bahn. Diese*r spricht über Telefon mit einer anderen Person über die geschlechtliche Uneindeutigkeit Lucas. Als Luca versucht, auf diesen Grenzübertritt hinzuweisen, indem sie*er die Person eindringlich anschaut, reagiert diese ungehalten mit „jetzt starrt sie mich auch noch an oder er" (L 204f). Dies kann als eine Abwehr verstanden werden, die die Markierung des eigenen Verhaltens als problematisch zurückgweist. In dieser liegt neben der Nicht-Anerkennung der Markierung selbst zudem eine Zurückweisung Lucas. Ihr*ihm ist nicht erlaubt, den Grenzübertritt als solchen anzumerken. Denn sie*er gilt nicht als sozial anerkanntes Subjekt. Darin kommen zweierlei Aspekte besonders zum Ausdruck. Zum einen eine (notwendige) Unsichtbarkeit alternativer Seinsweisen und zum anderen die Aberkennung einer Sprecher*innenposition, aus der heraus Luca berechtigt gewesen wäre, sich zu wehren.

Hinzu kommt, dass auch scheinbar akzeptierte alternative Seinsweisen Normalitäten nicht zu offensichtlich und auffällig widersprechen dürfen.

Lu: Ja, beziehungsweise, ich hab die letzte Zeit häufiger gehört, „ja, ich hab ja nischt gegen Schwule, aber wenn die so komplett schwuchtelig sind, ne, dann nicht".(.) Wo ich mir dann denk so (.)

F: Mmh.

Lu: @(.)@ Was geht´n bei dir so? Aber das ist (.), also, weil ich glaube, dass,sobald man wirklich mehr aus dem Raster rausfällt, außer bei so nem sexuellen, wo quasi viele akzeptieren können, dass man da halt anders ist, (.)

Sa: Mmh.

Lu: weil da sin::d, de facto müssen sie sich das ja nicht angucken, man stellt sich ja nicht auf die Straße und vögelt, sondern irgendwie, #na ja, manchmal schon#, @(2)@

Sa: @(.)@

Lu: aber, also, es betrifft einen nicht direkt, aber sobald man halt quasi durch den ganzen (.) Habitus, den man hat, (.) irgendwie, irgendwas repräsentiert, was nicht gesellschaftskonform ist, dann wird's, glaub ich, schwieriger. (GD 1399ff)

Die Abweichung von der Normalität darf nicht zu offensichtlich sein.

136

Neben dieser direkten Abwehr gibt es aber auch Begegnungen, in denen die Zurückweisung eher vermittelt verläuft. So berichtet Christine von Situationen, in denen andere ihr*ihm abwechselnd ins Gesicht und auf die Brust geschaut haben, um sie*ihn geschlechtlich zuzuordnen (449ff).

C: [...] hab mit meiner Freundin auch eher so die Erfahrung gemacht, dass, ehm, viele Leute das dann nochmal, viele brauchen 'ne Orientierung an Geschlecht, die gucken dann echt, ehm, sind da jetzt Brüste oder nicht, also ziemlich offensichtlich und ziemlich (.) also so, es ist so 'ne automatische Reaktion, das ist, glaub ich, noch nicht mal was Bewusstes, sondern das ist so gnadenlos unbewusst, wenn Leute an einem vorbei gehen oder, weiß nicht, an der Kasse, wo man länger steht oder so, dass sie dann echt so gucken, Brust, Gesicht, Brust, Gesicht, Klamotten und dann merkt man so, es rattert, es rattert, es rattert (holt Luft) und, ehm, (.) dann ist irgendwann klar, ah, lesbische Zuordnung und dann ist wieder alles irgendwann gut. So. Aber, ehm, also das sieht man ja den Leuten an, #was so bei denen abgeht.# (2) Das ist dann manchmal anstrengend und je nachdem, wie man drauf ist, manchmal auch lustig.

I: Mmh.

C: Je nachdem, wie's einem gerade selbst so geht. (C 453ff)

Hier kommt es zu keiner offenen Konfrontation. Jedoch macht es diese nicht weniger drückend. Selbst in niedrigschwelligen und kurzweiligen Interaktionssituationen zeigt sich, welche Probleme es bereitet, wenn Personen nicht den selbstverständlichen Normalitäten entsprechen. Erst in dem Moment, wo dies mit anderen hegemonialen Bildern vereinbar wird (Lesbe = nicht- *weiblich*), harmonisiert sich die Situation. Insgesamt werden die Begegnungen als „fies" (P 491) und damit verletzend wahrgenommen, sodass bspw. Pat sich diesen lieber grundsätzlich entziehen würde (P 479ff). Zudem werden sie als dauerhaft, sich in immer gleicher Weise wiederholend und hartnäckig erlebt.

Sa: Und die ziehst du dir halt jeden Tag so rein (.) Jahr für Jahr, also, ne, Tag für Tag, Jahr für Jahr. (GD 2802ff).

Die Gesprächspartner*innen müssen sich fortwährend solchen Situationen stellen, die auf Grund ihrer Starrheit und scheinbaren Unveränderlichkeit ermüden und überfordern.

5.1.2 Aberkennung der Sprecher*innenposition

In den Bereich der abwehrenden und abwertenden Reaktionen gehört zudem die deutlich erfahrbare Aberkennung der Sprecher*innenposition, die sich im vorherigen Abschnitt bereits andeutete. Allen Gesprächspartner*innen sind Situationen bekannt, in denen sie einen hohen Aufwand betrieben haben, um Verständnis sowie Anerkennung von ihrem Gegenüber zu erlangen, aber nicht das Risiko vermindern konnten, die Legitimität des Gesagten und Gelebten letztlich doch wieder aberkannt zu bekommen. Dies verweist abermals auf die notwendigen Bedingungen intelligibler Bedeutungen. Werden diese nicht (re)produziert, können die Subjekte

138

jederzeit ihre Position als Subjekt verlieren. Damit gelten sie in einer Interaktion nicht als legitimes und ernstzunehmendes Gegenüber. Dies schwebt wie eine immer während Gefahr über den Gesprächspartner*innen.

> F: [...] Ja, das ist doch irgendwie, (.) ständig ist es da wieder diese (.) starren Geschlechterbilder und dann wird man da so abgebügelt, so, „ja, ja, du wieder mit deinem Kram, aber du weißt doch schon, was ich meine, im Grunde genommen, ist doch egal, wir sind doch alle gleich".
> Einige: (lachen)
> F: Ja, und dann stehste da wieder. So, ne, ne, Momente ma, nicht alle gleich und, hm,
> Lu: Und der Sprecher ist dann weiß, ⌐Mitte vierzig (.)
> F: macht ja n Unterschied- ⌙ Ja. (.) Mann
> Lu: @(.)@ Mitte vierzig. [unverständlich] heterosexuell
> F: Mh. (10) (GD 513ff)

Das gemeinsame Lachen und die wechselseitige Erarbeitung der Szenerie, in der von einem männlichen, *weißen* Mittvierziger, als personifiziertes Symbol von Herrschaftsverhältnissen, letztlich doch wieder die dominanten Geschlechterbilder eingesetzt werden können, zeigen an, dass es sich hierbei um kollektive Erfahrungen handelt. Alle verbinden etwas mit den Beschreibungen, wie ihnen aus einer privilegierten Position die Legitimität ihrer eigenen Sprecher*innenposition aberkannt wird. Es gibt ein Wissen darum, wie Herrschaftsverhältnisse funktionieren und welches Risiko diese dauerhaft für die Gesprächspartner*innen bedeuten. Dieses reflektierte theoretische Verständnis um gesellschaftliche Mechanismen und dessen Rolle innerhalb queer-feministischer Interventionen wird an späterer Stelle noch ausführlicher zum Gegenstand.

5.1.3 Verkörperung

Die Gewalt der Zurückweisungen liegt außerdem in der Grundsätzlichkeit des Betroffenseins. Mit den Dimensionen von Geschlecht und Sexualität und deren Rolle als Voraussetzung für einen vollständig intelligiblen Subjektstatus bewegen sich die Verletzungen auf zutiefst persönlichen Ebenen. So stellt Susann hinsichtlich der Versuche, über bspw. Demonstrationen Öffentlichkeit herzustellen, fest:

> S:[...] Also wie viel kann man sich da auch, weil man sich´s eben selbst zumutet, also weil´s im Regelfall ja um einen selbst auch geht. (S 233ff)

Somit ist das Terrain der Konfrontationen und Auseinandersetzungen häufig die eigene Person. Zur Disposition stehen die eigenen Werte, Überzeugungen und Wichtigkeiten sowie in einigen Situationen auch die eigene Person als Ganzes oder ihre Körperlichkeit. Die Konfrontationen vollziehen sich geradezu auf der Person und arbeiten sich zum Teil entlang ihres Körpers ab.

> L: Das immer zu thematisieren. Also ich merk das auch so, eh, eh, man setzt sich dem halt immer körperlich so, eh, so, so aus,

140

ja. Also auch, wenn ich jetzt meine Bilder thematisiere in der Un-, Uni, merk ich immer sofort, okay, ich setz mich jetzt diesem Thema nicht nur bildlich (.) eh::, au-, also so aus, sondern halt auch noch gleich verkörper ich das Thema halt irgendwie auch, ja. Und es gibt dann immer sofort Bezüge zu mir, wo ich dann thematisiert werde **und** das Bild und das ist dann auch anstrengend, also.

(L 439ff)

Das Reden über ihre*seine Malerei innerhalb universitärer Seminare ist immer auch ein Reden über Luca selbst. Wenn ihre*seine Bilder besprochen werden, wird sie*er zugleich immer mit besprochen. Diese Nähe zur eigenen Person kann anstrengend sein. Wie in der im nächsten Abschnitt nachfolgenden Beschreibung der Interventionsstrategien noch zu zeigen sein wird, erweist sich diese jedoch als konstitutives Element von Interventionen.

Zugleich bewertet Luca die enge Verbindung zur eigenen Person aber auch als „Potential" (L 436), da die eigene Verkörperung von Uneindeutigkeit Auseinandersetzungen um daran geknüpfte Normalitätsvorstellungen immer schon in den Raum stellt. Innerhalb ihres*seines Nebenjobs im Bereich der Mädchenarbeit werden somit Thematisierungen von Körper überhaupt möglich. Deswegen ist Lucas Resümee dazu, dass es „schon schön" sei, aber sie*er das auch nicht immer leisten könne (L 450ff).

5.1.4 Vereinnahmung und Integration

Einen weiteren Problemkomplex stellen die Risiken der Vereinnahmung und Integration dar. Hierin wird den Personen und Entwürfen nicht direkt die Intelligibilität abgesprochen, sondern sie werden in herrschende Funktionsweisen von Bedeutungsproduktion integriert bzw. von diesen vereinnahmt.[45] Thematisiert werden diese Inbesitznahmen an verschiedenen Stellen. Eine dafür exemplarische ausführlichere Darstellung findet sich in Bezug auf eine U.S. amerikanische Sitcom. Nachdem die* Hauptdarstellerin* bekannt gab, homosexuell zu sein, kam es zuerst zu großer öffentlicher Empörung. Diese legte sich allerdings nach kurzer Zeit wieder. Nun gilt die* Hauptdarstellerin* erneut als beliebte öffentliche Person. Erklärt wird dies innerhalb der Gruppendiskussion folgendermaßen:

Sa: Die ist halt irgendwann, war das eben n Drama mit dem Comingout und irgendwie total schlimm und ABC hat dann gesagt, „hier, du darfst die Serie nicht mehr machen". Und dann wurde alles irgendwie eingestellt und so weiter. (.) Und die ist jetzt super erfolgreich. Aber ich glaube v.a. deswegen, weil sie halt verheiratet ist mit ner Frau und halt dieses, ehm, typische, ehm (.) normierte Leben, also dieses zweige-, dieses Zweierbeziehungs(.)leben halt führt, ne. Und deswegen-
F: Das löst keine Angst mehr aus.

---

45 Diese komplexen Mechanismen der Vereinnahmung und Integration habe ich auch innerhalb der theoretischen Betrachtungen in den Kapiteln 2.2 und 2.4 thematisiert.

Sa: Genau. Sie ist halt so ne Vorzeige-Lesbe. (1368ff)[46]

In den Augen der Diskutierenden zeigt sich in der Situation nicht, dass Homosexualität nun einen intelligiblen Status hat, sondern dass sie als *Diversität* akzeptiert wird, solange dabei andere hegemoniale Normalitäts- Maßstäbe (in diesem Fall hegemoniale Ideale von Liebesbeziehungen) erfüllt werden. Auf den Punkt gebracht wird hier von Sam die stetige Gefahr, dass alternative Seinsweisen vereinnahmt, normalisiert und integriert werden. Queere Entwürfe werden in Hegemoniales eingelesen, und damit verhindert, Normalitäten in ihren Selbstverständlichkeiten anzugreifen. „Die Ausnahme bestätigt die Regel" (GD 1614), indem viele alternative Seinsweisen als *Exotisches/ Verrücktes* abgetan werden.

Sa: Und Leute, die queer sind und nicht in dieses Raster fallen, die sind dann oft irgendwie total ausgeflippt und sind dann so, stehen dann für diese, diese abgedrehten Queeren, die irgendwie (.), ne (.)
    F: └Die machen den anderen Angst
    Lu: [unverständlich]┘
    Sa: Ja. Genau. Die irgendwie zur Unterhaltung da sind.
(GD 1388ff)

Oder sie werden entlang veränderter Bedeutungen abermals normalisiert. So kommt es zwar zu Verschiebungen hegemonialer Bilder alternativer Geschlechtlichkeiten und Sexualitäten. Aber

---

46 Vergleichbares wird in Bezug auf Anne Will festgestellt (1731ff).

143

auch diese heben die normalisierenden Effekte nicht auf. Die Ausschlüsse verlaufen nun entlang anderer Grenzen.

Sa: na, es war dann schon (2), also ich fand´s total absurd, ne, aber, also die Öffentlichkeit war dann erstmal so voll e-, entzückt und gleichzeitig erschrocken, ne, irgendwie so, „oh, Anne Will, ehm, passt ja jetzt gar nicht in mein Bild", und (.) und ich glaub schon, dass da, dass dadurch auch so dieses Lesbenbild sich geändert hat. A-, also, klar gibt's immer noch dieses Klischee-Ding von so butchige Lesbe, aber es ist schon klar, (.) oder mehr klar in der Gesellschaft und auch in den Medien, dass Lesben nicht unbedingt nur so aussehen, wie (.) Martina Navrátilova oder so. (2) Weil es ist ja so dieses Klischee-Bild von, von Lesbe. (.)
F: Ja, führt aber auch zu so ner fiesen Spaltung.
(GD 1745ff)

Diese Gefahren der Vereinnahmung sind immerzu präsent und begrenzen stets die Einschätzung eigener Handlungsmöglichkeiten. Es muss antizipiert werden, dass das Aufzeigen alternativer Seinsweisen zwar zur Verschiebung hegemonialer Deutungssysteme führen kann, dies aber nicht zwingend die Mechanismen der Herrschaftsstabilisierung in Frage stellt. Auf diese Weise wird bspw. Homosexualität zu einem akzeptierten Modell von Liebesbeziehung, dies aber nur unter der Bedingung, dass alle anderen Normen partner*innenschaftlicher Beziehungen eingehalten werden (wie bspw. Dauerhaftigkeit und Monogamie).

144

5.1.5 Die Stabilität von Herrschaftsverhältnissen

Deutlich wird in den Gesprächen auch die Stärke und Beharr-
lichkeit herrschender vergeschlechtlichter und sexualitätsbezogener
Anforderungen. So zeigt sich insgesamt ein reflektiertes und um-
fassendes Wissen über die Funktionsweisen und damit auch prinzipielle Wandelbarkeit von Herrschaftsverhältnissen. An einigen
Stellen kippt dieses reflektierte dekonstruierende Verhältnis aber
geradezu um in ein ungläubiges Nicht- Verstehen. Die Wirkmächtigkeit hegemonialer Deutungen erscheint selbst in der Besprechung der einzelnen Situationen und der eigenen Handlungsmöglichkeiten so hartnäckig, dass den Gesprächspartner*innen dies nur
noch absurd erscheint.

> F:[…] also (.) Minderheiten brauchen ne besondere Stimme
> oder ne besondere Unterstützung, um dann eben sich auch durch-
> setzen zu können (3). Weil Mehrheiten einfach sehr dominant sind.
> (2) Und, eh, (2) sich immer wieder wie so Unkraut nach oben ar-
> beiten @(2)@.
> (GD 508ff)

In weiteren Abschnitten um diese Sequenz herum beschreibt
Frauke ausführlicher die Notwendigkeit einer Unterstützung oder
einer bestimmten Position, die Minderheiten brauchen, um überhaupt gehört zu werden. Sie*er kann also auf der Grundlage eines
theoretischen Konzepts vom Funktionieren von Machtverhältnissen recht deutlich formulieren, dass Minderheiten nur Gehör finden, wenn sie in gewisser Weise bereits ausreichend machtvoll

positioniert sind (vgl. auch GD 465ff). In dem Moment, wo sie*er zu erklären versucht, warum dies in Bezug auf herrschende Strukturierungen vonnöten ist, gleitet ihre*seine Beschreibung in eine Metapher, die mit dem vorherigen Stil ihrer*seiner Ausführungen bricht. Zum Ausdruck kommt darin ein Unverständnis darüber, wie es immer wieder zu dieser Abwehr kommen kann. Als Erklärung bleibt nur noch, dass herrschende Deutungssysteme ein Unkraut sind. Vergleichbares zeigt sich an der am Anfang bereits zitierten Stelle, an der Sam auf die besondere Starrheit von Zweigeschlechtlichkeit hinweist.

Sa: und (.) auch dieses Geschlechter(.), die Geschlechterteilung, ist ja auch, wo ich mich immer frage, wie kann das eigentlich so lang überlebt haben, wo immer wieder, also ne, irgendwann war klar, oh, es gibt Schwule, oh es gibt Lesben, oh Transidente, oh, es gibt Intersexuelle und es kamen immer mehr und oh, es gibt das und das und das und **trotzdem**, ne, irgendwie (.) gibt's immer noch diese zwei Geschlechter und alle behaupten, ne, man kommt als (.) oder mensch kommt als (.) Junge oder Mädchen auf die Welt, wo ich mich wirklich **wundere,** wie das eigentlich sein kann, also, was eigentlich noch passieren muss (.) bis das nicht mehr (.) der Fall ist. Aber es ist einfach so stabil, diese Zweigeschlechtlichkeit.
(GD 1771ff)

Lui führt diese Feststellung kurz darauf in Bezug auf Trans*idente weiter aus, um am Ende nur noch resümieren zu können: „Und da wundert's mich dann, dass dann trotzdem diese dämlichen Geschlechterbilder noch herrschen. Das wär für mich'n Indiz für besonders große Dummheit" (GD 1801ff). Auch hier verläuft die Auseinandersetzung vorerst reflektiert und Sam ringt, wenn auch bereits aufgebracht, noch um ein theoretisches Verstehen. Erklärung für die nicht nachvollziehbaren Effekte kann am Ende dieses Abschnitts dann aber nur noch die Dummheit Einzelner sein. Manchmal werden Begegnungen mit normierenden und normalisierenden Bedeutungsproduktionen als so unabsehbar, unverständlich und übermächtig erlebt, dass die Gesprächspartner*innen dem nur noch verständnislos und ohnmächtig gegenüber stehen können. Die herrschenden Strukturierungen erscheinen dann als „groß und gewaltvoll" (P 501).

5.1.6 Erforderlichkeit der Reaktion – Ein Resümee

Zu erkennen sind demnach innerhalb der beschriebenen Konfrontationen mit hegemonial strukturierten Umwelten eine zutiefst persönliche Betroffenheit, die Unausweichlichkeit solcher Konfrontationen und die Risiken, die als Schatten stets über den eigenen Seinsweisen sowie potentiellen Interventionsstrategien schweben. Gewaltvolle Konfrontationen mit hegemonialen Deutungsstrukturen und die darin stattfindende Spiegelung, nicht vollständig als Subjekt zu gelten, bilden also den Hintergrund, vor dem sich queer-feministische Interventionen abspielen. Das ist insofern nicht außergewöhnlich, da die theoretischen und politischen Konzepte von Interventionsstrategien, wie bereits gezeigt, auf Analysen eben genau jener herrschaftsförmigen Systeme gründen. Das Besondere liegt vielmehr darin, herauszustellen, als w i e gewaltvoll sie empfunden werden, wie machtvoll ihre Effekte sind und wie unabdingbar es ist, dass die Gesprächspartner*innen sich dazu verhalten.

Damit sind die Positionierungen und das Handeln der queeren Personen eng an die Charakteristika dieser Konfrontationen gekoppelt, beziehen sich also auf deren unausweichliche Dauerhaftigkeit und verhandeln Verletzungen sowie Handlungsohnmacht. Daran anknüpfend wird der Anspruch, trotz jener Gefahren und Kosten immer wieder in verschiedensten Zusammenhängen, herrschende Normalitäten anzugreifen und die Bereitschaft, dafür wiederkehrend in anstrengende Auseinandersetzungen zu gehen, weniger als ein theoretischer und/oder politischer Erkenntnisprozess verstanden, in dem sich dazu entschieden wird. Vielmehr wird er als unumgänglich angesehen. „Man macht es halt einfach irgendwann, weil man mit den Verhältnissen, in denen man lebt, halt irgendwie so nicht klar kommt" (GD 442ff). Für die politischen Positionen und die Erarbeitung von Interventionsstrategien sind, wie ich an späterer Stelle noch näher beschreiben werde, auch theoretische Beschäftigungen mit Gesellschaft und ihren Diskriminierungsmechanismen sowie politische Auseinandersetzungen vonnöten. Als Initiierung, Motor und zugleich Begrenzung dieser Prozesse des Auseinandersetzens gilt aber die persönliche Betroffenheit der Gesprächspartner*innen.

L: [...] Und weil du die Reaktion auf die Provokation bekommst, (2) fängst du überhaupt erst drüber nachzudenken, dass du vielleicht was verändern willst, weil (.) dich die Reaktion auf die Provokation, die eigentlich nicht von dir so gedacht sind, abfucken (2) (GD 1573ff).

Es gibt aber auch positive Erlebnisse und Rückmeldungen innerhalb hegemonial strukturierter Räume. Diese sind jedoch eher selten und liegen nur in Form vereinzelter Ereignisse vor, die als Ausnahmen hervorgehoben werden.[47] So gibt es nur eine einzige Begegnung, die durchweg als gelungen empfunden wurde und die Gegenstand einer längeren Erzählung innerhalb eines Interviews ist.[48] Derlei Situationen werden jedoch weder innerhalb der Gruppendiskussion als relevanter Orientierungsrahmen eingeführt noch finden vergleichbare Erzählungen in den anderen Interviews Erwähnung. Demnach ist davon auszugehen, dass diese Art von Begegnungen nicht zum kollektiven Wissensbestand gehören. Alle anderen eher positiv konnotierten Konfrontationen beziehen sich entweder auf szenische Kontexte (bspw. L 241ff, 478ff; P 607ff) oder sind Bestandteil eines Ringens um Handlungsmacht (bspw. L 260ff[49], L 231ff[50]), welches ich im Abschnitt 5.2.3 näher betrachte. Sie werden demnach nur bedingt als gelungen empfunden.

---

47 Bspw. im Kontext der Erwerbsarbeit, der als konservativ eingeschätzt wird, in dem es aber auch schon zu netten Gesprächen kam (GD 308ff).

48 Diese Erzählung werde ich in Kapitel 5.2.4.4 ausführlicher besprechen.

49 Die eigene uneindeutige Körperlichkeit bringt zwar im Kontext der Mädchenarbeit das Potential mit sich, Körper zu thematisieren. Gleichzeitig sind die Arbeitszusammenhänge mit Jugendlichen auch Kontexte, in denen sofort direkt auf uneindeutige Geschlechtlichkeiten reagiert wird.

50 Nachdem Luca innerhalb ihrer*seiner Malerei innerhalb der Universität bereits eine andere Sichtweise angestoßen hat, wird die geschlechtliche Uneindeutigkeit einer der gemalten Personen von einem*r Professor*in mit dem Satz quittiert, „na, ja, manche mögen das ja auch so" (L 213). Luca freut sich über dieser Verschiebung, stellt aber fest, dass jene Äußerung nur bedingt positiv zu werten ist.

Wie im folgenden noch deutlich werden wird, ergibt sich aus dieser Bedingtheit, dass der Aktionsradius für intervenierende Vorgehensweisen in erster Linie im Bereich persönlicher Nahbeziehungen liegt. Denn die dauerhafte direkte Konfrontation auf persönlicher Ebene zwingt den Fokus interventionistischen Handelns geradezu auf die Ebene von Einzelkontakten im Nahbereich. Die Gesprächspartner*innen irritieren/provozieren zwangsläufig und müssen sich daraufhin wieder und wieder mit den je darauf folgenden einzelnen Reaktionen auseinandersetzen – ob sie es wollen/planen oder nicht. Dies bringt ein spezifisches Verständnis von Strategien mit sich.

5.2 Strategien

> *Also, was ich immer feststell, dass es, ehm, es nicht*
> *so einfach anzuha-, also es ist jetzt irgendwie nicht*
> *hier so 'ne (.) 'n Tagungsordnungspunkt, ja wir deu-,*
> *dekonstruieren jetzt mal die Zweigeschlechtlichkeit und*
> *machen irgendwie 'ne krasse Aktion, ehm, (.) sondern*
> *das ist eher (.) ja, viel nachdenken,*
> *reflektieren ist (Pat 259ff).*

Wie innerhalb der vorherigen Beschreibung der Basis interventionistischen Vorgehens bereits deutlich wurde, muss für queer-feministische Interventionsstrategien ein bestimmtes Verständnis von Strategien zugrunde gelegt werden. „Das ist halt nicht so ne fixe wie wir wollen über dieses und jenes politisch diskutieren, aber das ist ja auch ne Strategie" (GD 424f). Ausschlaggebend ist häufig nicht das Vorhaben, in vergeschlechtlichte Normalitätsvorstellungen eingreifen zu wollen. Stattdessen sind die Gesprächspartner*innen automatisch mit den Effekten und Maßregelungen, die aus den Normalitätsvorstellungen erwachsen, konfrontiert und müssen deswegen mit ihnen umgehen.

> Lu: [...] Aber, wenn man, quasi aus ner persönlichen Situ-, Situation heraus quasi eine Strategie entwickelt, macht man´s halt nicht   bewusst, aber irgendwann hat man eine (.), also glaub ich, wenn man was verändern möchte, ob man das jetzt ⌐irgendwie
> F: Ja.⌐
> Lu: bewusst macht oder nicht, man macht es halt einfach irgendwann
> (GD 4356ff)

Die persönliche Betroffenheit zwingt die Gesprächspartner*innen gewissermaßen dazu, sich zu verhalten. Demnach gilt für die hier interessierenden Strategien keine herkömmliche Bedeutung des Begriffes. Es handelt sich nicht um einen „genauen Plan des eigenen Vorgehens, der dazu dient, ein [...] Ziel zu erreichen (Duden 2014).[51]

---

51 Eingeschränkt werden muss dieses Ergebnis insofern, dass mein Forschungsinteresse innerhalb der empirischen Erhebung v.a. diese eher ungeplanten Begegnungen im Blick hatte. Deswegen ist die Gewichtung innerhalb der Interviews, in denen es auch immer wieder zu Nachfragen von meiner Seite aus kam, zu einem relevanten Teil dem methodischen Vorgehen geschuldet. Zugleich zeigt sich diese Gewichtung aber auch von den Gesprächspartner*innen aus. So findet sich diese Grundlegung bspw. bei Pat bereits in ihrer*seiner ersten

P:[…] Also jetzt so in meinem Leben, also ich hab (2) bin da schon irgendwie häufiger mit konfrontiert, mit diesen herrschenden Ge-schlechterrollen oder auch Zweigeschlechtlichkeit oder Natürlich-, die vermeintliche Natürlichkeit und, eh, auf der einen Seite ir-gendwie ´n bisschen (.) °strategisch° irgendwie in, in Uni- oder Hochschulkontexten, eben in kleinen Politgruppen, aber auch einfach (.) ehm, (.) na ja, es gibt auch einfach Menschen, die, ehm, das nicht strategisch machen, sondern die einfach irritieren (P 73ff).

Auf die Einstiegsfrage nach Pats Verständnis von queer-feministischen Strategien hebt sie*er nach nur wenigen allgemeinen einleitenden Sätzen hervor, wie sehr es sich bei ihren*seinen Interventionen um eine notwendige Praxis handelt. Pat ist wiederkehrend mit hegemonialen Erwartungen konfrontiert, geht gegen diese auch in gewisser Weise strategisch vor, eckt aber v.a. automatisch an, ohne dies angestrebt zu haben. Auch Christine stellt gleich zu Anfang des Interviews fest, dass ihr*sein gesellschaftsveränderndes Engagement v.a. darin besteht, unabhängig vom Kontext immer so zu sein, wie sie*er ist (C 609ff). Der herkömmliche Gebrauch des Strategie-Begriffs ist also irreführend.

Innerhalb der Gruppendiskussion kommt die Inadäquatheit des Begriffs „Strategie" auch in der Form der Debatte zum Ausdruck. Die Gruppe beschäftigt sich über weite Teile hinweg damit, aus verschiedenen Richtungen einzugrenzen und zu definieren, was Strategien sind. In der Art und Weise der Diskussion äußert sich, dass eine gewisse Distanz zu den im Diskussionsimpuls angebote-

---

Redesequenz, die nachfolgend zitiert ist.

nen Begrifflichkeit der Strategie herrscht. Es gibt anfänglich keinen eigenen Bedeutungszusammenhang, in dem der Begriff einen Sinn ergibt. Die suggerierte Zweck- und Zielgebundenheit, erscheint wenig passend für das eigene Tun.

Sa: Also ich find´s schwierig so Strategien (.), ehm, generell zu definieren oder so festzumachen.
Si: Mmh.(2) Ja ich auch, drum. @(2)@ Drum häng ich an dem sozusagen **solche** Strategien beziehungsweise an der Frage, was **solche** Strategien sein können. Vielleicht hab ich aber auch n zu (.) **krassen** Br-, krasse Assoziation zum Begriff Strategie.
Sa: Aber Strategie ist doch einfach n-, einfach ma so ne Handlung, die ich mir vorher überlege oder?
Si: Ja, die mit irgend´nem Ziel verbunden ist
Sa: Mmh.
Si: also für mich, ja.
Sa: Ja.
Si: Irgendwas will ich damit bezwecken. (2) (GD 350ff)

Im weiteren Verlauf deutet sich immer wieder an, dass sich die besprochenen kollektiven Erfahrungen nicht direkt in ein solches Verständnis transferieren lassen. Gesellschaftliche Veränderungen scheinen oft nicht systematisch angestrebt zu werden, wie Frauke konstatiert.

F: Na, ich stoß auch über das Strategien, weil ich eher überlege, wie, wie::, (3) welchen Boden brauchen quasi Veränderungen? Also (2) Veränderungen passieren ja nicht immer nur dadurch, dass sich Einzelne oder Gruppen Strategien überlegen, sondern die entstehen ja auch (2) unüberlegt, unstrategisch. Also die Anfänge von Veränderungen, glaub ich, sind, gerade zum queer-feministischen Thema, (.) nicht immer absichtsvoll gewesen, sondern weil:: (.) Menschen so waren, wie sie waren und sich nicht weitere verbiegen wollten (3) oder wollen, nach wie vor dann (.) und eben sagen, joa, ich hab hier auch meinen Platz (.) (GD 398ff).

Auch hier wird der Fokus wieder darauf gelenkt, dass sich queer verstehende oder handelnde Menschen den Effekten hegemonialer Strukturierungen ungewollt stellen müssen und entscheiden, sich ihnen aber nicht weiter beugen zu wollen. Demnach wird der Schwerpunkt abermals auf die direkte Erfahrungs- und Konfrontationsebene gelegt. In den Interviews, in denen ich den Strategie-Begriff ebenfalls in der Eingangssequenz verwende, aber zudem ein wenig ausführlicher umschreibe, zeigt sich dieses Vermittlungsproblem nicht in der gleichen Weise. Statt auf der dokumentarischen Ebene wird jene Auffassung des Strategiebegriffs hier auf der inhaltlichen Ebene deutlich. Susann nimmt eine solche Grenzziehung sogar explizit und ebenfalls gleich zu Anfang des Interviews vor:

S:*@(.)@* (2) Hm:: (3) Also:, ich würd, glaub ich, als erstes sagen, dass, ehm, ich das Gefühl hab, dass sozusagen dieses aktive Intervenieren, was bei mir irgendwie (.) eher aus ´ner Notwendigkeit heraus entstanden ist, also (.) sozusagen, es kam, war nicht erst die Idee, ja quee-, queer (.) […] ist total cool, das muss ich jetzt irgendwie machen, sondern, ehm, eher dass die Erfahrung, die ich gemacht habe in meinem Leben waren sozusagen, **dass** ich irritiert habe, immer wieder. Und dass es nicht gepasst hat und dass es irgendwie Irritationen hervorgerufen hat und dass es auch immer noch mein Alltag **ist** und sozusagen, ehm, (.) genau. Und ich glaube daraus dann irgendwann die Idee quasi (.) auch entstanden ist, ehm, sich das vielleicht zumindest teil-, also teilweise ′n bisschen aneignen zu wollen, aber auch, ehm, Räume zu haben, zu wollen, wo′s sozusagen da ′n Schutzraum gibt und die sozusagen zu schaffen oder mitzumachen. (Holt Luft) Und letztendlich irgendwie zu versuchen @(.)@ #′n Teil dazu#, wie auch immer das funktioniert, dazu beizutragen, dass es vielleicht irgendwann weniger stark so ist und so weiter. Aber ich glaube, dass, ehm, ich glaub, dass mein Grundgefühl eigentlich immer noch ist, ich werde **gezwungen,** mich dazu zu verhalten. Also nicht so sehr, ehm, von wegen, das ist ′ne total politische selbst, eh, gewählte Entscheidung

I: Mmh.

S: ehm, sondern es ist, ehm, ′ne Lebensrealität, die mir passiert ist und jetzt muss ich mich irgendwie dazu verhalten (37ff).

Demnach muss hier ein breites Verständnis von Strategien angelegt werden. Wie bereits erwähnt, ist dies teilweise auch dem methodischen Vorgehen und dem theoretischen Konzept geschuldet, das dem Untersuchungsdesign zugrunde liegt. Bemerkenswert ist daran jedoch, dass die in den theoretischen Begrifflichkeiten suggerierte Perspektive auf das eigene Handeln nicht mit dem Verständnis der Gesprächspartner*innen zusammenzupassen scheint. Unterstrichen wird dieser Eindruck dadurch, dass den Gesprächspartner*innen ein Übertragen schwer fällt, obwohl sie häufig, wie ich noch zeigen werde, kompetent einen reflexiven und theoretisierenden Zugang zum eigenen Handeln einnehmen. Zudem bedienen sie sich dazu auch akademischer queer-feministischer Diskurse, denen meine Begrifflichkeiten entlehnt sind. Somit kann unterstellt werden, dass die Begriffe ihnen nicht prinzipiell fremd sind. Der Transfer scheint schwer zu fallen, weil es den Diskutierenden fern ist, ihr Handeln in einer solchen Art und Weise zu beschreiben. Das bedeutet nicht, dass es kein Handeln gibt, das als ein strategisches aufgefasst werden könnte. Es verrät aber einiges über die Art und Weise der Konfrontationen und die Interpretationen dessen durch die Intervenierenden.

P: [...] Aber es ist nicht alles immer so geplant. Also, ehm, das ist mir jetzt eben aufgefallen. [...] dieses nicht Geplante, also einfach irgendwie (.) bei gewissen Sachen widersprechen oder erklären oder nachfragen, gerade in Hochschulkontexten, also einfach irgendwie auf zuzeigen, dass das, was gerade irgendwie gesagt wurde, vielleicht für manche zutrifft, aber nicht für alle oder dass, ehm, irgendwie oder auf Nachfrage auf Person eben zu erklären, wie ´ne Person sich selber versteht oder was sie nicht ist oder (.) ehm, also einfach irgendwie im, im Alltag, ehm, irgendwie nicht nur in sich rein zu denken, ach, das ist jetzt scheiße, sondern, ehm, zu sagen, ja, aber es gibt mehr als die heterosexuelle Kleinfamilie mit Hund und Rasenmäher [...].
(P 657ff)

In erster Linie weist dieser Umstand auf die im vorherigen Teil ausgearbeitete enge Bindung der Strategien an spontane alltäglich wiederkehrende Begegnungen mit hegemonialen Ansprüchen und Forderungen hin. In diesem Zusammenhang wird es zur Aufgabe, Umgangsweisen mit den Konfrontationen zu entwickeln, die jene

156

im vorherigen Abschnitt ausgeführten Mechanismen der Zurecht-
und Zurückweisung verschieben bzw. vermindern. Verfolgt werden dabei recht unterschiedliche Orientierungsmuster.

5.2.1 Auseinandersetzung mit den Konfrontationen

Eine der wichtigsten Orientierungsfiguren für Interventionsstrategien ist ein direktes Auseinandersetzen/Aushandeln in den
Begegnungen mit hegemonialen Anforderungen. Dieser Bereich
der Strategien bezieht sich auf die Ebene direkter persönlicher Ein-
zelkontakte. Hierin bilden eine (oder mehrere) Person(en) das Gegenüber der Interaktion und weil sie herrschende Normalitätsvorstellungen vertreten, manifestieren/personifizieren sich in ihnen
gewissermaßen herrschende Bedeutungssysteme. Es handelt sich
also um Konfrontationssituationen, in denen auf der Ebene des
Einzelkontaktes um Bedeutungshoheit gerungen wird. Zumeist
heißt dies, auf die Verletzungen und Zurechtweisungen direkt ver-
bal zu reagieren und immer wieder auch in Aushandlung zu gehen.
Christine berichtet bspw., dass ein solches Vorgehen ihr hauptsäch-
liches Engagement gegen hegemoniale Ordnungen darstelle. Sie*er
sucht innerhalb ihrer*seiner Arbeitskontexte, als Sozialarbeiter*in
und Heilpraktiker*in stets das Gespräch mit ihren*seinen Kli-
ent*innen.

C: [...] also egal, ob ich hier in der Praxis als Heilpraktikerin
auftrete oder egal, ob ich jetzt (.), hab noch nen anderen Job als
Sozialarbeiter*in, (.) da auftrete, also ich (.) versuche eigentlich in

157

allem die, ehm, (.) genau diese Zweigeschlechtlichkeit so ´n bisschen #ab zuschaffen#, wenigstens in so ´nem kleinen Rahmen und
das tu ich, denk ich, durch Gesprächsführungen und (.) dadurch,
welche Vorschläge ich Menschen mache oder auch ihnen einfach
mal konkret sage, aber das ist doch nicht nur weiblich oder so Geschichten, also, ich glaub tatsächlich, dass es viel im Gespräch, was
ich so mache, (.) um die Leute einfach so ´n bisschen aufzurütteln
und, ehm, so ´n bisschen, dass sie einfach so ´n bisschen selbst
nachdenken (C 64ff).

Auf Grund des Feldes, in dem sich Christines Berufe bewegen,
trifft sie*er auf Menschen, die verschiedene Problemlagen in ihrem
Leben zu bewältigen versuchen, wobei sie*er in ihrer*seiner jeweiligen beruflichen Rolle Unterstützungen bereitstellt. Wenn es sich
inhaltlich anbietet, versucht Christine dabei auf geschlechts- und
sexualitätsbezogene Komponenten der Problemlagen hinzuweisen
und damit alternative Deutungs- und auch Lösungsmuster zu un-
terbreiten.

Diese Art von Vorgehensweisen, die auf Auseinandersetzungen und Aushandlungen aus ist, kann ganz unterschiedliche Facetten und Stufen aufweisen, die zum Teil für sich stehen, eng verbunden sind oder auch zeitlich aneinander anschließen. Außerdem
fokussieren einige eher auf die eigene Person oder eher auf das
Gegenüber. Zum Teil kommen auch mehrere zusammen vor. Ferner können derlei Aushandlungen eher verdeckt oder offen stattfinden. Sie alle bewegen sich jedoch in einem Bereich, in dem die
Gesprächspartner*innen in irgendeiner Art und Weise in Auseinandersetzung mit ihrem Gegenüber gehen.

5.2.1.1 Provokation und Irritation

Provokationen/Irritationen sind, wie bereits ausgeführt, unweigerlich Bestandteil der meisten Begegnungen mit hegemonial strukturierten Räumen. Denn die Gesprächspartner*innen ecken immer automatisch an. In Bezug auf die Frage nach den verändernden Effekten des eigenen Tuns wird dieses automatische „Anecken" aber auch in einem strategischen Sinne gelesen. Hier wird die eigene Person oder werden die eigenen Seinsentwürfe bewusst als Ausgangspunkt gesetzt.

S:[...] Ja, ich glaube (2), @(.)@ wie sagt Foucault? Die geduldige Arbeit an den Grenzen. (.) Also (.) letztendlich (2) es eben anders darstellen. Also (.) durch, was man ja quasi tut durch sein Sein. (S 967ff)

Christine beschreibt die Situation in vergleichbarer Weise.

C: [...] Ja, ich glaub, das findet einfach sehr viel, ehm, (.) in mir statt und ich bring das nach außen, was in mir stattfindet, dadurch, dass ich so bin, wie ich bin (C 609ff)

Ziel ist dabei, aufzurütteln und andere zum Nachdenken anzuregen. Es geht darum, selbstverständliche Normalitäten als solche zu markieren, in einigen Fällen schlicht darüber, überhaupt anzumerken, dass es auch anders möglich wäre, ohne dieses *anders* auszuführen. Eine solche Markierung kann als strategisches Eingreifen gewertet werden. Weil die Gesprächspartner*innen bspw. körperlich oder durch ihre Meinungen, ihr (Re-)Agieren usw. automatisch ihre Nicht-Konformität sichtbar machen, nehmen sie immer und überall auch intervenierend Einfluss.

Dieses Potential ist den Gesprächspartner*innen bewusst, es muss aber nicht zwingend gezielt eingesetzt werden. Wirkung hat ihre Nicht- Konformität auch ohne eine entsprechende Intention. Anknüpfend an den Problemkomplex der Unausweichlichkeit bilden Irritationen und damit auch ein Provozieren von Normen zwangsläufige Bestandteile von Veränderungen. „Provokation ist die Grundlage" (GD 1556), da jede Strategie Prozesse des Selbstverständlichmachens in ihrem Funktionieren unterbricht und/oder beeinflusst. Trotz seiner Notwendigkeit wird diesem Aspekt von Interventionen nur eine eingeschränkte Wirkung zugeschrieben.

Si: Ich glaube auch nicht, dass es zwangsläufig zu Veränderungen führt, so. Also nicht zwangsläufig. Kann sein, kann nicht sein. Ich denke ne ⌐ähnliche Richtung

Li: Mmh::.⌐

Si: und meinte ich ja auch vorhin mit den, also, w-, was ist es denn wirklich, ehm, wann ist erkennbar, dass es in herrschende Geschlechterverhältnisse eingegriffen hat, sozusagen, und, ehm, Veränderungen herbeigeführt hat. Irritieren? Irritieren würd ich sagen, jo, geht überall auf, auf verschiedene Art und Weis-, Weisen, egal, in welcher Umgebung so. Und ich glaube auch, ehm, dass, dass Irritationen so ne, (.) so ne Vorphase, also dass Veränderungen Irritation braucht, das kann ich mir auch gut vorstellen oder würd ich unterstreichen. Ich glaube aber nicht, dass jede Irritation zu Veränderung führt (GD 1586ff).

Unklar ist, ob Irritationen immer auch Veränderungen mit sich bringen. Sie bedeuten, wie bereits ausgeführt, die Gefahr, Abwehr auszulösen. Ist die Provokation zu stark, könnte sie zudem als „komplett gegen alles"- Haltung (GD 1542) und damit als nicht ernstzunehmend wahrgenommen werden. Dies würde dann wieder das Risiko befördern, die Sprecher*innenposition aberkannt zu bekommen. Die adressierten Personen wären so nicht bereit dazu, neue Sichtweisen einzunehmen. Darüber hinaus dokumentiert sich an dieser Stelle der Versuch, die Gefahr der Vereinnahmung zu vermindern. Denn letztlich besteht (besonders) bei (singulären) Provokationen/Irritationen immer das Risiko, als Ausnahme und verrückter Einzelfall abgetan zu werden.

> Si: […] Aber führt´s zu Veränderung? (.)
> ?: (holt Luft)
> Si: Also zu **wirklicher** Veränderung? (.) Und n paar denken
>   vielleicht, „joa, ich kenn da eine, die ist ganz nett"
> Sa: Aber ist ne Ausnahme. (.)
> Si: Genau ⌊so mein ich.
> Sa: [unverständlich] die Ausnahme⌋ bestätigt die Regel.

Si: Genau, genau. Aber (.), s-, so, und, eh, das verändert ja noch nichts. Also, ne, nix, kann sein, kann sein, dass es was verändert, aber das find ich, ehm, d-, aus der Ferne sch-, schwer zu be-, beurteilen. Also diese festgefügten Annahmen die sind für mich dann nicht zwangsläufig erschüttert über Provokation oder Sichtbarkeit.

Lu: Na, ich (.) °glaube° halt, dass du (2) insofern immer dann was veränderst, weil du zeigst, es gibt etwas anderes. Es gibt überhaupt etwas anderes.

Si: Und was ist die Veränderung dann?

Lu: Die Veränderung ist, Menschen stellen fest, gibt n Leben
└außerhalb der Norm.

  Si: Es gibt was anderes.┘ (GD 1606f).

Es erscheint den Gesprächspartner*innen als sicher, dass ihr Handeln oder Sein unausweichlich provozierende/irritierende Effekte für die Mechanismen der Normalitätsregime hat. Jedoch müssen die Intervenierenden austarieren, dass die konfrontativen Wirkungen nicht zu stark ausfallen, da das Gegenüber sich diesen ansonsten einfach verweigern könnte. Letztlich bleibt dann als Effekt nur übrig, dass etwas als nicht selbstverständlich markiert wurde. Die verändernde Wirkung dessen ist jedoch unklar. Zugleich wird es zwar als kleiner, aber nicht zu verachtender Schritt angesehen. Denn es ist auch davon auszugehen, dass eine tiefgreifende Veränderung nicht in kurzer Zeit herbeigeführt werden kann.

Provokationen/Irritationen bilden demnach eine feste Orientierungsfigur intervenierender Strategien. Sie werden als unausweichlicher Bestandteil aufgefasst. Jedoch müssen sie wohl dosiert sein, um nicht sofort den Risiken der Vereinnahmung oder der Abwehr anheim zu fallen. Hinzu kommt, dass sie als singuläres Ereignis relativ wirkungslos erscheinen. Damit erweist sich diese Zielrichtung allein als wenig vielversprechend. Sie wird zwar auch als gelungen bewertet, weil es überhaupt zu einer Unterbrechung von Normalisierungen kommt. Zugleich ist das verändernde Potential dessen jedoch so unabsehbar.

5.2.1.2 Erklären und Verständnis erarbeiten

Aussichtsreicher erscheinen hingegen Strategien, die an einem Erklären bzw. Verständnisschaffen orientiert sind. Hier ist die Irritation gewissermaßen mit einem Angebot verbunden, wie diese gelesen werden kann. Ausgegangen wird hierbei davon, dass das Gegenüber in gewisser Weise unwissend bzw. uninformiert ist. Er*sie weiß schlicht nicht, dass und inwiefern bspw. Sprache diskriminierend sein kann oder kann gar nicht nachvollziehen, wie Diskriminierungen verlaufen, da er*sie selbst nicht davon betroffen ist.

Lu: [..] Erklären ist grundsätzlich was Wichtiges, weil woher sollen die Menschen, wiss-, das wissen? Also ich find, erklären ist der gru-, die Grundlage aller Strategien ist irgendwie zu erklären, was will ich eigentlich und es so zu erklären, dass andere Menschen einen auch verstehen. (.) Weil man kann nicht in die Köpfe anderer Leute   reingucken. Und es ist so (2) ich find´s total wichtig, dass, eh,Minderheiten-Gruppen immer die Politik für sich selbst machen, n Stück weit. Also dass ihnen
Sa: Mmh.
Lu: nicht irgend´nen keine Ahnung, kein Schwarzer, eh, kein Weißer, wie er sich jetzt irgendwie diskriminiert zu fühlen hat, sondern dass der Schwarze das halt selbst formulieren kann, irgendwie so. Das Problem ist, dann ist man halt quasi als Minderheiten-Gruppierung n Stück weit auch in der (.) Pflicht, es ab und zu auch mal zu erklären. (GD 601ff)

Es braucht überhaupt erst einmal einen Kontext, aus dem heraus die anderen von solchen Diskussionen und Reflexionen erfahren können. Sie können es nicht von alleine wissen.

Lu: [...] irgendwie müssen die Menschen ja auf die Idee kommen. (2) So, und auf, auf die Idee, dass irgendwie tatsächlich das, ehm, (2), das, eh, die Heteronormativität (.) vielleicht keine gegebene ist, muss man ja auch erstmal kommen, wenn man aus dem heternorm-, norm-, heteronorma- tiven Kontext kommt. (.) Also ich bin ja nicht auf die Idee gekommen, so was anzuzweifeln. (.) So. Ich bin einfach irgendwann in Kontexte geschmissen worden, wo ich dazu gezwungen worden bin, n Stück weit, mich damit auseinanderzusetzen beziehungsweise wo auf einmal ganz viele Debatten in der Diskussion auf mich rau-, rau- kamen. Und hätte man mir vor drei Jahren erzählt, dass ich Feministin bin, irgendwie, hätt ich denen nen Vogel gezeigt und gesagt @(.)@ ja, aber nicht ich, so (GD 182ff).

Anschließend an ihre*seine eigenen Erfahrungen geht Lui davon aus, dass die Leute, wie Lui selbst auch, Kontexte oder andere Menschen brauchen, die sie überhaupt erst darauf hinweisen, dass Heterosexualität und Zweigeschlechtlichkeit nicht selbstverständlich sind. In Umgebungen, in denen diese als Natürlichkeiten gelten, können die sich darin bewegenden Personen nicht quasi aus dem Nichts darauf kommen, inwiefern diese Verhältnisse Probleme mit sich bringen. Damit sind Queers in gewisser Weise verpflichtet, ihre Perspektiven und Analysen auszuführen und als Alternativen anzubieten. Daran anschließend wird Erklären gewissermaßen zur Voraussetzung jeglicher Interventionsstrategien.

Grundlage dieser Formen von Strategien ist die Annahme, dass die anderen Personen, eine*n prinzipiell verstehen können. Die Informationen müssen lediglich verständlich zur Verfügung gestellt werden.

Lu: [...] Oder ich muss die Möglichkeit haben, mir die Informationen irgendwo her zu holen, weil anders kann ich die Perspektive nicht nachvollziehen, kann, also und Nachvollziehbarkeit ist ja was ganz wichtiges bei Überzeugungsarbeit irgendwie so. Wenn ich was nachvollziehen kann, überzeugt es mich irgendwann auch einfach, wenn ich's richtig finde, irgendwie nachvollziehbar. (GD 626ff)

Es wird unterstellt, dass dieses Verstehen ein Nachdenken in Gang bringen kann, dass ein Bewusstsein für gesellschaftliche Zusammenhänge und ihre Diskriminierungen schafft. „Dann fängt sich an, 'n Bewusstsein zu entwickeln" (C 253f). Derlei Strategien orientieren sich demnach an einem humanistischen Menschenbild, wonach der Mensch gewissermaßen über die objektiven Umständen aufgeklärt werden kann und dann logisch Schlüsse daraus zieht. Bei Christine scheint dies über das gesamte Interview hinweg als leitende Orientierungsfigur.

C: [...] aber, ehm, für mich ist halt immer so dieses Ding, dass ich sage, wir, wir sind keine Tiere, wir haben irgendwie 'n Gehirn, mit dem können wir nachdenken (C 109ff).
[...]
C: Und genauso, find ich, gibt es auch zwe-, genau das nicht, so 'n heteronormative Zweigeschlechtlichkeit eigentlich nicht. Und

das jetzt nur am, am Körpergeschlecht festzumachen, ist halt (.) sehr kurz gegriffen für Menschen, die ´n Gehirn haben und das auch noch benutzen können, finde ich (C 151ff).

Für sie*ihn erscheinen herrschende Geschlechterverhältnisse so absurd, dass andere die damit verbundenen Annahmen geradezu verwerfen müssen, sobald sie erkannt haben, dass es sich um konstruierte soziale Verhältnisse handelt. Dies stellt eine selbstverständliche Fähigkeit des Menschen dar.

Zu den konkreten Vorgehensweisen innerhalb der Strategie des Verständnis Schaffens gehören bspw. Situationen, in denen auf Irritationen anderer mit Hilfe von Erklärungen reagiert wird. So setzt sich Sam bspw. mit einem*r Kolleg*in darüber auseinander, warum sie*er es wichtig findet, die Sprache in einem Flyer zu gendern (GD2801ff). Von vergleichbaren Verhandlungen zu sprachlichen Ausdrücken berichten auch Simone und Frauke in der Gruppendiskussion (GD 2733ff; 2823ff). Es gibt daneben aber auch selbst initiierte Vorgehensweisen. Dazu gehört das Organisieren von Veranstaltungen, wie Vorträgen, (S 247) oder von schwullesbischen Aufklärungs- Workshops an Schulen (P 564; 1088). Ferner hat Luca innerhalb ihrer*seiner Arbeit einen Vortrag zum Thema trans* gehalten (L 502ff), was in ihren*seinen Augen zu einer Verschiebung der Deutungssysteme führte.

L: […] und hatte so dann das Gefühl, okay, jetzt kann ich plötzlich auch über mich nochmal anders reden oder da, mich dadurch anders positionieren

I: Mmh.

L: im Ort, also im Raum. Und (.) das fand ich nochmal irgendwie ganz spannend (.) festzustellen.

I: Mmh.

L: Dass ich plötzlich auch ganz anders von denen wahrgenommen wurde. (L 506ff)

Das Erklären eröffnet einen Bereich, in dem auch andere Deutungen einen sichtbaren Platz erhalten oder sogar als maßgeblich erscheinen. Mit dieser Präsenz wird für die Gesprächspartner*innen ein anderes Bewegen möglich, weil sie nun in Erscheinung treten können.

Insofern zeichnen sich die auf ein Erklären und Verstehen gerichteten Strategien hinsichtlich ihrer intervenierenden Wirkung durch drei wesentliche Charakteristika aus. Mit ihrer Hilfe kann Einfluss darauf genommen werden, welche Effekte Interventionen haben, bzw. mit ihnen scheint am besten abgesichert, Einfluss auf die Richtung der Wirkungen nehmen zu können. Denn es entsteht ein direkter Austausch, der ermöglicht, das zu platzieren, was die Gesprächspartner*innen als relevant erachten und zugleich eine Resonanz darauf zu erhalten. Dies stellt ein weiteres zentrales Merkmal dar. Die direkt erfahrbaren Reaktionen vermitteln einen Eindruck darüber, welche Wirkung ausgelöst wurde. Daneben ist diese Strategie durch die Annahme prinzipieller Verständlichkeit gekennzeichnet. Das Gegenüber kann die Erläuterungen der Gesprächspartner*innen grundsätzlich verstehen, solange diese sie ausreichend nachvollziehbar erklären. Insgesamt entsteht also der Eindruck, dass sich auf dieser Ebene direkt verändernde Effekte erzeugen lassen und zudem die Änderungswirkungen in gewisser Weise kontrollierbar sowie erfahrbar sind.

5.2.1.3 Ressourcen und Erfolgsaussichten abschätzen

Obwohl solchen Situationen der Auseinandersetzung prinzipiell ein großes Potential eingeräumt wird, werden sie zugleich auch als prekär und begrenzt eingeschätzt. Diese Bewertung schließt an die anfangs ausgeführten Problemkomplexe an, die den Hintergrund für Strategien darstellen. Sie beinhalten zahlreiche Erlebnisse, die den Gesprächspartner*innen die grundsätzliche Unsicherheit, in der ihr Vorgehen stattfindet, vor Augen führen. Eine Vielzahl der Bemühungen scheinen letztlich doch zu scheitern, auch wenn die Auseinandersetzung zu bestimmten Themen (wie bei Sam zur gegenderten Schreibweise) immer wieder gesucht wird. Daraus resultiert eine weitere wichtige Orientierungsfigur – eine Art Kosten-Nutzen-Abschätzung. Diese ist auch innerhalb anderer Interventionsstrategien relevant, aber im Bereich der Auseinandersetzungen und Aushandlungen besonders wichtig. Denn derlei Begegnungen werden durchweg als anstrengend empfunden und trotz der positiv eingeschätzten Ausgangslage gelingen sie häufig nicht. Es müssen wiederholt dieselben Diskussionen geführt werden, ohne dass es zu erkennbaren Verschiebungen kommt. Veränderungen scheinen nur schwer erreichbar, sodass die Einzelnen das Gefühl bekommen, sich aufzureiben und gegen Wände zu laufen (GD 537f, 818). Insgesamt zeigt sich deutlich, dass es letztlich nicht so leicht ist, die angestrebte Überzeugungsarbeit zu leisten. So erzählt Lui bspw. von einer Debatte mit einer* Kollegin*, die sie*er als gescheitert empfunden hat. Dazu resümiert sie*er, dass das Scheitern daran liege, dass die* Kollegin* sie letztlich nicht verstanden habe (GD 204ff). Auch Simone berichtet über eine vergleichbare Situation unter den Kolleg*innen, in der sie*er den Eindruck hatte, dass alle Bemühungen vergebens wären und sie*er die Konfrontation deswegen gar nicht erst eingegangen sei (GD 728ff). Es muss demnach immer abgewogen werden, ob die Begegnung, zu der es jetzt kommen könnte, überhaupt aussichtsreich erscheint. Deutete sich im Vorhinein bereits an, dass bspw. das Gegenüber besonders hartnäckig auf der eigenen Sichtweise beharrt oder wenn die Gesprächspartner*innen merken, dass sie in dem Moment nicht ausreichend Kapazitäten haben, um solche Konfrontationen einzugehen, entscheiden sie immer mal wieder, die Auseinandersetzung an dieser Stelle nicht einzugehen.

Auf Grund des gleichzeitigen Anspruches, gegen herrschende Bilder und Diskriminierungen vorzugehen und die Annahme, in gewisser Weise dazu verpflichtet zu sein, handelt es sich dabei um keine leichte Entscheidung. Manchmal wird dies sogar so stark als Aufgabe empfunden, dass sich die Gesprächspartner*innen fragen, ob sie einen „pädagogischen Auftrag" (GD 779) zu erfüllen haben. Dies führt zu einem Abwägen darüber, wie groß die eigene Verpflichtung ist und ob die eigenen situativen Befindlichkeiten und Verletzlichkeiten ausreichen, um sich von dieser Pflicht zu entbinden.

Sa: Also ich find, also ich bin schon öfter in Situationen, wo ich mich frage, ist das jetzt mein Auftrag, dieser Person, das und das irgendwie mit ihr auszudiskutieren oder ist jetzt mein Auftrag, an den Strukturen was zu ändern, ist das jetzt, ne,
Si: Mmh.

Sa: ist das jetzt meine Rolle, muss ich oder muss, was heißt muss, ne, aber möchte ich die jetzt übernehmen, dass ich mich jetzt da so voll rein knie und irgendwas versuche zu ändern (GD 781ff).

Darin liegt zugleich eine Aushandlung zwischen unausweichlicher Betroffenheit und der politischen Dimension, die jene Situationen immer auch für die Gesprächspartner*innen bedeuten. Dieses Spannungsverhältnis muss stets aufs Neue bestimmt werden.

S: […] Also und auch irgendwie aber (.) Nachsicht mit sich haben, wenn man's halt mal nicht kann, also, ehm, um irgendwie zu wissen, wo die Grenzen sind und wo ich jetzt wie hingehe. Also, dass ich (.) also gewisse Sachen auch nicht aussetzen muss, also weil's das auch nicht bringt, also. Und mich gewissen vielleicht dann manchmal schon aus setzen kann. Also, ehm, (3) ja. Irgendwie so. @(.)@ (S 972ff)

Die persönliche Verletzbarkeit wird in ein gesellschaftliches Problem übertragen und damit verdeutlicht, dass die Unausweichlichkeit der Konfrontation nicht bedeutet, sich durchgehend dazu verhalten zu müssen. Im Vordergrund kann dann das eigene Wohlbefinden stehen. Wichtige Parameter darin sind das situative Wohlbefinden und die jeweilige Stimmungslage.

S: (3) Hm::, ich glaub, es hat tatsächlich am meisten damit zu tun, wie ich mich gerade fühle, also wie auch die (.) Sicherheitskonstellationen auch in anderen Bereichen des Lebens sind, wie's mir so grundsätzlich geht. @(.)@
I: Mmh.

S: Ob ich gerad das Gefühl hab, an ganz anderen Stellen Baustellen zu haben und die eigentlich gerade erstmal aus(.)tarieren zu müssen oder nicht. (S 304ff)

Verhandelt wird innerhalb dieser strategischen Orientierungsfigur demnach, wie es den Gesprächspartner*innen gerade geht, ob es legitim ist, sich nicht auseinanderzusetzen und sich selbst nicht zur Disposition zu stellen oder ob die Situation als politischer Konflikt aufgefasst wird, in dem sie sich positionieren wollen. In dem Moment der unausweichlichen Konfrontation mit hegemonialen Deutungssystemen und ihren Effekten wird von den Gesprächspartner*innen abgeschätzt, wie vielversprechend die Aussichten auf ein Gelingen der Auseinandersetzung sind, um auf dieser Grundlage zu entscheiden, ob sie diese eingehen wollen.

5.2.2 Selbstschutz

An die Orientierungsfigur des Abwägens von Aussicht auf Gelingen, Aufwand und Ressourcen schließen häufig Vorgehensweisen an, die auf Selbstschutz ausgerichtet sind. Zum einen zählen hierzu solche, die fast ausschließlich darauf abzielen, situativ oder innerhalb bestimmter Kontexte vor den Wirkungen hegemonialer Zurechtweisungen zu schützen. Daneben gibt es aber auch mit dem Begriff des „Schutzraums" charakterisierte Räume, die über die in ihrer Bezeichnung nahegelegte Bedeutung noch hinausgehen. Hierunter fallen Zeiten, Orte und soziale Zusammenhänge, die gewissermaßen queere Räume darstellen. Diese haben, wie ich gleich

zeigen werde, neben des Schutzes v.a. die (auch nachhaltiger angelegte) Aufgabe, queeren Wirklichkeiten einen Platz einzuräumen.

5.2.2.1 Anpassung

Eine besonders zugespitzte Form der Strategie des Selbstschutzes ist die Anpassung. Diese zielt darauf ab, es gar nicht erst zu
Konfrontationen kommen zu lassen. Es soll vermieden werden,
dass sich überhaupt Markierungen oder Auseinandersetzungen
ereignen. Erwähnung findet diese Strategie in Kontexten, in denen
der Druck hegemonialer Anforderungen besonders hoch und ein
unterstützender Rückhalt besonders niedrig erscheinen. So findet
die Anpassung bspw. Erwähnung in Bezug auf Erwerbsarbeit, die
als besonders normativ und konservativ empfunden wird. So beschreibt Lisa ihr*sein Umfeld der Erwerbsarbeit in einem Immobi-
lienbüro damit, dass es zu ihren*seinen Aufgaben gehört, heraus-
zufinden, ob zwei Männer* eine homosexuelle Liebesbeziehung
führen, wenn sie zu zweit eine Wohnung bewohnen (GD 2835ff).
Dann ist sie*er dazu angehalten, Wege zu finden, das betreffende
Paar aus der Wohnung zu werfen. Auf dieser Grundlage erscheint
es für Lisa völlig unmöglich, Facetten ihrer*seiner Seinsweise zu
zeigen/zu thematisieren. Diese als besonders groß empfundene
Diskrepanz ist zudem mit existentiellen Ängsten darum, die An-
stellung zu verlieren oder nach der Ausbildung nicht übernommen
zu werden, verwoben (DG 3214ff). Eine Provokation erscheint hier
also besonders gefährlich. Ziel ist es deshalb, als den Normen entsprechend durchzugehen. „Dann bin ich halt heterosexuell und hab

172

keinen Freund" (GD 2846f). Diese in erster Linie auf angstvollen Schutz ausgerichtete Strategie hat jedoch auch ermächtigende Komponenten. Denn sie kann zudem dazu genutzt werden, sich systematisch eine Position zu erarbeiten, aus der heraus die Gesprächspartner*innen sprechen können.

Li: [...] Je mehr ich mich anpasse, desto mehr Raum hab ich dann halt, wenigstens vielleicht noch ansatzweise zu sagen, was ich denke, ohne mich dann immer wieder rechtfertigen zu müssen (GD 2857ff).

Als intelligibles Subjekt anerkannt zu werden, bedeutet, ernst genommen und weniger leicht abgetan werden zu können. Dies bringt mit sich, diesen Status nicht sofort aberkannt zu bekommen, sobald die Gesprächspartner*innen nicht vollständig den Normen entsprechen. Lisa hat den Eindruck, so zunehmend eigene Sichtweisen artikulieren zu können, ohne um deren Legitimierung kämpfen zu müssen. Jedoch grenzt sie*er es auch auf ein Minimum („ansatzweise") ein. Insofern birgt diese Strategie, die v.a. darauf aus ist, sich den destruktiven Wirkungen hegemonialer Deutungssysteme zu entziehen und damit zu mindern, auch ermächtigende Momente. Trotzdem darf nicht verkannt werden, dass es sich insgesamt v.a. um einen Ausdruck von besonders drückenden herrschenden Bedeutungssystemen handelt.

5.2.2.2 Rückzug

Die Strategie, sich zurückzuziehen, kommt in Situationen zur Anwendung, in denen, im Gegensatz zur Anpassung, bereits eine Konfrontation stattgefunden hat. An diese anschließend wird nun abgewogen, wie das Verhältnis zwischen Ressourcen, Verantwortlichkeit und erwartetem Erfolg einzuschätzen ist. Erscheint das Verhältnis ungünstig, ziehen sich die Gesprächspartner*innen in einigen Fällen zurück. Dies bedeutet, die Situation zu verlassen, ohne eine weitere Konfrontation einzugehen. Leitend für einen Rückzug können die eigene Verletzlichkeit und/oder die erwartete Aussichtslosigkeit sein. Simone und Sam besprechen innerhalb dieses Rahmens eine Begegnung, die Simone mit einer* Kollegin* hatte. Die Ausgangslage für die spätere Entscheidung für oder gegen eine Auseinandersetzung wird folgendermaßen beschrieben:

Sa: Das ist ja aber bestimmt auch n doofes Gefühl, dann sich auch zurückzuziehen.
Si: Total. @(.)@
Sa: Alles scheiße.
Si: Ja, ja.
Sa: Niemand versteht mich und dann krieg ich auch noch son Spruch.
Si: Ja, ja, genau. Ja, das niemand versteht mich das hab ich, das hab ich dort nicht so ausgeprägt. In dem Moment dacht ich, könnte das Ganze, da, eh, also da, hat mich klar getroffen so und, ehm, ich glaub, was mich noch mehr getroffen hat, war so dieses Ding, dass sie gar nicht auf der Platte hatte, (.) dass sie mich jetzt

irgendwie @(.)@ als Person angreifen könnte. Das war in keinster Weise, eh, präsent, hatte ich das Gefühl oder so. Aber gut, aber keiner versteht mich, würd ich dort jetzt auch nicht sagen (GD 750ff).

Sam unterstreicht eine grundsätzliche Hoffnungslosigkeit, die aus der wiederkehrenden Spiegelung resultiert, so selten Anerkennung oder Verständnis für die eigene Person zu erhalten. Simone fokussiert dagegen auf den situativen Aspekt, dass die* Kollegin* so weit von ihren*seinen Bedeutungsmustern entfernt ist, dass sie* nicht einmal antizipieren konnte, dass Simone verletzt sein könnte. Die Entscheidung über die potentielle Auseinandersetzung fiel dann wie folgt aus:

Si: [...] das hat mich getroffen zum einen und ich dachte (.) das ist jetzt, glaub ich, wirklich vergebliche Liebesmühe, das nochmal rund-, ne Runde zu diskutieren (.), ehm, so in die Richtung, was hat´s denn mit **deinen** @(.)@ Bildern sozusagen, eh, von Frauen oder Menschen irgendwie, eh, zu tun. Das, das mein ich damit. Da bin ich in dem Fall sehr bewusst auf Rückzug gegangen. Da dacht ich, halt, (.) vergeblich, hab ich (.) keine Energie auch für (GD 740ff).

Somit kann Rückzug Ausdruck einer Ohnmacht sein, die eine*n verzweifeln lässt, weil deutlich wird, wie viel Aufwand es bedeuten kann, die eigenen Deutungsmuster sichtbar und verständlich zu machen. Zugleich enthält es aber auch ermächtigende Komponenten, insofern sich die Gesprächspartner*innen über die Situation erheben können und sich dieser entziehen, bevor sie destruktive Effekte entfalten kann. Die Einschätzung hierbei ist, dass die Bemühungen vergeblich wären, da die Normativitäten zu hartnäckig und die eigenen Ressourcen begrenzt sind. Das Potential dieser Strategie besteht darin, die Problematik der Situation an das Gegenüber abgeben zu können. Denn die Aussichtslosigkeit kann in der Unbeweglichkeit der anderen Person verortet werden. Demnach liegt die Handlungsmacht und die Kontrolle der Situation, in der die Entscheidung über die Möglichkeit einer weiteren Auseinandersetzung gefällt wird, bei den Gesprächspartner*innen. Sie können sich, auch wenn sie ungewollt damit konfrontiert werden, unter Einbezug der Erfolgsaussichten dazu entschließen, sich dieser nicht auszusetzen. Insofern stellt der Rückzug in dieser Form eine Strategie dar, mit der sich aus der Ohnmacht über die hegemonialen Anforderungen erhoben werden kann.

5.2.2.3 Queere Kontexte schaffen

Eine weitere auf Schutz ausgerichtete Strategie ist das Schaffen von eigenen Räumen. Diese werden von den Gesprächspartner*innen häufig als Schutzräume bezeichnet. Interessant an diesen ist, dass mit ihnen neben Schutz gleichermaßen eine Ermächtigung verfolgt wird. Bei Schutzräumen handelt es sich um konkrete Orte, Veranstaltungen, Zeitfenster, etc., die mit dem dezidierten Ziel eingerichtet werden, Räume mit möglichst wenig Verletzungen zu schaffen. Dazu gehören institutionalisierte Orte, wie ein feministischer Frauen*raum an der Universität (P 128ff; 528ff) oder Kneipenabende (P 144ff), die regelmäßig stattfinden sowie der Stammtisch, zu dessen fester Besetzung die Diskutierenden der Gruppendiskussion gehören. Darüber hinaus fallen darunter eher privatere und wenig strukturierte Räume wie die eigene Wohngemeinschaft (C 162ff; L 550ff), der Freund*innenkreis (C 219ff; 338ff) und eine lose Freund*innen-/Bekannten- Gruppe, die dem Format eines Stammtisches gleicht (P 339ff).

Obwohl diese Orte und Räume mit ihrer Bezeichnung als Schutzräume suggerieren, v.a. zum Ziel zu haben, Schutz zu bieten, zeigt sich in den Ausführungen dazu, dass die Orientierungsfigur hier im Gegensatz zur Anpassung und zum Rückzug trotz der ähnlichen Zielrichtung eine andere Struktur aufweist. Während diese beiden Strategien in erster Linie darauf aus sind, situativ einen Schutz herzustellen, in dem sich den Effekten herrschender Deutungssysteme entzogen wird, setzen die Schutzräume an einem bereits bestehenden Schutz an. Hier muss dieser nicht situativ immer wieder hergestellt werden, sondern besteht in gewisser Weise auf Grund der jeweiligen Institutionalisierung oder des klaren Rahmens, wer den Raum nutzen kann, bereits bzw. fort. Abgesichert wird dies v.a. dadurch, dass sich die einzelnen Räume an ein definiertes und klar abgestecktes Publikum richten, dessen Eingrenzung auch gezielt durchgesetzt wird. So bezeichnen Wohngemeinschaften sich selbst als queer-feministisch und achten bei Neueinzügen darauf, dass die potentiellen Mitbewohner*innen vergleichbare Haltungen zu queer-feministischen Themen vertreten. Für den Frauen*raum gilt die Regel, dass sich dort keine Menschen aufhalten, die sich als Cis-Männer verstehen (P 532ff). Ähnlich wird häufig bei Partys verfahren. Es ist jedoch nicht zwingend, dass die anwesenden/teilnehmenden Personen bestimmte Selbstbezeichnungen teilen. Als Voraussetzung wird vielmehr eine gemeinsame Weltsicht veranschlagt, in der Geschlechter und Sexualität nicht als natürlich, sondern als konstruiert und verhandelbar erscheinen. Was dies im einzelnen heißt, bleibt eher unklar und diffus. Versucht werden Umschreibungen, wie bspw. bei Luis Ausführungen der Strategie ihres Stammtisches.

Lu: @(2)@ Also Politik mit n bisschen angenehmer Atmosphäre
Sa: Mmh.
Lu: und coolen Menschen verbinden und halt mal ohne die üblichen:: (.) Verhältnisse, die man sonst so um sich rum hat mit Heteronorm, Heterosexualität und (2) (seufzt) [00:15] Monogamie::, Kons-, also (.) Beziehungskonstrukten (.), die so gesellschaftlich vorgegeben sind. Und man wird bei uns nicht gefragt, und wann heiratet ihr endlich @(.)@ und zieht in └euer Reihenhaus und habt den Golden Retriever
Sa: @(.)@┘ (GD 379ff)

Konkret formuliert werden abstrakte gesellschaftsanalytische Forderungen, die sich zu ironisierten Beschreibungen zuspitzen, was mit einem verständnisvollen Lachen quittiert wird. Christine beschreibt die Anforderung, geteilter Sichtweisen und Lebenswelten innerhalb des Schutzraumes der eigenen Wohngemeinschaft folgendermaßen:

C: Also da bin ich dann schon relativ müde, weil ich denk, ehm, (.) ich bin hier in meinem privaten Raum und, ehm, da will ich so'n Verständnis dafür haben oder so. Zum Beispiel als wir 'ne neue Mitbewohnerin für die WG gesucht haben, ehm, hätte ich jetzt keine Lust gehabt, drüber zu diskutieren, ehm, (.) keine Ahnung, sind das Frauen-Männer- Unterhosen, die da auf der Wäscheleine hängen oder solche Sachen. (C 344)

Zum Ausdruck kommt in beiden Abschnitten eine gewisse Unklarheit der konkreten Anforderungen. Deutlich ist, dass es darum geht, sich mit Menschen und Orten zu umgeben, in denen hegemoniale Weltsichten weniger selbstverständlich oder sogar alternative Weltsichten vertreten werden. Was dieses *Alternative* ausmacht, bleibt aber relativ unbestimmt.[52]

Die Orientierungsstruktur dieser Strategie funktioniert im Wesentlichen darüber, dass durch die ausdrückliche Benennung sowie klar definierten und umgesetzten Zugangsberechtigungen sichergestellt wird, dass der Druck durch hegemoniale Anforderungen und Verletzungen von Anfang an möglichst gering gehalten wird. Dies bietet zum einen Schutz, bedeutet aber auch eine Art von Räumen zu schaffen, von denen es ansonsten nur wenige gibt. So müssen die Gesprächspartner*innen hier bspw. nicht ihr Selbstverständnis erklären oder sich dafür rechtfertigen (C 492ff; L 556), sondern sind in dem, wie sie sind, sichtbar und anerkannt (L 554f). Dies umfasst neben der Anerkennung und Wertschätzung alternativer Geschlechtlichkeiten und Sexualitäten auch, sich ausprobieren zu können, ohne sich überhaupt geschlechtlich oder in Bezug auf Begehren festzulegen (L 144ff). Abgesichert wird diese Qualität der Räume, indem einige privilegierte Positionen ausgeschlossen und sich queer-feministische, trans*, lesbischwul verstehende Men-

---

52 Dies wird im Abschnitt 5.2.3.3 auf der Ebene politischer Positionierungen noch einmal wichtig.

schen gezielt geladen sind. In diesen Räumen muss also relativ wenig Energie dazu aufgewendet werden, einen Selbstschutz sicherzustellen. Sie stellen eine Basis dar (L 562ff), von der ausgehend andere Strategien verfolgt werden können, die ermächtigende Zielperspektiven haben (s. dazu Abschnitt 5.2.4.1).

Daneben haben diese Orte auch nach Außen gerichtete Funktionen. Sie dienen zum eine als Anlaufstelle, für andere, die sich in ähnlicher Weise positionieren. Zum anderen wird darüber aber auch eine Form der Öffentlichkeitsarbeit geleistet, weil diese Räume Verbindungen zwischen queer-feministischen Zusammenhängen und anderen Umwelten darstellen. So kommen in den Frauen*raum an der Universität bspw. auch Frauen*, denen der Begriff Queer-Feminismus unbekannt ist (P 548ff). Damit entstehen Schnittstellen zwischen verschiedenen Kontexten, die einen niedrigschwelligen Austausch ermöglichen. Enthalten ist darüber hinaus eine Sichtbarkeit (S 185ff). Denn über eindeutig bezeichnete Orte und Veranstaltungen wird darauf hingewiesen, dass es solche Zusammenhänge gibt, und dass sie notwendig sind.

Im Vergleich zur Präsenz und Selbstverständlichkeit hegemonial strukturierter Räume wirken queer-feministische Orte in gewisser Weise als so ungewöhnliche Orte, dass Pat, wie auch andere Gruppenmitglieder, ihre Stammtisch ähnliche Gruppe als „Blubberblase" bezeichnet (P 339ff). Dokumentiert findet sich darin, dass die Qualität dieses Zusammenhangs so bemerkenswert und wenig selbstverständlich ist, dass er als außergewöhnliches Gebilde, das durch die hegemoniale Welt treibt, also keinen festen Platz hat, wahrgenommen wird. In dem Bild enthalten ist außerdem eine gewisse Abgeschlossenheit zu anderen Kontexten, aber auch eine Zerbrechlichkeit.

180

Insofern sind queere Räume zwar auch auf Schutz aus, funktionieren aber in einer anderen Weise als die zuvor beschriebenen Strategien der Anpassung und des Rückzugs. Denn bei ihnen handelt es sich nicht um Umgangsweisen, die auf situative und lokale Konfrontationen ausgerichtet sind, sondern um permanente Einrichtungen, die über ihre Dauerhaftigkeit und den klar geregelten Zugang eine schützende Umgebung und darüber eine Basis für weitere Strategien darstellen. Demzufolge ist die Zielrichtung dieser Räume auch die Etablierung eigener Lebenswelten. Ferner bringen Schutzräume einen bestimmten Rückhalt und eine Öffentlichkeitswirkung mit sich.

5.2.3 Sichtbar machen

Die Sichtbarmachung muss außerdem als eigene Orientierungsfigur verstanden werden. Es gibt einige Vorgehensweisen, die hauptsächlich darauf abzielen, alternative Seins- und Lebensentwürfe sichtbar zu machen. Dazu gehört bspw. eine Radiosendung zu queer-feministischen Themen (L 581ff). Die Gruppe an Menschen und der Zusammenhang, in dem die Sendung organisiert wird, gilt für Luca zudem als Schutzraum. In erster Linie handelt es sich jedoch um eine Praktik, die an eine Öffentlichkeit gerichtet ist. „Es ist auch nochmal ein Ort, also so, um irgendwie in die Öffentlichkeit Themen zu bringen" (L 586f). Zu solchen an ein unspezifisches und eher unsichtbares Publikum gerichtete Strategien zählen zudem Demonstrationen. Mit den Strategien des Erklärens und der Auseinandersetzungen vergleichbar geht es auch hier darum, alternative Lebens- und Deutungsweisen aufzuzeigen und damit zum Nachdenken anzuregen sowie im Falle der Radiosendung Informations- und Aufklärungsarbeit zu leisten. Demonstrationen, wie der CSD, werden in den Gesprächen aber zumeist lediglich mit aufgezählt und nicht weiter ausgeführt. Umfassender behandelt finden sie sich nur im Zusammenhang von Kritik an anderen Gruppen, die sich gegen herrschende Geschlechts- und Sexualitätsnormen engagieren. Es geht darum, dort queere Lebensweisen und Forderungen zu platzieren, die andernfalls unerwähnt blieben. Ziel ist, „auch auf irgendwie Demonstrationen, irgendwie ´ne (.) Seite oder ´ne Sichtweise zu zeigen, die irgendwie nicht da vertreten ist" (P 568). Auf diese Weise werden Normalisierungen, die innerhalb von Kontexten alternativer geschlechtlicher und sexueller Seinsweisen (re-)produziert werden, als solche markiert und hinterfragt. Erwähnung finden unter dem Aspekt des Sichtbarmachens außerdem noch Kommentierungen im Internet (C 539f) oder in Form von Flyern sowie Briefen (P 565f) und das gelegentliche Cross-Dressen auf Partys (C 420ff).

All diese Vorgehensweisen werden insgesamt in den Gesprächen jedoch wenig ausführlich bearbeitet. Der Aspekt des Sichtbarmachens erscheint nicht als weniger wichtig, wird er doch auch innerhalb anderer Praxen immer wieder mit aufgeführt. Er wird aber lediglich als eine Art minimaler Erfolg empfunden. So spielt das Sichtbarmachen in den Auseinandersetzungen innerhalb der Gruppendiskussion eine wichtige Rolle, in denen wiederholt auszutarieren versucht wird, das Gelingen von Interventionen abzuschätzen. In jenen Situationen, in denen zu drohen scheint, dass Vorgehensweisen wenig gelungen sind bzw. unklar ist, welchen Effekt sie haben, kommt die Orientierungsfigur des Sichtbarmachens zur

Anwendung. Über diesen Weg kann für die meisten Vorgehensweisen doch noch ein positiver Effekt proklamiert werden. Im
Zweifelsfall wurde zumindest eine Sichtbarkeit erreicht.

Lu: [...] Das Problem ist, dann ist man halt quasi als Minder-
heiten- Gruppierung n Stück weit auch in der (.) Pflicht, es ab und
zu auch mal zu erklären. Also, ich mein, irgendwann reicht's halt
auch
Sa: Mmh.
Lu: irgendwie so, wenn man irgendwie zehntausend Mal das
Gleiche, hat man kein Bock drauf, ehm, am Anfang irgendwie so,
ich hab halt keine Ahnung, wie es ist, irgendwie sich als Schwarzer
Mensch zu fühlen, irgendwie so. Das müssen mir Leute erstmal
erklären. Oder ich muss die Möglichkeit haben, mir die Informationen irgendwo her zu holen, weil anders kann ich die Perspektive
nicht nachvollziehen [...]
Sa: Ja. Aber trotzdem ist es halt irgendwann oder bei bestimmten Zusammenhängen würde ich irgendwann auch nicht
mehr, also wie du ja eben schon sagtest, ne, irgendwann auch nicht
mehr erklären, weil's dann, irgendwie, wenn ich zum zehnten Mal
erklären muss, warum das und das jetzt sexistisch ist und irgendwie nicht naturgegeben oder so, dann irgendwann reicht's dann
halt auch. Dann hab ich auch kein Bock mehr, es nochmal zu erklären oder (.) wenn ich auch merke bei den Leuten, die wollen eigentlich gar nicht, ehm, 's verstehen
F: Ja.
Sa: ne, sondern die fragen das einfach, aber warum, wir sind
doch alle von Natur aus lalala (.)
F: (Atmet laut ein und verzieht das Gesicht)

Sa: Weißte, genau. So mmhhh (klingt abschätzig). @(.)@ (2)

Si: Ich hab manchmal, manchmal find ich bloß, es kommt auch d-, so ganz pauschal kann ich das jetzt nicht unterstreichen. Ich find es kommt auf'n, auch wieder auf'n Zusammenhang und auf den Rahmen an, ehm, will ich's erklären oder bin ich verpflichtet oder hab ich das Gefühl, ich bin verpflichtet, mich zu erklären, de-, in die Diskussion zu gehen, find ich, ist manchmal, reicht manchmal irgendwie, das, eh, schlichtweg (.) die Präsenz so einigermaßen irgendwie, eh, es ist klar, was ist anders sozusagen. Ich find das passt schon manchmal auch. Also in, in meinem Job oder so […], da ist es mehr über dieses (.) die kriegen schon was aus meinem Privatleben und von, und von mir mit, die, eh, die kriegen auch, eh, irgendwie, dass meine Klamotten n   bisschen   anders sind irgendwie als bei den andern oder so, also, das kriegen die alles mit. Das muss ich aber nicht diskutieren. Da hätte ich viel zu sehr das Gefühl, ich muss mich, eh, also ich muss mich

Sa: Mmh.

Si: rechtfertigen oder erklären und dann müssen sie im Zweifel (.), also müssen sie genauso au-, aushalten wie ich es aushalten muss manchmal (GD 655ff).

In dieser im Abschnitt zum Erklären/Erarbeiten von Verständnis (Kapitel 5.2.1.2), bereits aufgeführten Stelle zur Relevanz von Erklärungen wird besprochen, dass die von Diskriminierungen betroffenen Gruppen für sich selbst sprechen sollten. Zugleich wird dabei festgehalten, warum es oft so schwierig und ermüdend ist, dieser Pflicht stets nachkommen zu wollen. Simone bringt daraufhin die in solchen Zusammenhängen wichtige Strategie des Abschätzens von Ressourcen und Erfolgsaussichten ins Spiel, in der verhandelt werden muss, wie verpflichtend die empfundene Aufgabe ist, wenn der Rahmen wenig aussichtsreich erscheint. Zudem will Simone sich im Kontext der Erwerbsarbeit nicht erklären. Sie*er würde dies als eine Rechtfertigung empfinden. Stattdessen ist sie*er in ihren*seinen alternativen Seins*weisen präsent; bspw. darüber, dass die Kolleg*innen wissen, wie ihre*seine Freundin* heißt.[53] Über die Entscheidung, sich Diskussionen bzw. Erklärungen zu verwehren, beansprucht sie*er, selbstverständlich sichtbar sein zu können. Damit mutet sie*er den Anderen zu, diese Sichtbarkeit hinnehmen und verkraften zu müssen. Hier wird also Sichtbarkeit zentral, die auch bei ausbleibender Erklärung „zumindest" hergestellt werden kann.

Ähnliches zeigt sich in den Schilderungen Lucas zu ihrer*seiner Malerei, die innerhalb von Seminaren an der Universität gezeigt und besprochen werden. Luca geht es hierbei dezidiert darum, eine Sichtbarkeit herzustellen. Diese kann für die anderen im Seminar aber nicht einfach als solche stehen bleiben, sondern muss kommunikativ bearbeitet werden.

L: [...] ich mach halt Kunst und, hm, hab das immer als Thema in meiner Kunst. Also ich würde das mal als queer-feministische Kunst bezeichnen, und, ehm, (.) da geht's halt ganz viel um Konstruktion von Körper und (.) ja, halt Dekonstruktion von Geschlecht, um irgendwie 'ne Bandbreite auch aufzumachen, was gibt's überhaupt, ehm, (.) für Geschlechter oder auch zu irritieren, ehm, (2) und, das, also so find ich auch immer 'ne Herausfor-

---

53 Simone wird v.a. als Frau* gelesen. Insofern wird ihre*seine Liebesbeziehung als eine homosexuelle wahrgenommen.

derung, immer wieder und es funktioniert aber auch, weil ich hab 'n sehr heteronormatives #Seminar# @(.)@

I: @(.)@

L: und ich werde ständig gefragt, „ist das jetzt #'n Mann oder ist das 'ne Frau", so#. Von daher denke ich dann immer so, ja, genau, die Frage (.) soll halt auch aufkommen.

I: Mmh.

L: So. Und dann denk ich mir so, okay, es funktioniert dann doch (L 66ff).

Luca empfindet die Wirkungen als gelungen, weil sie*er damit darauf abzielt, Fragen aufzuwerfen. Gleichzeitig wird deutlich, dass das Sichtbarsein nur schwerlich für sich stehen kann. Es hat eine Irritation ausgelöst, die erklärt werden soll. Besonders ins Gewicht fällt an dieser Stelle auch die innerhalb der Problemkomplexe erwähnte Verkörperung. Denn bei vielen Strategien des Sichtbarmachens kommt es zu einer recht breiten Zurschaustellung der eigenen Person, die innerhalb dieses Rahmens wenig kontrollierbar ist. Bei bspw. Demonstrationen und Radiobeiträgen wird zwar die gesellschaftlich, strukturelle Ebene in den Fokus gerückt, zugleich wird aber auch unweigerlich die eigene Betroffenheit exponiert. „Im Regelfall geht es um einen selbst" (S. 232-247). Susann erachtet es deswegen auch als sinnvoll, dass jene Personen, die weniger betroffen sind, an diesen Stellen „anders agieren" (S 242). So können bspw. Sympathisierende[54] eine exponiertere und provokativere Rolle spielen.

---

54 Gemeint sind bspw. Pro-Queer-Aktivist*innen, die sich selbst nicht queer oder vergleichbar alternativ- geschlechtlich bzw. sexuell positionieren, sich aber für queere Forderungen engagieren.

Im Zusammenhang der Sichtbarmachung findet sich demzu-folge eine Verschränkung der Orientierungsfiguren des Erarbeitens von Verständnis, dem Abschätzen der Erfolgsaussichten und der Sichtbarkeit, die eine Provokationen/Irritationen bewirken kann. Denn das Erarbeiten von Verständnis bzw. die Diskussion des ei-genen Selbstverständnisses liegt durch die Art der Konfrontationen mit hegemonialen Deutungssystemen häufig nahe. Die Begegnun-gen, in denen Sichtbarkeit provozierende/irritierende Effekte er-zeugt, zwingen die Gesprächspartner*innen gewissermaßen dazu, in Rechtfertigung und Erklärung zu gehen, wie sich in der Semi-narsituation Lucas bereits andeutete. Zugleich fühlen sich die Ge-sprächspartner*innen auch auf der Ebene eigener politischer An-sprüche in gewisser Weise dazu verpflichtet, sich zu den Normali-sierungen zu verhalten. Kommt es dann innerhalb der erwähnten Abschätzung von Ressourcen und Erfolgsaussichten zu der Ent-scheidung, trotzdem keine Diskussion einzugehen, fällt es den Gesprächspartner*innen zumeist schwer, diese Entscheidung auf-rechtzuerhalten. In solchen Fällen kann sich in entlastender Weise auf die Sichtbarkeit zurückgezogen werden. Trotz des Nicht-Erfüllens der geforderten Erklärung haben die Gesprächspart-ner*innen immerhin erreicht, dass es eine Markierung von Selbst-verständlichkeiten und/oder ein Sichtbarmachen von alternativen Seinsweisen gab. In gewisser Weise wird dies aber als eine Form des sich einer Verantwortung Entziehens aufgefasst. Simone muss sich noch einmal selbst darüber vergewissern, dass sie*er keine Erklärung anbieten muss, indem sie*er feststellt, dass ihr Gegen-über die Unannehmlichkeit der Situation eben auch mal aushalten müsse; ist sie*er doch sonst zumeist die*derjenige, die*der das muss. Die Gesprächspartner*innen müssen auf diesem Wege wiederholt die Legitimität ihrer Ansprüche behaupten. Demnach erscheint Sichtbarkeit auf der einen Seite als ein minimaler Effekt von Interventionen, von dem im Zweifelsfall immer ausgegangen werden kann. Auf der anderen Seite handelt es sich dabei trotzdem um keine geringe Hürde und schon gar nicht um eine Selbstverständlichkeit. Auch der „stillen" Sichtbarkeit schlägt Normalisierungsdruck entgegen, demgegenüber sich die Gesprächspartner*innen behaupten müssen.

5.2.4 Handlungsfähigkeit herstellen

Bei der Herstellung von Handlungsfähigkeit handelt es sich um eine Art Querschnitts-Orientierungsfigur. Die Gesprächspartner*innen müssen sich, wie aufgezeigt, immer wieder gegenüber hegemonialen Anforderungen behaupten. Darin entsteht häufig eine Ohnmacht bzw. Sprachlosigkeit (vgl. S 381ff), die vielfach als das größte Problem wahrgenommen wird.

P: […] dass es irgendwie wichtig ist, auf Leute zurückgreifen zu können, ob die jetzt unbedingt an 'nem Ort sind oder vielleicht auch irgendwie über Foren im Internet, also einfach irgendwie 'ne Vernetzung ist, um eben genau in solchen Situationen im Alltag, ehm, sich so zu verhalten, wie man sich verhalten möchte, weil es ist, also (3) meiner Wahrnehmung nach sind eigentlich nicht die Kränkungen von außen, sondern die Handlungsunfähigkeit, also mich wurmt es vielmehr irgendwie zu denken, ach, in der Situation hätt ich doch eigentlich gewollt, aber ich konnte nicht, weil ich, ja irgendwie, (2) ja, nur da saß und dachte, was ist das hier für'n Mist und konnte nichts   machen. Das find ich immer viel schlimmer als irgendwie, ehm, (2) ja, ich, ich hab jetzt gerad kein Beispiel, also irgendwie als Beleidigungen jetzt irgendwie, also jetzt in (2), ehm, (2) also, ja, also ich find so Handlungsunfähigkeit zu spüren viel schlimmer und   das funktioniert oder das ist irgendwie ganz gut mit (.) irgendwie in Kontexten und mensch mit andern, sich darüber auszutauschen und dadurch dann irgendwie sicherer zu werden. *Ja.* (3) (P 1032ff)

Demnach ist die Herstellung und das Aufrechterhalten von Handlungsfähigkeit oftmals eines der bedeutendsten Ziele. Für die meisten interventionistischen Praxen ist dieses wesentlich, für einige aber in besonderem Maße. In vielen Zusammenhängen kann es als eine Art übergeordnete Orientierungsfigur verstanden werden. So zielen bspw. Strategien des Schutzes darauf, ein Gefühl der Sicherheit herzustellen und Verletzungen zu vermindern. In zweiter Instanz wird über diese Strategie aber auch Handlungsfähigkeit hergestellt, weil geschützte Bereiche einen sozialen Rückhalt bedeuten, der (anderes) Handeln ermöglicht. Inwiefern solche Zusammenhänge ermächtigende Wirkungen haben, werde ich im nächsten Abschnitt anhand von Schutzräumen beschreiben.

Auf der Basis sozialen Rückhalts aufbauend können zudem weitere ermächtigende Strategien verfolgt werden (Kapitel 5.2.4.1). So werden hier bspw. Verletzungen und Betroffenheit neben der individuellen Dimension des sozialen Austausches, Trosts, der Bestärkung, etc. auch auf einer gesellschaftlichen Ebene verhandelt. Darüber werden sie als gesellschaftlich erzeugte Probleme erkennbar, was sie in Distanz zu der eigenen Person bringt, und somit eine andere Form des Umgangs ermöglicht. Dies schützt vor Verletzungen, bereitet zugleich aber auch den Boden, um in einem weiteren Schritt im Sinne politischer Praxis dagegen vorzugehen. Insofern treten Analysen gesellschaftlicher Verhältnisse und die Bearbeitung politischer Positionierungen als weitere Strategien zur Erlangung von Handlungsfähigkeit auf. Diese werde ich in den Kapiteln 5.2.4.2 und 5.2.4.3 näher beleuchtet.

5.2.4.1 Eine Basis schaffen – sozialer Rückhalt

Eine der zentralsten Rollen für die Herstellung von Handlungsmacht spielen Kontexte sozialen Rückhalts. Dazu zählen konkrete Gruppen, aber auch eher lose und wenig eingegrenzte Zusammenhänge, die als *Szene* oder *Community* verstanden werden. Nachvollziehen lässt sich die Bedeutung dieser Dimension anhand der Orientierungsfigur des Selbstschutzes, deren ermächtigende Wirkung v.a. aus der Dimension sozialen Rückhalts resultiert. Innerhalb von Schutzräumen kann Kraft getankt (L 568f), sich wohlgefühlt (L 552) und entspannt (C 504f) werden. Es handelt sich um ein von hegemonialen Zwängen entlastetes Umfeld. Dieses erleichtert Konfrontationen mit hegemonial strukturierten Kontexten. Denn zum einen unterstützen solche Zusammenhänge die Selbstsicherheit in den eigenen Ansichten und der eigenen Positionierung. Zum anderen bringt das Wissen darum, dass es auch relativ verletzungsfreie Räume gibt, Sicherheit mit sich. Die Gesprächspartner*innen haben die Garantie, dass sie an Orte, an denen sie sich sicher und wohlfühlen können, zurückkehren können.

S: Ehm, (4) und ich (.) glaube letztendlich ist dieses, eh, Räumeschaffen auch 'ne, hmm, *@(.)@*, 'ne Form davon irgendwie, weil letztendlich ist, glaub ich, das, was, ehm, tatsächlich auch, was man tut, ohne es aktiv zu wollen, aber ja im Alltag, ehm, sozusagen einfach zu sein und, ehm, anders vielleicht sein zu können, wenn man das Gefühl hat, man hat 'nen Rückhalt oder irgendwas und vielleicht dann @(.)@ die eine, ehm, Auseinandersetzung mal mit eingehen zu können,

I: Mmh.

S: sozusagen, weil man irgendwie das Gefühl hat, dass man zumindest an anderen Stellen safe ist. (S 252ff)

Darauf vertrauen zu können, dass es in einigen Lebensbereichen eine solche Sicherheit gibt, ermöglicht, sich an anderen Stellen Risiken auszusetzen.

Das Gefühl der Sicherheit resultiert daraus, sich verstanden zu fühlen, belastende Situationen mit anderen zu teilen (P 502ff) und emotionale Unterstützung zu finden.

P: […] Ehm, (2) ja, was total gut darauf zurückzugreifen, also zurückgreifen zu können, also zu wissen, da sind irgendwie Leute, da kann ich irgendwie, ehm, da muss ich jetzt nicht erklären, warum ich irgendwie, ehm, (2) genervt von der Aussage meiner Tante bin, dass, eh, einem Typ wie mir die Haare stehen, so nach dem Motto, sondern die einfach sagen, so ja, eh, (2) „ist so und ist scheiße und können wir entweder drüber lachen oder weinen, was brauchst du jetzt", so. (P 517ff)

Des Weiteren werden hier (gemeinsame) Umgangsweisen entwickelt (P 560ff). So werden innerhalb der Stammtische bspw. Konfrontationen mit hegemonialen Zurechtweisungen besprochen und überlegt, wie sich zukünftig anders in diesen verhalten werden kann, um Handlungsfähigkeit wieder zu erlangen (P 1049ff). Dies bezieht sich einerseits darauf, auf spontane Begegnungen vorbereitet zu sein, und somit (re-)agieren zu können, anstatt diesen gelähmt gegenüber zu stehen (P 101ff). Andererseits werden hier auch gezielte politische Aktionen, wie Flyer zu bestimmten Themen oder die Teilnahme an Demonstrationen (P 373ff), besprochen.

Darüber hinaus umfasst ein Umfeld sozialen Rückhalts eine Bekräftigung und Schärfung der eigenen Selbstverständnisse und politischen Standpunkte. Die Gesprächspartner*innen können sich hierin ausprobieren, ohne sich auf bestimmte Verortungen festlegen zu müssen.

L: [...] Und (2), eh, (2) genau, also für mich sind (2) auch immer so Räume eigentlich, also einmal persönlich auch #´ne Möglichkeit#, um irgendwie Sachen auszuprobieren, auch ´n Schutzraum, (.) und, ehm, (.) merk dann auch immer, dass ich, da irgendwie ´ne, ´ne größere Sicherheit habe. (L 144ff)

Gleichzeitig können die eigenen Überzeugungen und Forderungen immer wieder diskutiert (P 133ff), reflektiert und damit weiterentwickelt sowie gefestigt werden.

Insofern gelten die Zusammenhänge der Schutzräume nach Innen als Plattformen für Austausch (GD 367ff), die Anerkennung, Rückhalt, Selbstvergewisserung und eine Form der Systematisierung des eigenen Handelns mit sich bringen. Sie bilden eine Grundlage, von der ausgehend weitere selbstermächtigende Strategien vorgenommen werden können. Dies gelingt, indem sie an der tiefen persönlichen Betroffenheit ansetzen und gewissermaßen die Ausgangslage der Gesprächspartner*innen verbessern. Denn die Intervenierenden fühlen sich über den so gewonnen Rückhalt in ihrer Position gegen hegemoniale Zwänge gestärkt, wodurch sie zunehmend handlungsfähiger werden. Für Pat führt diese Bestärkung dazu, konfrontative Situationen mit hegemonialen Bedeutungszusammenhängen optimistisch einschätzen zu können. Sie*er empfindet diese als zunehmend gelungen, obwohl sie*er im Interview zugleich deutlich macht, wie ungern sie*er sich solchen Begegnungen aussetzt (P 654ff).

P: Hm, meine Wahrnehmung ist jetzt, dass es immer mal wieder, also dass es jetzt über die Zeit (.) eben auch durch den Austausch mit anderen Menschen und eben auch zu wissen, ja, ich bin nicht die einzige Person, die das (.) ehm, betrifft oder der das passiert oder die sich so fühlt, ehm, das ist (2), also ich glaub, die Situationen sind ja immer irgendwie da, aber die Tendenz ist bei mir gerade so, dass es mehr gelungene Situationen werden. [...] (P 992ff)

Demzufolge liegt das ermächtigende Moment sozialen Rückhalts in dem Aussetzen bzw. der Minderung hegemonialer Effekte. Dies bietet Schutz vor Verletzungen, stellt ferner aber auch einen Rahmen dar, in dem geschützte Aushandlungs- bzw. Positionierungsprozesse möglich sind, über die die Gesprächspartner*innen Handlungsfähigkeit herstellen können.

5.2.4.2 Gesellschaftsanalyse

Neben der Dimension sozialen Rückhalts bedienen sich die Gesprächspartner*innen des Weiteren eines kollektiven diskursiven Mechanismus, um Handlungsfähigkeit zu erlangen. Günstige Voraussetzungen dafür finden sich in den zuvor beschriebenen kollektiven Räumen. So lässt sich dieser Mechanismus im empirischen Material insbesondere innerhalb der Gruppendiskussion sowohl auf der inhaltlichen als auch auf der dokumentarischen Ebene nachzeichnen. Gegenstand dieses Diskurses ist die Analyse und Theoretisierung gesellschaftlicher Verhältnisse. Charakterisiert ist er dadurch, dass ein Verständnis davon erarbeitet wird, wie Herrschaftsverhältnisse funktionieren und wie sie zu den von den Gesprächspartner*innen erfahrenen Verletzungen, Zurück- und Zurechtweisungen führen. Hierüber wird gewissermaßen ein Gerüst geschaffen, in dem die Erfahrungen aus Konfrontationen mit hegemonialen Strukturierungen in ermächtigender Weise verarbeitet werden können. Insofern sind die Gesprächspartner*innen den anfänglich umschriebenen Problemkomplexen nicht „nur", wie bisher dargestellt, unterworfen, indem deren verletzender und normalisierender Druck sie zu einem Verhalten nötigt. Vielmehr werden die Problemkomplexe in der kollektiven Verarbeitung auch zu einem Gegenstand politischer Auseinandersetzung.

Ein solches theoretisierendes Verhältnis zu gesellschaftlichen Strukturierungen und zum eigenen Tun dokumentiert sich über das gesamte Material hinweg. So ist den Gesprächen anzumerken, dass alle beteiligten Personen prinzipiell in der Lage sind, eine solche distanzierte Perspektive auf sich selbst und ihre Verortung in der

Gesellschaft einzunehmen. Obwohl es, wie bereits erwähnt, zum Teil weniger nahe liegt, das eigene Handeln als intervenierende Strategien zu verstehen, zeigt sich dessen ungeachtet in allen Gesprächen, dass die Einzelnen prinzipiell damit vertraut sind, ihr Handel auf solche Weise zu reflektieren. Eine theoretisierende Perspektivnahme ist für den Großteil der Unterhaltungen charakteristisch. Dies wird innerhalb der Gruppendiskussion, in der derlei ermächtigende Auseinandersetzungen interaktiv entfaltet werden, besonders deutlich. Nachvollziehen lässt sich dies anhand der Diskussionen über den Begriff der Strategie. Hier werden verschiedene Zugänge probiert, um sich ein Verständnis des Begriffes zu erschließen. Dabei wird u.a. von der Wortbedeutung ausgegangen.

Sa: Aber Strategie ist doch einfach n-, einfach ma so ne Handlung, die ich mir vorher überlege oder?
Si: Ja, die mit irgend´nem Ziel verbunden ist (GD 357ff).

Versucht wird auch ein Weg über die Ebene gesellschaftlicher Verhältnisse:

F: Na, ich stoß auch über das Strategien, weil ich eher überlege, wie, wie::, (3) welchen Boden brauchen quasi Veränderungen? (GD 398ff).

Außerdem nähern sie sich einer Definition, indem sie ihren Stammtisch als Beispiel strategischen Handelns heranziehen.

Lu: Na, im Prinzip haben wir ja auch ne Strategie. (GD 364)

195

Basis dieser gesellschaftsanalytischen Perspektivnahme sind poststrukturalistische und dezidiert queer-feministische Theoretisierungen. So wird innerhalb der Gruppendiskussion bspw. an einer Stelle versucht zu klären, wie Strategien und ihr Gelingen funktionieren, indem auf die Ebene diskursiver Bedeutungsproduktion und die Butler'sche Idee zitatförmiger Verschiebungen rekurriert wird.

Sa: Also, wenn man jetzt mit, mit Butler, dann geht's ja viel um Sprache, ne. Das heißt, ich muss ja irgendwie auf sprachlicher Ebene was verändern oder (.), ne, dieser Zusammenhang von Sprache und Realität,
Si: *Mmh.*
Sa: den muss ich irgendwie verschieben. Also ich muss irgendwie mit Zitaten arbeiten, die aber was anderes bedeuten, als d-, das, was sie vorher bedeutet haben. (GD 1682ff)[55].

Prinzipiell scheinen die Gesprächspartner*innen also geübt darin, eine theoretisierende Perspektive auf gesellschaftliche Verhältnisse und Interaktionen einzunehmen und anhand dieser die eigene politische Praxis zu systematisieren und zu bewerten. Bedient wird sich dabei häufig queer-feministischer Theorieströmungen.

---

55 Einen weiteren expliziten Rekurs auf Butler findet sich außerdem in Zeile 1182ff.

Die Frage nach eigener Handlungsmacht – Ein Gegenstand von Gesellschaftsanalysen

Die eigene Handlungsmacht ist wiederkehrend auch expliziter Gegenstand der theoretisierten Auseinandersetzungen. So wird mehrfach in unterschiedlicher Art und Weise darüber gesprochen, inwieweit Handeln und die Möglichkeit zu gesellschaftlichen Veränderungen von Machtverhältnissen sowie der eigenen Position in diesen abhängig ist. Als marginalisierte Gruppe, die regelmäßig aberkannt bekommt, eine ernstzunehmende Spre-cher*innenposition inne zu haben, ist den Diskutierenden bewusst, wie schwierig es ist, sich Gehör zu verschaffen.

F: [...] Ehm, (3), also dass Minderheiten, wenn man, wenn man (.) Minder heiten nen Platz einräumen will (2), wie war die Formulierung, (2) dann müssen sie erstmal ein bisschen mehr zu sagen haben (.). So. Also, oder Ver-, wo Veränderungsprozesse hin, also da würde ich das schon unterstreichen, also, man braucht schon nen Bo-, eh, nen Boden oder nen Rahmen oder (.) ne Struktur, (.) eh, (.) um dann auch erfolgreich mit den, eh, Strategien zu sein, letztlich. (2) (GD 465ff)
     [...]
     F: [...] Und dann brauch ich aber auch ne gewisse Unterstützung in Form von nem Rahmen und eher, das ist es vielleicht, also (.) Minderheiten brauchen ne besondere Stimme oder ne besondere Unterstützung, um dann eben sich auch durchsetzen zu können (3). Weil Mehrheiten einfach sehr dominant sind. (GD 506ff)

Die Gesprächspartner*innen wissen darum, dass das Potential ihres Handelns davon abhängt, wie die Machtkonstellationen liegen. Es braucht eine gewisse Struktur, eine gewisse machtvolle Position, um Veränderungen voranzutreiben.

> Sa: Aber das heißt, man muss schon in irgend´ner machtvollen Position sein (2), um überhaupt irgendwas ändern zu können. (GD 3022ff)

Die Diskutierenden sind der Überzeugung, dass sie nur schwerlich aus einer prekarisierten Position heraus Veränderungen anstoßen können. Es braucht eine gewisse Anerkennung als intelligibel oder eine strukturell abgesicherte Position (GD 869ff), die einem*r gewisse Handlungsoptionen bietet. Auf Grundlage gesellschaftsanalytischer Überlegungen wissen die Diskutierenden darum, dass es sich dabei um notwendige Bedingungen von Handlungsfähigkeit handelt.

> Sa: Ich würde Macht auch gar nicht so negativ sehen. Das ist ja erstmal (.) was Neutrales. Also, um handlungsfähig zu sein, brauch ich ja Macht. (GD 937ff)

Hierin muss jedoch stets ein Balanceakt vollführt werden. Denn Macht erscheint zwiespältig. So kann die notwendige Intelligibilität bspw. über die bereits ausgeführte Strategie der Anpassung hergestellt werden. Auf diese Weise wird eine Position erarbeitet, aus der heraus dann ein kritisches Sprechen möglich wird. Dabei besteht allerdings die Gefahr, dass die Gesprächspartner*innen wiederum selbst Herrschaftsverhältnisse (re-)produzieren, da sie sich konform verhalten oder zumindest Konformität suggerieren müssen, um überhaupt in eine solche Position zu gelangen.

Si: Und wenn du jetzt beispielsweise Oberbürgermeisterin wärst, würdest doch garantiert was machen, was Gutes machen in dieser Position.
Sa: @(.)@
Lu: Ne::, ich würd behaupten, dass die Strukturen mich so korrumpieren, dass da nicht mehr viel zu tun ist. (GD 948ff)

Aber nicht nur in der Strategie der Anpassung besteht die Gefahr der Reproduktion von gesellschaftlichen Herrschaftsverhältnissen. Selbst in den Versuchen, sich diesen entgegen zu stellen, kann diese Gefahr zumeist nicht ganz vermieden werden. So müssen sich die Diskutierenden bspw., um auf patriarchale Diskriminierungen hinzuweisen, auf *Frauen** beziehen (GD 1195ff[56]). Die Konstruiertheit dieser Kategorie lässt sich in solchen Disputen jedoch kaum einholen.

Die Intervenierenden bewegen sich demnach in einem ambivalenten Spannungsverhältnis. Es scheint nicht verhindert werden zu können, selbst auch immer wieder Herrschaftsverhältnisse zu (re-)produzieren. Daraus resultiert ein argwöhnisches Verhältnis zu machtvollen Positionen. Das eigene Handeln und seine Bedingungen erscheinen in der Folge in einem so komplexen Verhältnis, dass die Bewertung des eigenen Handelns hinsichtlich der politisch

---

56 Über vergleichbare Auseinandersetzungen berichten auch Susann (131ff) und Pat (128ff).

gewünschten Effekte überaus schwierig wird. So ist bspw. unklar, ob es legitim ist, sich bei dem Bemühen, die eigenen Deutungen und Ansprüche durchzusetzen, auf Gesetze und gesetzliche Richtlinien zu berufen (Sprachregelungen zum Gendern in städtischen Einrichtungen; GD 2925ff). Diese werden als Autoritäten verstanden, die zur Hilfe genommen werden, um eigene Forderungen, wie geschlechtergerechte Sprache, durchzusetzen. Dies erscheint den Gesprächspartner*innen aber als paradox, wenn sie selbst doch Herrschaftsverhältnisse in Frage stellen wollen. Es kollidiert mit dem Anspruch, die anderen Personen von der *Richtigkeit* der eigenen Positionen überzeugen und es ihnen nicht qua Autorität aufzwingen zu wollen.

Innerhalb der Verhandlung und Bewertung von Handlungsmacht durch die Gesprächspartner*innen selbst zeigt sich ein schmaler Grad zwischen notwendiger Konformität und der steten Gefahr, sich in eine Situation zu bringen, in der sie nicht mehr herrschaftskritisch agieren können. Noch komplexer wird diese spannungsreiche Situation durch die erwähnte Gefahr der Vereinnahmung, die von den Gesprächspartner*innen stets mitgedacht wird. Sie müssen jene verschiedenen Risiken stets als Rahmenbedigungen ihres Handelns antizipieren und mit reflektieren. Bildlich gesprochen bewegen sich potentiell gesellschaftsverändernde Momente in einem enorm kleinen Radius, über dem fortwährend Gefahren hegemonialer Vereinnahmung und Normalisierung schweben.

Spannungsverhältnisse austarieren – Eine Funktionsweise von Gesellschaftsanalysen

Die vorab heraus gearbeitete Prekarität des Handelns der Gesprächspartner*innen und der stetige Versuch, sich aus dieser heraus zu kämpfen, findet auch auf der dokumentarischen Ebene, also in dem Diskussionsverlauf und seiner Form, ihren Ausdruck. So kommt es wiederholt zu einem Verhandeln eben dieser konfligierenden Dimensionen in einer spezifischen Diskussionsbewegung. In den betreffenden Diskussionsabschnitten wird herausgestrichen, wie bestimmte intervenierende Handlungen Veränderungen bewirken können. Diese Einschätzung wird dann aber durch die jeweiligen erfahrenen Problemkomplexe und das Wissen um das Funktionieren hegemonialer Verhältnisse eingeschränkt. Daran anschließend erscheint es fast unmöglich, gesellschaftliche Verhältnisse grundlegend zu ändern, weil diese so unabsehbar und starr sind und/oder da auch Interventionen letztlich einfach als Ausnahmen abgetan werden können. Aus diesem aussichtslosen Verhältnis wird sich innerhalb des Gesprächs kollektiv diskursiv heraus gearbeitet, indem verdeutlicht wird, dass im Grunde auch kleine Schritte bereits Veränderungen bewirken. Ein wichtiger Bestandteil dieses diskursiven Herausarbeitens sind theoretisierende Analysen und Deutungen. Unter ihrer Zuhilfenahme wird sich über hegemoniale Effekte erhoben und erarbeitet, inwiefern das eigene Handeln darin, wenn auch kleine, doch aber intervenierende Wirkungen zeigt.

Si: […] Aber genau, also das zieht sich durch oder die Sichtbarkeit, die zieht sich auch konsequent durch, auch im Gespräch
mit Schulleitungen oder so. Da gibt's auch n paar, die kennen zwar
nicht den Namen Silke (ihre Lebenspartnerin), aber die wissen,
dass ich mit ner Frau zusammen lebe oder so. Ehm, aber ich glaub,
dieses große Ganze, weißt du, wir verändern die Welt, sozusagen,
in Bezug auf, eh, Annahmen zu Geschlecht und Sexualität, das ist
jetzt, eh, (.) das seh ich jetzt nicht als (.) an erster Stelle in meinem
(.) alltäglichen Job.

Sa: Aber machst du doch. Du veränderst doch die Welt, wenn
du, also (.) └zumindest

Si: Ja, okay.┘

Sa: n kleinen Teil, also

Si: Im kleinen Teil.

Sa: ist ja jetzt auch nicht der Anspruch, dass wir jetzt plötzlich (.)

Si: Ja, aber=

Sa: also, wie soll das auch funktionieren? Und man └kann
      ja jetzt nicht sagen-

Si: Da hab, mir fällt, wir sind die Guten┘ und verändern   die
Welt, sozusagen,

Sa: Ja, aber auch.

Si: im Kleinen schon, ja. @(.)@

Sa: Im Kleinen und Schritt für Schritt, aber das dann schon.
Also (.)

Si: Das schon.

Sa: Wenn du daran arbeitest, dass die Sprache gerechter wird
oder, dass (.), was weiß ich, Sichtbarkeit oder (.) dass du es halt

nicht hinnimmst, wenn jemand, wenn ne Lesbe nach ihrem Äuße-
ren beurteilt wird und

Si: Mmh.

Sa: irgendwie auf den Deckel bekommt, weil sie zu irgend
'nem Termin irgendwie im Pulli #ankam# oder, ne

Si: Mmh, mmh.

Sa: nicht in der Bluse ankam oder so. Das ist ja schon auch,
wo man (.)

Si: Mmh.

Sa: so im Kleinen sagt, hier, hey, das geht ja wohl gar nicht.

Si: Ja. Das stimmt. (.) Da hast du **wirklich** Recht.

Einige: (lachen) (GD 2741ff)

Über die theoretisierenden Reflexionen hinaus wird in diesem
Abschnitt ebenfalls deutlich, welche zentrale Rolle der Modus die
Kollektivität der Bearbeitung spielt. In der gemeinsamen Analyse
der zumeist frustrierenden Begegnungen mit herrschenden Normen
und Normalitäten können die negativen Effekte vermindert und die
eigene Handlungsmacht gestärkt werden, indem immer wieder
herausgestrichen wird, dass die eigene Handlungsmacht durch
gesellschaftliche Verhältnisse vehement beschränkt wird, jedoch
nicht auf allumfassende Weise.

Eine Schwierigkeit dabei ist, die potentiellen Wirkungen der
eigenen Handlungen abzuschätzen, da von den einzelnen Konfrontationen nicht auf die gesellschaftliche Ebene geschlossen werden
kann.

Si: Mmh. Ja. (.) Das ist in kleinen Systemen so. Aber, wenn ich das große Ganze sehe, da ist es quasi, da ist es noch, also zumindest weit entfernt, würd ich sagen dann, oder? (2) (GD 1321ff)

Es gibt demnach ein theoretisches Verständnis davon, wie Herrschaftsverhältnisse funktionieren und wie in diesem Zusammenhang Interventionen verstanden werden können. Gleichzeitig scheinen die Wirkungen darin aber unabsehbar und unkontrollierbar.

Sa: Mmh. (.) Ist ja auch die Frage, was funktionieren bedeutet, ne? Also, ob Str-, wann Strategien funktionieren?

Lu: Ja, stimmt, was ist funktionieren?

Sa: Also heißt das dann (.), dass es, ehm, funktioniert, wenn die Leute auch, ehm, (.) Geschlecht und Sexualität verändern wollen, also was heißt denn verändern? Also das, das ist ja schon n krasser Anspruch, eigentlich, ne. Also das heißt #ja# (3), also wie will ich Geschlecht und Sexualität verändern; oder irritieren, okay, aber verändern? (2) Also ist das, das klingt halt so (.) so abstrakt. (.) Also ich kann ja nicht hingehen und sagen, „hey ich will jetzt Geschlecht und Sexualität verändern und du hast doch schon mal davon gehört, ne, jetzt verändern wir das mal", sondern das ist ja viel komplexer und viel größer. Also ich kann ja nicht zu Einzelpersonen hingehen und irgendwas verändern, ne. Das ist ja n ganz komplexer Vorgang, n ge sellschaftlicher.

(GD 1136ff)

In dieser Situation der Unabsehbarkeit fühlen sich die Diskutierenden immer wieder darauf verwiesen, welche Haltung die anderen Personen in der Konfrontationssituation ihnen gegenüber bringen, um den intervenierenden Charakter ihres Handelns einzuschätzen. Als ausschlaggebend für das Gelingen erscheint damit, ob die beteiligten Personen bzw. Adressat*innen *offen* dafür sind, alternative Seinsweisen oder Interpretationsangebote zuzulassen. Veränderungen treten nur bei den Leuten ein, „die dafür offen sind" (GD 1706).[57]

In dieser Diskussionsbewegung[58] kommt zum Ausdruck wie sich immer wieder gegenüber der Wirkmacht hegemonialer Deutungssysteme behauptet werden muss. Die einzelnen Interventionen selbst und die queer-feministischen Zusammenhänge, in denen sich die Gesprächspartner*innen bewegen, werden von ihnen stets kritisch hinterfragt, aber grundsätzlich als positiv bewertet. Das Sprechen darüber sieht sich jedoch trotz dieser optimistischen Einschätzungen ab einem gewissen Punkt und insbesondere an den Stellen, an denen Fragen gesellschaftsverändernder Effekte verhandelt werden, damit konfrontiert, welche Wirkmächtigkeit herrschende Strukturierungen haben und welche Gefahren und Abwertungen von ihnen ausgehen können. Um in solch beständig drohenden Ohnmachtssituationen Handlungsunfähigkeit abzuwenden und Handlungsfähigkeit zu erneuern, müssen diese kollektiv diskursiv bearbeitet werden. Insofern sind die kollektiven diskursiven

---

57 An einer Stelle wird auch die Anpassung, die zur Erlangung von Sprecher*innenpositionen nötig sein kann, nur für jene Situationen als notwendig erachtet, „in denen die Personen nicht komplett offen dafür sind, andere Sachen anzunehmen" (GD 1259ff).

58 Ähnliche Verläufe oder diese Konstellation an Argumentationen in veränderter Abfolge finden sich mehrfach über das Gespräch hinweg (GD 2726ff; 1514ff).

Verhandlungen als eigene Interventionsstrategie zu verstehen, in denen ein Umgang mit Zurück- und Zurechtweisungen gefunden und erprobt sowie sich dazu ermächtigt wird, dagegen vorzugehen.

Diskriminierungen als gesellschaftliches Problem erkennen – Ein Effekt von Gesellschaftsanalysen

Im Vorangegangenen wurde nachvollziehbar, auf welche Art und Weise sich immer wieder ein theoretisches Verhältnis zu verschiedenen Verletzungssituationen erarbeitet wird. Diese Theoretisierung ermöglicht eine Distanz, die solche Konfrontationen als gesellschaftliches anstatt als persönliches Problem verhandelbar macht.

S: [...] ich glaube, da versuch ich, also ich versuch es, möglichst wenig persönlich zu n- (.) thematisieren, sondern halt, keine Ahnung, also über die Wissenschaftsschiene meistens, weil man sich damit natürlich auch schützt, also man legt's auf 'ne andere Ebene. [...] (S 426ff)

Beschäftigungen mit queer-feministischen Theorien bilden eine Unterstützung dessen, da sie Konzepte und Begrifflichkeiten an die Hand geben, die dieser distanzierenden Bezugnahme einen Boden bereiten.

L: Also ich hab mich auch viel in der Uni damit beschäftigt und (.) auch irgendwie (.) ja, Queere Theorien und (.) merk schon, dass ich da auch einfach, eh, was wiederfinde. Und wo ich mich, also so, ich glaub, hä-, also, eh, hätte es auch diese Thematik, eh, oder diese (.) so #Butler# oder so nicht gegeben, ehm, (.) hätte ich, also so, wär das, glaub ich, auch in meinem Freundeskreis nicht so zu, Thema geworden. (L 710ff)[59]

Zurückweisungen und Selbstverständnisse der eigenen Person können folglich mit Hilfe theoretischer Beschäftigungen auf einer gesellschaftlichen Ebene verhandelt werden. Dies führt dazu, sich vor Verletzungen schützen zu können, sowie diesen nicht mehr nur passiv ausgeliefert zu sein. Denn im Rahmen einer gesellschaftlichen Einordnung wird es möglich, sich zu positionieren und Entscheidungen zu treffen. Die Gesprächspartner*innen können sich über herrschende Anforderungen erheben und sich gegen deren Erfüllung entscheiden.

Sa: Und eigentlich ist ja das, was du eben meintest, ehm, mit man will sich nicht mehr verbiegen, das ist ja eigentlich auch ne, ne Strategie, wenn man's genau nimmt, also zwar ne kleine, meine Strategie oder ich merke, ich will mich nicht mehr verbiegen (.) und die Strategie ist irgendwie, das und das zu tun, um das nicht mehr zu müssen und um (.) na ja, @(.)@ mich halt nicht mehr, v-, ve-, verbiegen zu müssen und ich selber sein zu können. (GD 448ff)

---

59 Auch Susann berichtet davon, dass neben relevanter Personen auch die theoretische Beschäftigung mit Dekonstruktivismus und ein Workshop zu dekonstruktiven Sprachpraktiken eine Auseinandersetzung mit der eigenen Person initiiert haben (S 737ff).

Hegemoniale Erwartungen – als solche erkannt – können zurückgewiesen und eine Gegenposition dazu eingenommen werden.

Deutlich wird hierin, wie die Gesprächspartner*innen innerhalb eines queeren Kollektivs handlungsermächtigende Strategien anzuwenden wissen, aber auch, wie diese fortwährend unter den Gefahren hegemonialer Mechanismen stehen, was wiederum von den Diskutierenden antizipiert werden muss. Dass sie eine solche Reflexion stets anstreben und zu dieser in der Lage sind, muss als ermächtigend gelesen werden. Denn die Gesprächspartner*innen sind sich der Bedingungen, unter denen ihr Handeln stattfindet, bewusst. Trotzdem sehen sie sich auch mit einer Komplexität konfrontiert, deren Konsequenzen sie nicht leichthin aufzulösen vermögen. Sie können aber über die Analyse und Besprechung verschiedener Strukturen und Konfrontationen Ohnmachtssituationen bearbeiten und Handlungsfähigkeit herstellen, indem die eigene Person gestärkt wird bzw. die negativen Effekte der Konfrontationen aufgefangen werden. Darüber hinaus werden mögliche Umgangsweisen entwickelt, was bedeutet, sich in zukünftigen Konfrontationen zunehmend souveräner verhalten zu können.

Insgesamt lässt sich also für die (queer-feministisch orientierte) theoretische Beschäftigung mit Gesellschaft feststellen, dass sie eine Voraussetzung sowie ein großes Potential intervenierender Vorgehensweisen darstellt. Mit ihren ermächtigenden Effekten eng verknüpft sind (politische) Positionierungen. Sie bauen auf jenen Gesellschaftsanalysen auf.

5.2.4.3 Selbstpositionierung

Mit der Selbstpositionierung ist eine Form des geschlechts- und sexualitätsbezogenen Selbstverständnisses gemeint, das zudem als politische Verortung bzw. in Verbindung mit einer solchen gedacht wird. Demnach fallen darunter die im Überblick zum methodischen Vorgehen bereits erwähnten Selbstbezeichnungen als u.a. queer, trans*, inter, lesbisch, androgyn, die zumeist im Zusammenhang mit feministischen und links (radikalen) Ansprüche stehen. Diese (politischen) Positionierungen stellen eine eigene Form der Strategie zur Selbstermächtigung dar, bilden jedoch zugleich auch eine Art Dreh- und Angelpunkt für alle anderen Strategien.

In erster Linie haben solche Selbstverständnisse und -konzepte ermächtigenden Charakter, weil sie, wie innerhalb der Gesellschaftsanalyse schon angedeutet, ermöglichen, sich gegenüber abwertenden Konfrontationen mit hegemonialen Deutungssystemen zu behaupten. Dies zeigt sich bspw. in Lucas, Susanns und Pats Beschreibungen, dass ihre Positionierungen als biografische Prozesse der Auseinandersetzung zu verstehen sind. Die drei teilen die Einschätzung, dass es eine Phase vor konkreten politischen Selbstbezeichnungen gab, in der schon ein diffuses Wissen dazu vorlag, in irgendeiner Form nicht in die Normen zu passen. Für Susann ist dies sogar zeitlebens präsent. „Es ist letztendlich was, was schon immer da ist" (S 606f). Mit der Zeit treffen die Gesprächspartner*innen aber auf relevante Personen oder bewegen sich in Zusammenhängen, die eine Reflexion sowie Auseinandersetzung mit diesem Nicht-Passen(-Wollen) ermöglichen (vgl. auch Pat 1241ff).

L: [...] also so, ich hab halt eine enge Freundin und wir haben, glaub ich, zum gleichen Zeitpunkt uns mit ähnlichen Themen einfach, also so, irgendwie mit unserem Körper auseinandergesetzt, so, und und dann, eh, haben wir 'nen Umgang mit, ach, #da gibt's doch (.) irgend wie 'ne Theorie dazu# und, ehm, (2) ja, und dann halt auch, eh, (3) ja schon über, ja so, feministische Räume (.), ehm, (2) genau. (L 835ff)

In gewisser Weise finden sich hier also die zuvor genannten Strategien des Schaffens von sozialem Rückhalts und der Gesellschaftsanalyse, jedoch in noch recht diffuser und unsystematischer Weise. Diese bereiten einen Boden, ein Selbstkonzept zu entwickeln, über das die Personen sich stärken können. Zurückweisungen brechen nicht mehr unvermittelt über sie herein, sondern werden in ihrem Funktionieren verstanden. Mit einem Selbstverständnis, das sie antizipiert, kann ihnen etwas entgegen gesetzt werden.

L: [...] Ja, und ich hab aber auch das Gefühl, dadurch, dass es s-, so, also zum Beispiel trans* ja jetzt nochmal mehr in öffentlichen, also immer mehr zunimmt in der Thematik in der Öffentlichkeit oder auch durch die Uni, das ist, ehm, Queere Theorien, also dass es so Theorie dazu gibt, und Butler und, eh, da hab ich so das Gefühl, gibt's (.) auch immer mehr schon Kontext auch. Also, so oder irgendwie auch 'ne Unterstützung auf 'ne Art. (L 685ff).

Dass es Konzepte von Selbstverortungen und Theorien gibt, die zudem eine gewisse Öffentlichkeit besitzen, unterstützt dabei, für sich selbst ein Verständnis zu formulieren, mit dem sich normierenden und normalisierenden Effekten verwehrt werden kann.

L: Was natürlich auch immer so´n ober riesen Begriff ist [bezieht sich auf „Queer-Feminismus"; A.N.]. Ehm, (2) genau, und ist aber auch ´ne Möglichkeit von ´ner Handlung, also so, macht schon auch, eh, (2) ja, also über den Begriff hab ich schon so das Gefühl, kann man (.) auch handeln, so.
I: Mmh. (2) Was meinst du damit?
L: Also so (.) einmal dadurch, dass man was benennt, dadurch kann man auch schon wieder was bestimmen und irgendwie, ehm, also so, dadurch, eh, ich benutz ihn ja auch oft und, ehm, auch in dem, was ich mache, (2) ja. (.) Genau. (2) Ja. (L 763ff).

Seinsweisen und Positionen, die zuvor unsichtbar waren, erhalten nun eine Bezeichnung und werden damit sichtbar. Zudem geht die Benennung von den Menschen aus, die sich damit selbst beschrieben fühlen. Sie eignen sich also in dem Akt der Selbstbezeichnung die Definitionshoheit an. Anstatt bezeichnet und darüber, wie bereits erwähnt, bspw. in hegemoniale Deutungsschemata integriert und damit abermals normiert zu werden, werden hier eigene Bedeutungssysteme maßgeblich. Ermächtigend wirken derlei Selbstbezeichnungen auch darüber, dass sie ein recht deutliches Verständnis der eignen Person darstellen. Die Gesprächspartner*innen entwickeln in dieser Auseinandersetzung mit theoretischen und politischen Konzepten eine klarere Vorstellung davon, wer sie sind und welche politischen Prinzipien sie für wichtig erachten. Dies bedeutet, eine gefestigte Position zu definieren, von der aus gesprochen werden kann. Diese Rolle von Selbstkonzepten findet sich auch auf der dokumentarischen Ebene in drei der vier Interviews. Alle drei Interviewten beginnen mit einer Art Selbstpositionierung.

L: Ja. (3) Ehm::, (2) genau, ich kann ja einfach mal von mir persönlich, eh, also wie, mein Zugang ist. Also, dass ich, glaub ich, einfach mich, ehm, (2) einmal geschlechtlich nicht ganz zuordnen kann, ehm, (.) oder das auch nicht wollte, zum Teil […] (L 61ff).

C: Ja, pfff, eh, (2) °schwierig° erstmal so, aber, ehm, ich (2) denke, dass ich, eh, also, nein, ich weiß, ich hab eigentlich schon immer gedacht, dass, ehm, dass ich mich weder als Frau oder als Mann fühle, sondern, und wünsche mir eigentlich auch so ´ne, man würde es als androgyne Welt bezeichnen, aber das ist auch nicht der richtige Begriff […] (C 55ff)

P: […] Also jetzt so in meinem Leben, also ich hab (2) bin da schon irgendwie häufiger mit konfrontiert, mit diesen herrschenden Geschlechterrollen oder auch Zweigeschlechtlichkeit oder Natürlich-, die vermeintliche Natürlichkeit […]. (P 71ff)

Als erste Reaktion auf die Frage nach Interventionsstrategien wählen die Interviewten den Einstieg, bei sich anzufangen. Sie verorten sich und weisen auf ihr Selbstverständnis als nicht eindeutig geschlechtlich zugeordnet, als weder Frau* noch Mann* und die damit einhergehende stetige Konfrontation, sich aber zuordnen zu sollen, hin. Sie schaffen damit gewissermaßen eine Grundlage, aus der heraus sie im Folgenden sprechen werden. Mit der hier

212

dokumentierten Situation vergleichbar muss die Rolle der Selbstpositionierung in einem allgemeineren Sinn verstanden werden.

Die Selbstpositionierung bedarf keiner konkreten abgeschlos-
senen Begrifflichkeiten.[60] Vielmehr geht es darum, überhaupt eigene Zielrichtungen und Perspektiven als legitim zu platzieren und
zugleich ein Verständnis der eigenen Person sowie der daran geknüpften politischen Ansprüche zu entwickeln und zu schärfen.

S: [...] Aber, ehm, (2) und wo ich aber angefangen hab, zum
Beispiel, dass es mir irgendwie, dass ich's schön find, wenn, ehm,
(.) also, dass ich mich, also das ist so, also, dass ich mich zum Beispiel mit diesem Unterstrich irgendwie total identifizieren kann,
also ich es ganz schön find, wenn es so angeschrieben wird, weil
ich mich irgendwie darin wohler fühle, als wenn nur die weibliche
Form geschrieben wird oder mit Binnen-I oder was auch immer. (.)
Ja. Genau. Und ich glaub, (.) ehm, joa, keine Ahnung. (2) Irgendwie so. Also (2) ich glaub, jetzt ist es sozusagen (2), also es fühlt
sich, glaub ich, an wie jetzt irgendwie 'nen, 'nen Konzept dafür
gefunden zu haben, was eigentlich schon die ganze Zeit Thema
war auch. (S 820ff).

An dieser Stelle lässt sich der zweite ermächtigende Effekt von
Selbstpositionierungen ausmachen. Denn sie entfalten einen bestärkenden Einfluss auf alle anderen Strategien. So führt die explizite Positionierung bspw. dazu, sich zunehmend in Räumen zu

---

60 Dies würde zudem den dekonstruktiven und dekategorialen queer-
feministischen Ansprüchen widersprechen.

bewegen oder sich mit anderen Menschen zusammenzuschließen, die sich in vergleichbarer gegenhegemonialer Weise positionieren.

P: […] Ehm, (5) ja, also das passiert auch, dass man sich irgendwie trifft, (.) irgendwie unterwegs ist, und dann feststellt, wie klein eigentlich so jetzt, also jetzt irgendwie als Beispiel, irgendwie Deutschland ist, also dass man sich irgendwie durch Praktika in *mittelgroße Stadt* oder *Großstadt* einfach (.), oder jetzt irgendwie auch in *andere mittelgroße Stadt* irgendwie die Szenen in Anführungsstrichen relativ klein sind und dass sich dann (.) Leute schon irgendwie treffen und, ehm, vernetzen oder einfach irgendwie nett Zeit miteinander verbringen oder (.) sich austauschen (.). Also ich hab, ja (3) das ist auch bereichernd @(.)@. (P 613 ff)

Sukzessive werden mehr und mehr Orte, die nach queerfeministischen Maßstäben funktionieren, geschaffen und miteinander verbunden. Gibt es diese Art von Orten nicht, können soziale Zusammenschlüsse auch dazu motivieren, solche Orte selber zu initiieren und zu organisieren. Damit entstehen zunehmend Räume, die jene vorab bereits beschriebenen Funktionen wie sozialen Rückhalt, Anerkennung, Austausch, Bereitstellung von Ressourcen sowie Öffentlichkeitsarbeit erfüllen. Dies unterstützt dann wiederum die eigene Positionierung. Insgesamt lässt sich hierbei also eine Stärkung queer-feministischer Netzwerke und Strukturen erkennen, die wesentlich über geteilte Selbstpositionierungen funktionieren.

Verschiedene Wege der Handlungsermächtigung

Im Wesentlichen lassen sich hinsichtlich der Handlungsermächtigung also drei zentrale Bewegungen nachzeichnen. Erstens werden mittels anderer Strategien, wie den Schutzräumen, Grundlagen geschaffen, von denen ausgehend die Gesprächspartner*innen intervenierende Handlungen vornehmen können. Hierin geht es darum, relativ verletzungsfreie Räume zu schaffen, die verschiedene Ressourcen bereitstellen, um Konfrontationen eingehen zu können. Solche Zusammenhänge bestärken die eigene Person, da hierin eine Position erarbeitet werden kann, derer sich die Einzelnen sicher sind bzw. die sie überzeugend finden. In einem zweiten Zuge bedeutet die kollektive Erarbeitung eine Bestärkung und Versicherung der eigenen Überzeugungen. Darüber hinaus bieten solche Orte die Möglichkeit, sich zu organisieren, also zusammen zu tun, und sich somit auch sichtbar zu machen.

Zweitens wird Handlungsmacht aber auch über Auseinandersetzungen innerhalb des Kollektivs erzeugt, die bspw. in solchen Schutzräumen stattfinden. Wie diese verlaufen und funktionieren ließ sich v.a. anhand der Gruppendiskussion skizzieren. Die Debatten um die Theoretisierung und Analyse gesellschaftlicher Verhältnisse sowie die Einbettung intervenierender Handlungen darin können als Dokumentation der Erzeugung von Handlungsfähigkeit und den Bedingungen dieser Herstellung verstanden werden.

Diese Auseinandersetzungen sind drittens eng an die Entwicklung politischer Selbstverständnisse und Positionen gekoppelt. Sie erwachsen aus der zunehmenden Beschäftigung mit Gesellschaftsanalysen und Begegnungen innerhalb queerer Sozialräume. Umgekehrt stellen diese wiederum wichtige Dreh- und Angelpunkte der verschiedenen handlungsermächtigenden Strategien dar. Denn eine dezidierte Positionierung ermöglicht, u.a. mehr Zusammenhänge aufzusuchen, die den geschilderten sozialen Rückhalt bedeuten oder sie sogar zu schaffen, wenn es sie nicht gibt sowie sich zunehmend analytisch mit gesellschaftlichen Verhältnissen auseinanderzusetzen. Außerdem bedeutet die Entwicklung eines politischen Selbstverständnisses, sich als politisch handelndes Subjekt zu verstehen, und darüber gezielt Einfluss auf gesellschaftliche Veränderungen nehmen zu wollen/zu nehmen.

In dieser starken Kopplung von Gesellschaftsanalysen und Interventionsstrategien zeigt sich deutlich, dass *queer* zwar auch als identitäre Selbstbezeichnung fungiert, primär aber ein politisches Konzept ist und insofern Selbstermächtigung befördert. Welche Charakteristika das Konzept innerhalb des empirischen Materials kennzeichnen, werde ich im Folgenden skizzieren.

Queer als ein politisches Konzept[61]

Zentrales Merkmal der Selbstbezeichnungen ist, dass eine Vielzahl normalisierender und normierender Effekte hegemonialer Bedeutungsproduktionen antizipiert werden. Im Fokus stehen

---

61 Nicht alle Gesprächspartner*innen würden sich selbst als queer bezeichnen, wie innerhalb des Überblicks zur methodischen Vorgehensweise bereits geschildert wurde. Jedoch werden von allen vergleichbare – und unter einem Verständnis von queer lesbare – dekonstruierende Ansprüche vertreten. Insofern ist die Subsumierung unter den Begriff *queer* meiner Ansicht nach vertretbar und notwendig, um die für meine Fragestellung relevanten Zusammenhänge über die Arbeit hinweg nachvollziehbar zu machen.

grundlegende Funktionsmechanismen hegemonialer Bedeutungsproduktionen. So wird sich bspw. gegen die normalisierende Integration der eigenen Positionierungen gewehrt. Ein Kontext, indem dies geschieht, ist der CSD, bei dem Selbstverständnisse eingebracht werden, die mit Bildern von normalisierten *Anderen*, wie „Vorzeige-Lesben", brechen. Weiterhin resultieren daraus auch Kritiken an LGBT*IQ-Zusammenhängen selbst. So werden bspw. Cis-Männer, die auf queeren Partys einen „mackerhaften" Habitus ausleben (GD 2094ff), queere Veranstaltungen, die letztlich doch heteronormativ sind (C 663ff) oder Mitarbeiter*innen, die ihre eigene Homosexualität nicht thematisieren (GD 2580ff) bemängelt. Zentral an queer-feministischen Perspektiven und Ansprüchen sind für die Gesprächspartner*innen ihre herrschaftskritischen und links (radikalen) Implikationen.

C: […] Feminismus und queer kommt für mich aus ′ner linkspolitischen Ecke und bedeutet für mich nicht, ehm, (2) also auf (.), umgekehrt, es gibt in *Großstadt* viele qu-, in Anführungszeichen queere Veran- staltungen, die reine Heteroveranstaltungen sind, wo die Leute nur nichts dagegen haben, wenn sich zwei Frauen küssen oder zwei Männer küssen, aber (.) es ist trotzdem ′ne komplett heteronormative, ehm, Ver-, ′n heteronormatives Verhältnis zu einan-der, was die Leute zum Beispiel auf der Tanzfläche dann zeigen oder wie auch immer und das ist für mich nicht queer, sondern queer bedeutet für mich eigentlich, ehm, ′ne (.) eher ′ne linkspolitische Ausrichtung, die alle Herrschaftsverhältnisse in Frage stellt. (C 659ff)

Es gehe darum, die eigene Position innerhalb gesellschaftlicher Machtverhältnisse zu reflektieren (P 318ff), um (Re-) Produktionen von Herrschaftsverhältnissen, wie die erwähnten innerszenischen, zu vermeiden oder zu vermindern.

Als dezidiert politisches Konzept, das so eng an persönliche Betroffenheit gebunden ist, schließt an dieser Stelle außerdem an, sich von einem Verständnis zu distanzieren, das *queer* als einen Lebensstil definiert. Denn *queer* sei auch zu einem Modebegriff avanciert (C 631), der mit Partys assoziiert werde (S 508ff). Es gibt eine Vielzahl von Veranstaltungen, die zwar als queer bezeichnet, in denen jedoch selbstverständlich herrschende Normen der Zweigeschlechtlichkeit und Heterosexualität perpetuiert werden (C 663ff).

In seiner Konzeption lege der Begriff darüber hinaus nahe, als Akt „gewählter Entscheidung" (S 65) zu erscheinen. Es handelt sich zwar um ein politisches Konzept, aber die Verortung darin ist kein Prozess *freier* politischer Meinungsbildung. Dies würde den elementaren Charakter, den diese Selbstpositionierung mit sich bringt, verkennen.

> S: [...] Also (.) nicht mit de::r (2), ja, mit dem, letztendlich mit der K-, wird der, ehm, (.) ja doch irgendwie tiefen Konsequenz, die es für das Leben hat. (S 558ff)

Das weist in dieselbe Richtung, wie die Feststellungen am Anfang des Analysekapitels. Voraussetzung für queer-feministische Interventionen sind die Konfrontationen der Gesprächspartner*innen mit hegemonial strukturierten Kontexten. Somit ist es innerhalb der Selbstpositionierung als *queer* oder in der Auseinandersetzung mit solchen Verortungen zentral, jene enge Kopplung an die Betroffenheit präsent zu halten. Denn es handelt sich nicht um ein Konzept, für das sich einfach entschieden bzw. das einfach angenommen und wieder abgelegt werden kann.

Bemerkenswert ist in diesem Zusammenhang, dass trotz der Klarheit in Bezug auf den Status der Positionierung/des Konzeptes *queer* damit keine konkreten Zielperspektiven verbunden sind. Vielmehr gibt es eher Prinzipien, an denen sich die Aushandlungen und Vorgehensweisen ausrichten. Dazu gehören Maßstäbe wie ein Nicht-Festgelegtsein, um dem Dekonstruktionsanspruch gerecht zu werden und somit neuerliche Kategorisierungen zu vermeiden (GD 1771ff). In der Frage, wofür Strategien angewandt werden, also worauf diese abzielen, werden die Beschreibungen allerdings diffus.

Sa: └Ich überleg die ganze Zeit

O: Haben wir einfach keine Antwort.┘

Si: Ne. @(2)@ └Mehr selbstlos.

Sa: was denn eigentlich┘ , was eigentlich das Ziel ist. Also ich mein, was ist denn mein Ziel, wenn ich jetzt irgendwie Geschlechterverhältnisse, ehm, verändern will oder irgendwie eingreifen will? Was ist denn mein Ziel? Ist es mein Ziel, einfach nur mal einzugreifen und zu irritieren oder (2) oder will ich gleich die Weltrevolution? Also ich mein, das ist ja (.)

Si: Mmh.

F: └Also mein Ziel ist

Sa: der Kontext┘

Si: Mm.

F: ich will mehr Platz haben. (2)

Si: Platz?

F: Ja.

Si: Mmh.

Sa: Für was denn? Für was brauchst du denn Platz?

einige: (lachen)

F: Wofür brauchst du denn Platz? Ja, das, eh, (.) da hast du mich gut erwischt. (GD 2501ff)

So hält Frauke, wie innerhalb der Beschreibungen des Charakters von Strategien bereits wiedergegeben, an anderer Stelle zudem fest, dass Veränderungen selten gezielt angestoßen wurden. Häufig seien sie eher daraus hervorgegangen, dass Leute sich nicht mehr „verbiegen" wollten (GD 403ff). Dies verweist abermals darauf, dass queer-feministische Strategien sich v.a. auf alltäglich wiederkehrende Konfrontationen im Nahbereich beziehen. Es geht weniger darum, von langer Hand geplante Interventionen anzuwenden und damit bestimmte Zielperspektiven zu verfolgen. Aufgabe ist es vielmehr, immer wieder Schritt für Schritt in den einzelnen Begegnungen mit Hilfe der Reflexion gesellschaftlicher Verhältnisse und einer dezidierten politischen Haltung die Legitimität der eigenen Seinsweise gegen die drückende und zwingende Last hegemonialer Strukturierungen zu behaupten sowie Handlungsmacht zu erlangen. Insofern erscheint Pats am Anfang zitierte Feststellung, dass Interventionsstrategien weniger „krasse Aktionen" darstellen, mit denen der „Tagesordnungspunkt" der Dekonstruktion von Zweigeschlechtlichkeit verfolgt würde, sondern vielmehr als Nachdenken und Reflexion verstanden werden müssen, paradigmatisch.

5.2.4.4 Das gelungene Aufrechterhalten von Handlungsmacht – Eine Erfolgsgeschichte

Wie im Vorherigen bereits mehrfach angedeutet, scheinen die Situationen gelungener Interventionen eher rar. Im Interview mit Pat kommt es allerdings zu einer ausführlichen narrativen Entfaltung einer als gelungen empfundenen Begebenheit. Diese nimmt auf Grund ihrer Bedeutung einen relativen großen Teil des Interviews ein. Da es sich um die einzige Erzählung einer Konfrontation handelt, die derart als gelungen empfunden wurde, und diese m.E. eindrucksvoll die Wirkmechanismen der zuvor beschriebenen Strategien aufzeigt bzw. auf die notwendigen Bedingungen für ein *Gelingen* von Interventionen verweist, möchte ich sie hier genauer betrachten.

Pat berichtet davon, dass sie*er ein Friseurgeschäft besucht hat, um sich die Haare schneiden zu lassen. Von Anfang an scheint es dabei ein Problem zu sein, dass die Friseurin* sie*ihn nicht eindeutig einem der als binär gedachten Geschlechter zuordnen kann. Die* Friseurin* fragt deswegen nach, ob Pat ein Mann oder eine Frau sei. Pat verweigert jedoch ihre*seine Zuordnung, indem sie*er fragt, warum die Person das wissen wolle. In der weiteren Interaktion hat Pat das Gefühl, dass die Friseurin* über Umwege versucht, Hinweise auf Pats Geschlecht zu bekommen. So fragt sie* bspw. nach den Styling-Gewohnheiten. Offensichtlich bereitet ihr* die Uneindeutigkeit Probleme insbesondere hinsichtlich ihrer* Berufspraxis. Auf Grund der Vergeschlechtlichung von Haarschnitten fällt der Friseurin* laut Pat das Schneiden schwer. Beim Bezahlen wird diese Problemlage erneut offenkundig. Die Friseurin* ist damit überfordert, den Haarschnitt abzurechnen. Denn je nach geschlechtlicher Zuordnung der Frisur müssen unterschiedliche Preise bezahlt werden. An dieser Stelle versucht sie* erneut, Pat eine Zuordnung zu einem Geschlecht abzuringen. Pat löst die Situation aber nicht auf, indem sie*er der Anforderung gerecht wird. Stattdessen bezahlt sie*er den möglichen Höchstpreis, um die Dienstleistung angemessen zu entlohnen, ohne sich aber in geforderter Weise einzuordnen.

Als Erfolg wertet Pat diese Geschichte, da sie*er die Situation nicht als verletzend wahrgenommen hat, sondern in ihrer Person und ihren*seinen Deutungsmustern gestärkt aus dieser heraus gehen konnte.

P:[...] Ehm, (2) ja. Und deshalb gelungen, in der Hinsicht, weil sie an dem Tag mich nicht getroffen hat, sondern in die Kategorie Hihi @(.)@ gerutscht ist. Und das war dann gelungen. (P 983)

Entgegen vieler vorheriger Begegnungen hat die Konfrontation mit ihren Zurechtweisungen und dem Druck geschlechtlicher Zuordnung kein Unbehagen erzeugt, sondern erscheint auf Grund des Gelingens nun sogar belustigend.

Dies hat Pat jedoch einiges abverlangt. So musste sie*er Abwehr aushalten und die Position, die sie*er für richtig hält, gegen Widerstand behaupten.

222

P: Ja, also, ich hab nicht, ich musste mich, also ich hab mich verhalten, also ich musste mich verhalten (.). Ich weiß nicht, ob das Ganze funktioniert hätte, wenn ich einfach nichts gesagt hätte, aber dieses, ja, sag ich nicht […] (P 856ff)

Abermals zeigt sich hier, dass Pat in eine Situation gerät, zu der sie*er sich verhalten m u s s. Sie*er musste zweimal aussprechen, dass sie*er sich keinem Geschlecht zuordnen wird sowie zwischendurch verschiedene unangenehme Momente ertragen, um die für sie*ihn wichtige Nicht-Festlegung präsent zu halten und den hegemonialen Anforderungen nicht nachzugeben.

Darüber gelang es Pat aber die Abwehr/Irritation gewissermaßen umzukehren. Statt sich dem Druck zu beugen, was ihr*ihm Unbehagen bereitet hätte, schaffte sie*er es, dieses Unbehagen gewissermaßen an ihr*sein Gegenüber abzugeben. Die Friseurin* muss nun eine Verortung aushalten, die sie* als unangenehm empfindet.

P: […] es war dann auch nachher sehr spannend, weil die Sache an der Kasse, das Abrechnen, das war definitiv vor Publikum. Also da la-, saßen Leute drum rum, die uns beobachtet haben, und, ehm, ja, (.) die arme Frau, eigentlich, aber, na ja, muss sie #durch# @(.)@. Also muss, ich auf der anderen Seite muss ja auch durch […] (P 860ff)

Zugleich kann Pat sich dem Druck nicht gänzlich entziehen. Auch nachträglich muss sie*er sich der Legitimität dessen innerhalb der Erzählung erneut versichern. Es ist ihr*ihm unangenehm, die Friseurin*in eine solche Situation, die zudem noch in einer gewissen Öffentlichkeit stattfand, gebracht zu haben.[62] Neben der Selbstvergewisserung liegt in diesem Interesse an dem Befinden der Friseurin* aber auch ein Vermittlungsversuch verschiedener Ebenen. Denn Pats Gegenwehr zielt auf gesellschaftliche Ebenen, die in diesem Fall auf einer Mikroebene ausgehandelt werden müssen. Insofern steht die einzelne Person weniger im Fokus. Nicht die Friseurin* soll zurückgewiesen werden, sondern die Normen und Normalitäten, die sie (re-)produziert. Deswegen versucht Pat, die entstandene Disharmonie an anderer Stelle auszugleichen, indem sie*er sich – entgegen ihres*seines sonstigen Verhaltens in Situationen des Haareschneidens – auf die in diesem Zusammenhang üblichen Gesprächsgewohnheiten einlässt. Auch auf einer thematischen Ebene versucht sie*er eine gewisse Nähe herzustellen.

P: [...] also im Gegensatz zu, wie sie vorher zu den, mit den vorher gesprochen hatte, hat sie mit mir relativ wenig gesprochen, hat dann an-, hat dann nachher irgendwie über den Weihnachtsmarkt erzählt und ob ich denn schon da war und, weil ich irgendwie gemerkt hab, dass es (.) also, eh, dass die Situation irgendwie mit dem, mit der Geschlechterfrage am Anfang noch nicht ganz raus ist, hab ich dann sogar mit geredet irgendwie über den Weihnachtsmarkt und hab, glaub ich, sogar auch ein bisschen gelogen, dass ich ja auch schon irgend   wie da war und so, einfach, um ein bisschen Small Talk zu machen [...].   (P 882ff)

---

62 Eine ähnliche Situation von Simone mit einer Kollegin* fand in Kapitel 5.2.3 bereits Erwähnung.

In dem Bestreben zu harmonisieren liegt aber nicht nur ein Interesse an dem Befinden der Friseurin*. Es zeigt zudem, wie Pat sich strategisch anpasst. Weil sie*er bereits auf vergeschlechtlichter Ebene provoziert und Abwehr und Zurechtweisung erfahren hat, versucht sie*er nun hinsichtlich anderer Dimensionen einen intelligiblen Status zu erringen. Sie*er schließt sich dem angebotenen Gesprächsthema an und behauptet selbst schon auf dem Weihnachtsmarkt gewesen zu sein. Damit gibt Pat nicht nur vor, sich über dieselben Themen unterhalten zu wollen, sondern auch lebensweltlich der Friseurin* in gewisser Weise nahe zu sein, da sie*er gemeinsame Freizeitgestaltung suggeriert. Darüber erscheint der Grad der Konfrontation und damit auch das Maß der erfahrenen Abwehr verringert.

Aus welchen Gründen Pat es schafft, diese Situation zu einer gelungenen zu machen, bleibt ein wenig diffus.

P: […] ja, ich glaube, was, was ich irgendwie damit gerad sagen will, dass Verletzungen, wie ich das gerade sage ja, ehm, unterschiedlich sind, wie die aufgenommen werden. Das ist ja tagesform- oder personenabhängig und, ja. Und das muss auch nicht immer belasten, sondern das kann auch irgendwie (.) nett @(.)@ sein. […] (P 716ff)

Erwähnung findet hier erneut die Einschätzung, dass das Gelingen von der situativen Stimmung und den anderen beteiligten Personen abhängt. Darüber hinaus unterstreicht Pat, wie wichtig ein sozialer Rückhalt dafür ist.

P: [...] ja, um das machen zu können, würd ich jetzt wieder sagen, ist es wichtig, 'n Background zu haben, also zu wissen, (.) ehm, ja, ganz blöd, aber, du bist nicht allein, es gibt Leute und (.) Sicherheit und, ehm, (2) wenn was schief läuft und da kann man jetzt wieder sagen, es wird was schief laufen, weil da ist die Welt einfach (.) °noch sehr groß°, ehm, (.) einfach drauf vertrauen zu können, dass es (.) dass man irgendwie sich fallen lassen kann oder dass man Rückendeckung hat [...] (P 763ff)

Der soziale Rückhalt bringt für Pat Sicherheit und Bestärkung mit sich. Hier fühlt Pat sich aufgehoben und dahin kann sie*er sich zurückziehen, wenn solche Interventionsversuche misslingen.

Resümierend lässt sich hinsichtlich dieser Begegnung festhalten, dass sie zu einem Erfolg wurde, da Pat – entgegen einer Vielzahl anderer Erfahrungen – den Erwartungen und Zurechtweisungen etwas entgegen setzen sowie ihre*seine Deutungsschemata präsent halten und als gültig behaupten konnte.

I: Und hast du 'ne Idee dazu, [...] was das, die Situation so gelungen macht?
P: Dass ich eigentlich in Anführungsstrichen als Sieger*in aus der Sache raus gegangen bin. Also, ehm,(.) also in meiner °Geschichte°, dass immer (2), ja eigentlich ich nicht sehr gut damit umgehen konnte oder   gehen kann, eh, geschlechtlich uneindeutig irgendwie durch die Welt zu laufen, und, ehm, (.) oder mir irgendwie, ehm, mir irgendwie 'ne Geschlechtszuschreibung gegeben wird, die nicht mit mir überein- stimmt. [...] aber, dass es mich auf jeden Fall nicht belastet hat. [...] das war 'ne Situation, (.) wo ich

dachte, ja, ne, nicht ich hab mich irgendwie dem, eh, System in:, in: Anführungsstrichen irgendwie (.) angepasst und hab irgendwie erzählt, damit sie irgendwie das mit ihrer Kasse richtig machen kann, sondern, ehm, ich bin in Anführungsstrichen stark geblieben und hab gesagt, ja, ne (.), das ist dein Ding, da hab ich nichts mit zu tun (.), […] aber den Rest, klär das mit dir oder mit deinem Chef oder mit deiner Chefin oder mit deinen Kolleg*innen (.), aber das ist nicht meins, und ich glaub das war diese Situation da irgendwie (.), ja (2) dem Laden, der Person ja an sich, aber die tat mir ja auch #ein bisschen leid#, irgendwie so 'n Streich gespielt zu haben, also einfach so, ja (.), seht ihr mal, das funktioniert nicht. […] (P 922ff)

Pat hat sich den Forderungen trotz des Drucks nicht gebeugt, sondern die Spannungen, die aus der Nicht-Erfüllung herrschender Normen entstanden sind, an ihr Gegenüber übertragen. Statt diese als Ambivalenzen für sich und an der eigenen Person entlang zu verhandeln und damit davon verletzt werden zu können, wird die Diskrepanz nach außen abgegeben. Dies gelingt nicht gänzlich. So versucht Pat die Spannungen, die daraus erwachsen, zwischendurch zu harmonisieren. Insgesamt empfindet Pat sich allerdings als Sieger*in der Situation. Denn sie*er konnte in einer Konfrontation, in der sie*er sonst häufig ohnmächtig ist, handlungsfähig sein.

6 (Gelingens-)Bedingungen queer-feministischer Interventionsstrategien – Schlussfolgerungen

Ziel meiner Arbeit ist es, Formen und Bedingungen queer-feministischer Interventionen ausfindig zu machen. Dazu habe ich innerhalb des theoretischen Teils eine queer-feministisch informierte Analyseeinstellung entwickelt, mit deren Hilfe ich in der empirischen Betrachtung Perspektiven von Intervenierenden selbst rekonstruieren konnte.

In den folgenden Schlussbetrachtungen werde ich zusammenfassend darstellen, welches abstrahierende Verständnis queer-feministischer Interventionen sich aus der empirischen Analyse ergibt, worin ihr gesellschaftsveränderndes Potential zu sehen ist und welche Bedingungen dieses befördern können. Dazu werde ich eingangs resümierend darstellen, wie grundlegend die hier untersuchten Interventionen an Problemkomplexe, die aus Konfrontationen mit hegemonial strukturierten Kontexten hervorgehen, gebunden sind und wie sehr dies ihre Form prägt (Kapitel 6.1). Daran anschließend ergeben sich für die Strategien zwei übergeordnete Effektrichtungen. Zum einen stellen sie einen auf Bewältigung abzielenden Umgang mit den jeweiligen Problemkomplexe dar (Kapitel 6.2). Zum anderen entfalten sie darin produktive Momente, die Deutungen verschieben, Konfrontationen verändern, gestaltend wirken und somit gesellschaftsverändernde Potentiale mit sich bringen (Kapitel 6.3). Um jene Momente nachvollziehen zu können, werde ich in einem ersten Schritt (Kapitel 6.3.1) darstellen, in welchen verschiedenen Facetten der Interventionen produktives Potential liegt. In erster Linie resultiert es aus einer spezifischen Bewegung, die sich zwischen der in kollektiven Praxen entfaltenden dezidierten Herrschaftskritik und der damit einhergehenden Entwicklung alternativer Subjektivierungsweisen aufspannt. Produktives Potential gründet darüber hinaus in der spezifischen Form der Strategien als alltägliche, lokale, situative Auseinandersetzungen. Inwiefern diese produktiven Wirkungen Potential zur Gesellschaftsveränderung bedeuten, werde ich darauf folgend anhand der spezifischen Politikform queer-feministischer Strategien und ihrer Implikationen auf hegemonietheoretischer Ebene diskutieren (Kapitel 6.3.2). Abschluss bildet ein Ausblick dazu, welche Schlüsse sich hinsichtlich der Frage nach katalysierenden Bedingungen für queer-feministische herrschaftskritische Praxen ergeben, wo Lücken und blinde Flecken liegen und was dies für zukünftige queer-feministische Auseinandersetzungen bedeutet (7. Kapitel).

6.1 Ausgangspunkt: Problemkomplexe

In der empirischen Untersuchung zeigte sich, dass verschiedene Problemkomplexe, die sich aus den Konfrontationen mit hegemonial strukturierten Kontexten ergeben, Voraussetzung und zugleich begrenzender Horizont queer-feministischer Interventionen sind. Als ein politisches Konzept, das überhaupt erst auf Grund solcher Diskriminierungserfahrungen und der Erkenntnis, dass es sich bei diesen um Effekte herrschaftsförmiger Verhältnisse handelt, entwickelt wurde, erscheint die Feststellung dieser engen Verbindung banal. Herauszustreichen ist daran allerdings, wie d i r e k t die Verknüpfung ist. Denn die intervenierenden Vorgehensweisen stellen zumeist direkte – unverzügliche, aber auch nachhaltig angelegte – Reaktionen bzw. Umgangsweisen mit solchen Situationen dar. Besonders relevant ist in diesem Zusammenhang, dass die Gesprächspartner*innen den Konfrontationen kaum entgehen können. Sie müssen sich geradezu dauerhaft und überall strategisch zu ihnen verhalten. Dies widerspricht der im akademisch-theoretischen Teil u.U. entstandenen Eindruck, dass es sich bei queer-feministischen Interventionen in erster Linie um Akte politischen Widerstands handelt. Queere Praktiken und Ansprüche stellen zwar herrschaftskritische politische Akte, jedoch nicht *frei* gewählte dar. Erst im Laufe der zunehmenden Bewältigung der Problemkomplexe, die zumeist kollektiv erarbeitet wird, entsteht ein systematisches Verhältnis zu den Konfrontationen. In diesen werden die gesellschaftlichen und politischen Dimensionen dessen für die Gesprächs-partner*innen erkennbar und erfahren verstärkt eine eigene Bedeutung. Die persönliche Betroffenheit wird somit zum

230

Motor der Interventionen, die sich gewissermaßen erst im Verlauf kollektiver Bearbeitungen mit politischen Zielsetzungen verbinden.

Demnach bilden die Begegnungen mit hegemonialen Verhältnissen als negative Erfahrungen Grundbestandteile queerfeministischer Interventionsstrategien und müssen als Charakteristikum in der Konzeption dieser stets präsent und sichtbar gehalten werden. Es werden zwar auch wenige positive Erlebnisse in hegemonial strukturierten Kontexten geschildert, diese nehmen jedoch in den Gesprächen keine nennenswerte Rolle ein. Sie zählen also nicht zum kollektiven Wissensbestand oder geteilten Erfahrungshintergrund. Die positiven Einschätzungen solcher Begegnungen und die ausführlich beschriebene Erfolgsgeschichte werden eher als Ausnahmeerscheinungen aufbereitet. Außerdem muss ihr Gelingen in der Situation selbst oder in der nachträglichen Betrachtung erst erarbeitet werden.

Daraus resultiert eine Auffassung intervenierender Vorgehensweisen, die diese weniger als gezielt, sondern vielmehr als unvermeidlich bestimmt, da die Gesprächspartner*innen zumeist nicht wählen können, ob sie sich zu den Begegnungen verhalten wollen oder nicht. Sie müssen unweigerlich einen Umgang mit den negativen Effekten finden. Auf der Ebene konkreter Vorgehensweisen führt dies dazu, dass sich eine Vielzahl der Interventionen weniger in einem gezielten, geplanten Sinne abspielen. Es handelt sich vielmehr um Formen wiederkehrender spontaner Auseinandersetzungen im Nahbereich der Intervenierenden, wobei versucht wird, die stets negativen Wirkungen der Konfrontationen, zu vermindern, positiv zu wenden bzw. sie zu bewältigen und sich selbst zu ermächtigen.

Nicht zu vernachlässigen ist in diesem Zusammenhang, dass ich anschließend an meine dezidiert auf die *Übergänge* zwischen hegemonial und alternativ strukturierten Kontexten fokussierende Forschungsfrage den Blick eben genau auf jene wenig strukturierten Begegnungen gelenkt habe. In Bezug auf die hier dargestellte Relevanz der Problemkomplexe muss also mit bedacht werden, dass das methodische Vorgehen einen Teil zu jener Schwerpunktsetzung beigetragen hat. Zugleich lässt sich aber in den autonom gestalteten Passagen erkennen, wie die Gesprächspartner*innen auch von sich aus immer wieder Bezug auf die Problemkomplexe nehmen oder im Falle der Gruppendiskussion jene Passagen zu den besonders dichten und interaktionsreichen Schilderungen gehören. Zudem beruht die Charakterisierung jener Begegnungen, nach der diese als ausdrücklich problembehaftet angesehen werden, auf den Darstellungen der Gesprächspartner*innen.

Ausgangspunkt intervenierender Praktiken und Grundlage, entlang derer sie sich abarbeiten, sind demnach als gewaltsam, regulierend und zurechtweisend erfahrene Begegnungen mit hegemonial strukturierten Kontexten. Daran anschließend ergeben sich im Wesentlichen zwei zentrale Stoßrichtungen, die interventionistisches Handeln organisieren: eine eher reaktive Tendenz, in der die negativen Wirkungen der Problemkomplexe bewältigt oder zu vermindert versucht werden bzw. die Gesprächspartner*innen sich selbst ermächtigen. Daneben gibt es eine mehr produktive Neigung, in der sich aus der engen Verbindung und den begrenzenden Wirkungen erhoben wird, indem alternative Entwürfe entwickelt, gestaltet und gegenüber hegemonialen Deutungssystemen behauptet werden. Insbesondere in diesen Momenten liegt gesellschaftsveränderndes Potential.

Jene Trennung in zwei übergeordnete Stoßrichtungen, die mit intervenierenden Praktiken verfolgt werden, bedeutet nicht, dass alle Vorgehensweisen entweder der einen oder der anderen zugeschrieben werden können. Wie im vorangegangenen Abschnitt zu den einzelnen Orientierungsfiguren ersichtlich wurde, handelt es sich stets um komplexe Verschränkungen, die zumeist verschiedene Zielperspektiven zugleich verfolgen. Auch ist die Aufteilung der beiden Stoßrichtungen nicht trennscharf und zu diskutieren. Denn die Effekte der Interventionen tendieren zumeist nicht in nur eine Richtung. Die von mir vorgeschlagene Gliederung ist also als eine heuristische zu verstehen, mit der ich beabsichtige, die Ergebnisse zu abstrahieren, zu ordnen und eine Grundlage für eine weiter zu führende Diskussion zu entwerfen.

6.2 Reaktive Wirkungen – Versuche der Bewältigung

Anknüpfend daran, dass die Effekte regulierender Bedeutungsproduktionen in alltäglichen Interaktionssituationen fortwährend direkt und unweigerlich für die Gesprächspartner*innen spürbar sind, zeigt sich ein Bild von Strategien als Versuch, Bewältigungsmöglichkeiten solcher Konfrontationen zu finden bzw. zu entwickeln. Bewältigung meint in diesem Zusammenhang nicht, die Problemkomplexe auflösen zu können. Es handelt sich vielmehr um Entwürfe von Umgangsweisen, mittels derer die negativen Effekte der persönlichen Verletzungen und Zurechtweisungen verringert werden.

Der Versuch der Bewältigung ist damit direkt auf die Regulierungen, Delegitimierungen, Verletzungen und Zurechtweisungen, die aus den Problemkomplexen der Begegnung mit herrschenden Strukturierungen erwachsen, bezogen. So zielt ein Teil der Strategien – das Eingehen von Auseinandersetzungen und jene, die auf Schutz abheben – u.a. auf die Legitimierung der eigenen Sprecher*innenposition sowie der Sichtbarkeit und auf die Abwehr von bzw. den Schutz vor Verletzungen. Auch richten sich einige, wie die Irritation oder die Gesellschaftsanalyse, darauf, die Stabilität von Herrschaftsverhältnissen zu dekonstruieren. Daneben wird sich den regulierenden Effekten durch Anpassung, Rückzug und dem Schaffen queerer Kontexte, wie Schutzräume, entzogen. Diesbezüglich streben die Bewältigungen also in erster Linie nach der Verminderung und/oder einem Aufbrechen von Regulierungseffekten, um weniger persönlich davon betroffen zu sein. Im Falle der Orientierungsfigur des Erarbeitens von Verständnis, ist dies zudem stark mit Ebenen sozialer Anerkennung verbunden. Besonders wichtig ist die Dimension der Anerkennung außerdem im Zusammenhang mit queeren Kontexten, Netzwerken und losen Verbindungen. Hier funktioniert die Bewältigung eher in einem kompensatorischen Sinne. Es geht darum, die Anerkennung, die in hegemonialen Kontexten verwehrt bleibt, in alternativen Kontexten zu schaffen und zu erfahren. Zudem können sich die Gesprächspartner*innen in solch einem alternativen Umfeld ihrer selbst vergewissern, fühlen sich bestärkt, finden Trost und können Handlungsoptionen entwickeln. Insofern sichern diese auf die Verminderung von Betroffenheit oder auf Kompensation mangelnder Anerkennung zielenden Strategien der Bewältigung insgesamt die persönliche Integrität ab.

Im Zuge der theoretisierenden und politisierenden Reflexion sowie der kollektiven Bearbeitung wird diese tendenziell bewältigende Ausrichtung zu einer zunehmend strategischen. So versetzen die Problemkomplexe die Gesprächspartner*innen, wie beschrieben, häufig in verschiedenerlei Hinsicht in Handlungsohnmacht. Denn den Gesprächspartner*innen wird die Möglichkeit des Handelns entzogen, indem ihnen Anerkennung und Legitimität verweigert wird und darüber, dass die Problemkomplexe so stabil, beständig und unüberschaubar, also übermächtig und unveränderbar wirken. Mittels der Theoretisierungen und Politisierungen, die durch kollektive Bearbeitungen ermöglicht und befördert werden, lassen sich jene hegemonialen Effekte jedoch in selbst ermächtigender Weise umarbeiten. Die Intervenierenden versetzen sich in die Lage, eine Distanz zu den personifizierenden Effekten hegemonialer Verhältnisse zu entwickeln. Darüber erreichen sie Handlungsfähigkeit und eine Systematisierung der eigenen Handlungen. Nachvollziehen lässt sich diese Wirkung u.a. an der Orientierungsfigur des Abschätzens von eigenen Ressourcen und Erfolgsaussichten der Situation. Die Gesprächspartner*innen nehmen ein kalkulierendes und damit sich über die im Grunde unkontrollierbare Konfrontation erhebendes Verhältnis ein. In dieser Distanz wird es, wie bereits aufgezeigt, möglich, die eigene Verletzbarkeit in Relation zu den Bedingungen der Situation einzuschätzen und darüber zu verringern, dass in gewisser Weise Entscheidungsgewalt über die Situation erlangt wird. Mit Hilfe der verschiedenen strategischen Vorgehensweisen werden in erster Linie negative Effekte abgewehrt oder vermindert. Sie bringen aber immer auch schon selbst ermächtigende Momente mit sich. Dies kann, wie im Falle der Anpassung, zwar einen stark von den hegemonialen Zurechtweisungen überformten Charakter annehmen. Gelesen werden muss dies aber ebenso als ein Prozess, in dem die Gesprächspartner*innen zunehmend zu Handelnden werden, die sich bewusst für oder gegen einzelne Vorgehensweisen entscheiden, sie anwenden, reflektieren und weiterentwickeln. Die Begebenheiten widerfahren ihnen nicht mehr nur unweigerlich, sondern werden teilweise zum Gegenstand eigener Entscheidungen. Die verlorene bzw. die verweigerte Handlungsfähigkeit wird sich von den Gesprächspartner*innen folglich mühsam zurück erkämpft.

Diese Distanz schaffenden Auseinandersetzungen sind permanent vonnöten. Denn die Problemkomplexe und die daraus resultierenden Regulierungen reproduzieren sich beständig, sodass die Distanzierung immer wieder aufs Neue hergestellt werden muss. In theoretisierenden Auseinandersetzungen führen sich die Gesprächspartner*innen (immer wieder)vor Augen, dass es sich bei den persönlichen Erfahrungen um gesellschaftliche Diskriminierungen und somit um gesellschaftspolitische Probleme handelt, gegen die sie sich politisch wehren können und wollen. Dies geschieht in der Regel in einem kollektiven Rahmen. Nur über eine dauerhafte kollektive Beschäftigung können das erarbeitete politisierte Selbstverständnis, das zur Bewältigung verhilft, sowie der damit verbundene Anspruch, politisch eingreifen zu wollen, aufrechterhalten und weiterentwickelt werden.

In eben jener Bewegung der Politisierung der eigenen Diskriminierungserfahrungen und des Handelns gegen diese kristallisiert

m. E. das produktive und weitergehend gesellschaftsverändernde Potential queer-feministischer Interventionen.

6.3 Produktive Wirkungen – Herrschaftskritik, alternative Entwürfe, politische Kämpfe

6.3.1 Produktive Momente der Interventionsstrategien

Kennzeichen queer-feministischer Interventionen – Das produktive Potential der Politisierung

Potentiell gesellschaftsverändernd wirken die Interventionsstrategien darüber, dass die Problemkomplexe im Zusammenhang mit der Politisierung zunehmend als gesellschaftliche Probleme wahrgenommen werden und damit überhaupt als politisch anfechtbar erscheinen. Die Strategien erweisen sich in diesem Zusammenhang nicht mehr „nur" als Bewältigung und Ermächtigung, sondern mit ihnen wird im Zuge eines zunehmend politisierten Verständnisses der eigenen Position vermehrt das Ziel verbunden, gesellschaftsverändernd zu intervenieren. In Abgrenzung zur bewältigenden/ermächtigenden Tendenz kann dies als produktives Potential queer-feministischer Interventionen gefasst werden, insofern sie sich nicht ausschließlich auf die eigene Person, sondern auf gesellschaftspolitische Dimensionen richten. Dies bereitet weitergehend den Boden für gesellschaftlichen Wandel, weil die Problemkomplexe überhaupt als Terrain politischer Auseinandersetzungen begriffen werden und nicht mehr unverrückbar erscheinen. Daran anknüpfend werden die Interventionen zu Bewegungen, aus denen heraus gezielt[63] alternative Entwürfe entwickelt sowie platziert und somit gesellschaftsverändernde Prozesse initiiert werden.[64]

In diesem Zusammenhang der verschiedenen produktiven Wirkungen durch und um Politisierung herum sind v.a. zwei Dynamiken zentral. Zum einen entsteht in den bewältigenden und ermächtigenden Strategien ein zunehmend strategisches Verhältnis zum eigenen intervenierenden Handeln. Dieses belegt die Handlungen mit politischen Zielperspektiven der Herrschaftskritik. Die theoretisierenden und politisierenden Auseinandersetzungen führen also überhaupt erst dazu, dass der Anspruch entsteht, gesellschaftsverändernd wirken zu wollen. Zugleich bringt eben dieser sich entwickelnde Anspruch der Gesellschaftsveränderung mit sich, Handlungen als Interventionen zu gestalten. Die Gesprächspart-

---

63 Gemeint ist damit, dass das Handeln mit einem Anspruch verbunden ist und nicht, dass es taktisch geplant wäre o.ä.

64 Hier wird besonders deutlich, dass die Trennung in eine reaktive und produktive Tendenz zu diskutieren ist. Denn auch die Bewältigung der Verletzungen und Zurechtweisungen könnte bereits als gesellschaftsverändernd, also produktiv gewertet werden, da auch hier Effekte hegemonialer Regulierungen verändert werden. Jedoch bezieht sich die Bewältigung in erster Linie darauf, sich persönlich zu schützen und gewissermaßen mit den hegemonialen Anforderungen „zurecht zu kommen", antizipiert also nur wenig die gesellschaftliche Dimension dieser Prozesse. Dies ist für mich ausschlaggebend dafür, die Trennlinie zwischen der reaktiven und produktiven Tendenz an dieser Stelle zu ziehen.

ner*innen versuchen damit mehr und mehr intervenierend zu handeln. In dieser Hinsicht sind die hier untersuchten Strategien als eine spezifische *Haltung* im Sinne der Engel'schen VerUneindeutigung zu verstehen. Jedes Handeln ist mit der Prämisse, in hegemoniale Verhältnisse eingreifen zu sollen, verbunden. Dies veranlasst v.a. ein beständiges Hinterfragen, das auf politisch-theoretisch informierten Analysen gründet. Insofern werden die daran anschließenden herrschaftskritischen Handlungen systematisch weiter entwickelt und angewandt, was abermals ihr intervenierendes Potential erhöht.

Vereinfacht ausgedrückt bedeutet dies, dass die zunehmende Systematisierung der eigenen Handlungen und Positionen (in Form distanzierender Auseinandersetzungen und Reflexionen) eine Politisierung der eigenen Praxen mit sich bringt und dass andersherum die Politisierung dazu führt, die Handlungen zunehmend strategisch (im Sinne gezielter Herrschaftskritik, ohne damit allerdings an konkrete Zwecke gebunden zu sein) zu gestalten. Auf dieser Ebene der Interventionsstrategien zeigt sich eine konstitutive Verbindung über Mechanismen der Politisierung, die sowohl Interventionen als auch deren herrschaftskritische Implikationen und damit das herrschaftskritische Potential stetig befördert. Das produktive Potential der Politisierung liegt demnach darin, dass sich der Interpretationsrahmen ändert, in dem die Handlungen vollzogen werden. Sie werden überhaupt als mögliche Interventionen erkennbar, was wiederum Einfluss auf die Handlungen selbst hat. Sie werden vermehrt strategisch. Daran anschließend sind queer-feministische Interventionsstrategien in erster Linie als Bewältigungsstrategien zu verstehen, die in der kollektiven politisierenden Bearbeitung zu

Akten politischen Widerstandes mit gesellschaftsveränderndem Potential werden.

Das produktive Potential auf den verschiedenen Ebenen der Interventionen lässt sich hinsichtlich seiner Effekte im Zusammenhang mit konkreten Konfrontationen eindrücklich anhand der im Kapitel 5.2.4.4 erwähnten Erfolgsgeschichte nachvollziehen. Hier brach die hegemoniale Zurechtweisung nicht, wie sonst üblich, unkontrollierbar über Pat herein, sondern sie*er war auf Grund kollektiver theoretischer Auseinandersetzungen mit solchen Situationen, dem eigenen gefestigten Selbstverständnis und der Absicherung der eigenen Integrität über queere Kontexte so vorbereitet, dass sie*er verändernd in die Abläufe eingreifen konnte. Es gelang ihr*ihm, die entstehenden Spannungen und Ambivalenzen nicht entlang der eigenen Person zu verhandeln, sondern nach außen abzugeben. Damit konnte Pat erreichen, dass sie*er gestärkt und entgegen sonstiger Erfahrungen mit einem Wohlbefinden aus der Situation ging. Produktiv eingreifen konnte Pat, insofern sie*er alternative Deutungssysteme präsent machen und gegenüber den hegemonialen Anforderungen behaupten konnte. Sie*er gab der wiederholten Aufforderung, sich als männlich oder weiblich zu verorten nicht nach, sondern hielt die Nicht-Positionierung in diesem binären System aufrecht und markierte die geforderte Festschreibung als unnötig. Für die Mitarbeiterin* des Friseurladens entstand eine Situation, mit der diese* einen Umgang finden musste. Auch, wenn unklar ist, wie nachhaltig sich dies ausgewirkt hat, ist es als Verschiebung der Effekte hegemonialer Regulierungen zu werten.

Über verschiedene an Politisierungsprozesse gebundene Mechanismen konnten die aus der Konfrontation resultierenden Probleme hier in den Bereich der hegemonial strukturierten Umwelt verlagert werden.

Kontinuierliche Kämpfe – Die Potentialität der spezifischen Form queer-feministischer Interventionen

Produktives Potential resultiert darüber hinaus aus der spezifischen Form queer-feministischer Interventionsstrategien als kontinuierliche Auseinandersetzungen. Die Haltung, herrschaftskritisch intervenieren zu wollen, macht queer-feministische Interventionen zu kontinuierlichen, situativen und lokalen Kämpfen, die an verschiedensten Stellen wieder und wieder ausgefochten werden. Dabei knüpfen die Interventionen direkt an Problemkomplexe hegemonialer Strukturierungen an, die den Gesprächspartner*innen alltäglich, stetig wiederkehrend begegnen. Sie nehmen diese zum Ausgangspunkt und arbeiten sie Schritt für Schritt um. Insofern können die Praktiken als ein *beständiges dezentrales Sickern* verstanden werden. Sie finden inmitten jener Situationen statt, in denen sie sich direkt mit den Zwängen hegemonialer Strukturierungen konfrontiert sehen und stellen Umgangsweisen dar, die den zwingenden Charakter zu verändern vermögen. Somit werden hegemoniale Anforderungen in kleinen Schritten kontinuierlich verschoben.

Ein großer Vorteil dieser spezifischen Form als situative und lokal gebundene Auseinandersetzungen liegt v.a. in der vielversprechenden Ebene sozialer Beziehungen, die sich die Intervenierenden zunutze machen. Laut Anja Weiß (2013) erscheinen diese wirkungsvoller als bspw. aufklärerisch angelegte inhaltliche Vorgehensweisen. Die Gesprächspartner*innen bewegen sich in sozialen Beziehungen, die eine Verbindlichkeit und eine prinzipielle Bereitschaft, aufeinander zuzugehen, mit sich bringen, was die Auseinandersetzungen erleichtert oder in einigen Fällen überhaupt erst ermöglicht. In diesen Begegnungen brechen die Gesprächspartner*innen mit den üblichen, als selbstverständlich erachteten, handlungsleitenden Wissensbeständen, stellen „Handlungsroutinen und die gemeinsame Situationsdeutung, also die Voraussetzung für erfolgreiche Interaktion" (a.a.O.: 314) in Frage.

Ein weiteres produktives Moment liegt zudem in der engen Verbindung mit den Effekten hegemonialer Strukturierungen. Da die Interventionen als Reaktionen auf die Problemkomplexe gewissermaßen direkt an Funktionsweisen hegemonialer Bedeutungsproduktionen anschließen, sind sie in der Lage, diese direkt in Akten ihrer (Re-)Produktion zu unterbrechen und damit Raum für alternative Seinsweisen zu schaffen. Es werden Situationen kreiert, in denen die Intervenierenden legitime Sprecher*innenpositionen für sich beanspruchen können oder alternative Seinsweisen als legitime markieren. Demnach verschaffen sich die Intervenierenden mittels interventionistischer Strategien alternative Möglichkeiten der Subjektivierung im Sinne der Disidentification nach Muñoz. Statt der hegemonialen Platzanweisung zu folgen, in der sie selbst die Schuld für das eigene Diskriminiertwerden tragen, entwickeln die Intervenierenden ein Selbstverständnis, in dem die eigene Seinsweise als legitim erscheint, aber um dieses Recht gekämpft werden muss.

Jenes Selbstverständnis kann auf Interaktionsebene nicht immer behauptet werden, da es beständig vehemente Gegenwehr erfährt. Aber es gelingt den Intervenierenden, herrschende Regulierungen überhaupt zu stören und darüber ein Verhältnis zu sich selbst zu etablieren, das die Delegitimierung der eigenen alternativen Seinsweise von sich weist. Produziert werden darin alternative und für die Intervenierenden als legitim sowie als *wirklich*[65] erfahrbare Darstellungs- und Vorstellungsarten. Über diese eigene Erfahrungsqualität und in Form von Theoretisierungen, politischen Positionen und Selbstverständnissen erhalten sie Einzug in kollektive queer-feministische Wissensbestände. Es entsteht „widerständiges Wissen" (Engel 2005: 275), das ermöglicht, alternative Entwürfe zu leben und sie immer wieder auch in hegemonial strukturierten Kontexten zu platzieren. Auf diese Weise können Strategien über ihre Form als dezentrales, auf Nahbereiche fokussiertes Vorgehen enormes Potential entfalten.

Resümee – Das gesellschaftsverändernde Potential der spezifischen Beschaffenheit queer-feministischer Interventionen

Insgesamt lassen sich also unter der Perspektive der produktiven Wirkungen queer-feministischer Strategien drei Kernbereiche ausmachen, die in besonderer Weise gesellschaftsveränderndes Potential erzeugen: (a) die konstitutive Verbindung zwischen einer herrschaftskritischen Haltung bzw. Politisierung und der Systematisierung interventionistischer Praxen, (b) das Schaffen von alternativen Subjektivierungsweisen und (c) die spezifische Form der

---

65 Diese Bezeichnung als *wirklich* geht auf die Ergebnisse zu den mit Drag Kinging verbundenen Erfahrungsweisen aus der Studie Schirmers (2010) zurück. Siehe dazu Kapitel 3.3.

Interventionen als dezentral und auf alltägliche Interaktionen fokussiert.

Insofern liegt die Potentialität insbesondere in dem dialektischen Verhältnis zwischen subjektiver Bewältigung und kollektiver
Politisierung. Es gelingt, persönliche Verletzungs- und Diskriminierungserfahrungen über kollektive Prozesse der Theoretisierung
und Politisierung zu einem gesellschaftlichen Problem zu erklären.
Dies ermöglicht eine Distanzierung von diesen Erfahrungen, wodurch sie als gesellschaftliche und nicht subjektive Probleme erkannt und somit die eigene Person geschützt und bestärkt wird.
Damit verbunden ist eine verstärkt politisierte Sicht der Problemlagen, die das Handeln der Intervenierenden zunehmend strategisch
werden lässt. Sie entwerfen konkrete Handlungsoptionen, um sich
in Konfrontationssituationen zukünftig anders verhalten zu können.

Aus diesem Zirkel gegenseitiger Verstärkung der jeweiligen
Effekte entsteht in zweiter Instanz gesellschaftsveränderndes Potential. Denn über die spezifische Politikform der Auseinandersetzung im unmittelbaren Nahbereich der Intervenierenden, in denen
sich darüber hinaus vermehrt strategisch verhalten wird, werden
vermittelt auch die hegemonialen Verhältnisse verändert. Die strategischen Umgangsweisen gestalten die Konfrontationssituationen
neu, indem Normalitäten entselbstverständlicht, Sprecher*innenpositionen beansprucht und Widersprüche markiert
werden. In dem dialektischen Verhältnis, das die queer-
feministischen Interventionen auszeichnet, entstehen damit vermittelt stets Rückwirkungen auf hegemoniale Diskriminierungsver-
hältnisse und deren Effekte der Verletzung. Das produktive und
weiter gehend gesellschaftsverändernde Potential resultiert dem-

nach insbesondere aus jener die Interventionen auszeichnenden *Bewegung*, an der all die genannten Aspekte beteiligt sind.

Form von queer-feministischen Interventionen – produktives und gesellschaftsveränderndes Potential

Jene signifikante Bewegung der Interventionsstrategien als Ganzes ist also maßgeblich für ihre Potentialität. Sie besteht aus unterschiedlichen Elementen, deren jeweilige Schwerpunkte auf verschiedenen Stationen innerhalb dieser Dynamik liegen. Unter der Frage der Herrschaftskritik und der Initiierung von gesellschaftlichem Wandel müssen sie jedoch als ein konstelliertes Ganzes gedacht werden.

Sichtbar wird darin aber ebenso, wie prekär und gefährdet diese Potentialität stets ist. Denn Basis und in irgendeiner Weise Zielperspektive jeglichen intervenierenden Vorgehens sind Erfahrungen der Betroffenheit und Verletzung, die nicht verhindert oder abgeschafft, sondern lediglich gelindert werden können. Das gestalterische und produktive Potential wird zumeist erst in der nachträglichen Analyse sichtbar. Die Konfrontationssituationen bedeuten für die Intervenierenden vorerst zumeist Verletzung, Abwertung und Zurechtweisung. Deutlich wurde also, dass von queer-feministischen Interventionen durchaus herrschaftskritische Wirkungen ausgehen und dass diese in verschiedenen Momenten der spezifischen Beschaffenheit der Strategien selbst begründet sind. Zugleich täuscht dies aber nicht über ihre Prekarität hinweg.

Um die Frage nach Gesellschaftsveränderungen auf einer gesellschaftstheoretischen Ebene weiter zu bearbeiten, werde ich die vorangegangenen Ergebnisse im Folgenden nun auf der Ebene des Politischen verhandeln. Dazu ordne ich die Interventionen einerseits als Form linker Politik ein und befrage sie andererseits unter der Perspektive hegemonietheoretischer Überlegungen.

6.3.2 Potential zur Gesellschaftsveränderung

Eine besondere Form von Politik

Queer-feministische Interventionen bewegen sich in erster Linie auf dem Terrain alltäglicher Konfrontationen mit den aus hegemonialen Strukturierungen erwachsenen Problemkomplexen. Dies ist, wie auch deutlich wurde, zwar nicht als ein selbst gewählter politischer Akt misszuverstehen. Aber unter den Gesichtspunkten ihrer produktiven Wirkungen wird deutlich, dass es sich trotzdem um einen energischen politischen Kampf handelt. Dieser entzieht sich allerdings gängigen Vorstellungen politischer Praxis, was ich anhand einer klassischen Trennung von *öffentlicher* und *privater* Sphäre zu beschreiben versuchen will.[66]

Statt auf eine Öffentlichkeit im klassischen Sinne zu zielen, spannen die Strategien einen Bezugsrahmen auf, der nicht in dieser

---

66 Dieser Bezug ist relativ verkürzt und vereinfachend. M.E. ist er jedoch ein hilfreiches Vehikel, um die Besonderheit queer-feministischer Politikformen herauszustreichen.

Binarität von verschiedenen Sphären, in denen entweder Politik betrieben wird oder die frei von politischen Auseinandersetzungen sind, aufgeht und somit dieses Verhältnis neu verhandelt. Queerfeministisch Intervenierende drängen nicht in jene Sphären, die als Räume politischer Kämpfe ausgewiesen sind, sondern problematisieren gesellschaftspolitische Fragen dort, wo diese für sie direkt Relevanz besitzen. Statt also ausschließlich dem überwiegenden Format linkspolitischer Praxen, wie bspw. Demonstrationen, Kampagnenarbeit, Veranstaltungsreihen o.ä., zu folgen, die sich auf eine klassisch verstandene öffentliche gesellschaftliche Sphäre richten, bewegen sich die Interventionen in Nahbereichen, beziehen dabei aber fortwährend die gesellschaftlichen Dimensionen mit ein. Dadurch schaffen sie eine veränderte Art der *Öffentlichkeit* für alternative Deutungsweisen. Das heißt, dass politische Auseinandersetzungen in verschiedenen Alltagssituationen und Sozialbeziehungen geführt und darüber – in alternativen wie auch in hegemonial strukturierten Kontexten – öffentlich sichtbar werden.

Über diese Neu-Verortung politischer Praxis wird die hegemoniale Figur, Sexualität und geschlechtliche Identifikationen seien Angelegenheiten des Privaten angegriffen (vgl. Engel 2009: 228). Denn als Auseinandersetzungen in *privaten* Lebensbereichen, schließen die Gesprächspartner*innen an die hegemoniale Zuordnung dessen ins *Private* an, erklären Sexualität und Geschlechtlichkeit hierbei aber zu gesellschaftlichen Themen. Das kann zum einen als Ausdruck des zwingenden Charakters hegemonialer Strukturen gewertet werden, der die Intervenierenden fortwährend zu solchen Konfrontationen zwingt. Es handelt sich aber auch um eine Stärke, da dieses Handeln hegemoniale Strukturierungen in besonderer Weise herausfordert. Zudem bereitet es den Boden dafür, dass die so erlangten Pluralisierungen und Flexibilisierungen vergeschlechtlichter und sexualitätsbezogener Seinsentwürfe nicht automatisch Teil neoliberaler Individualisierungstendenzen werden. Denn Geschlechtlichkeiten und Sexualitäten werden aus der Verbannung ins Private zu einer politischen, gesellschaftlichen und damit öffentlichen Angelegenheit erklärt. Die Neubestimmung des Verhältnisses dieser verschiedenen Sphären beruht demnach nicht darauf, „nostalgisch darauf zu beharren, dass das Private politisch sei, sondern die >Implosion< von Privatem und Öffentlichem als Bedingung aufzugreifen, um öffentlichen Raum für diverse Sexualitäten zu schaffen" (Engel 2009: 228).[67]

Ringen um Hegemonie

Das gesellschaftsverändernde Potential wird besonders deutlich, wenn die bisherigen Ergebnisse an die im Abschnitt 2.3 ausgeführten hegemonietheoretischen Überlegungen zurückgebunden werden. Der hegemonietheoretische Ansatz beschäftigt sich dezidiert mit der Dimension des Politischen, der Frage nach Machtverhältnissen und den sich daraus ergebenden Möglichkeiten, Herrschaftsverhältnisse zu verschieben. Zentral daran ist, dass der stabile Zustand gesellschaftlicher Herrschaftsverhältnisse in Form von Hegemonie über eine gesellschaftliche Konsensbildung funktio-

---

67 In ihrer*seiner Studie bezieht Engel die hier zitierte Feststellung in erster Linie auf die Frage nach der Verhinderung neoliberaler Vereinnahmung queer-feministischer Entwürfe. M.E. sollte diese aber unter einem breiteren Fokus Geltung erfahren, weshalb ich sie in der hier vorgeschlagenen Form aufnehme.

248

niert, in der die Herrschaftsförmigkeit der Verhältnisse verschleiert bleibt. In dem Moment, in dem diese Verschleierung aufgelöst wird, gerät die Hegemonie in Gefahr, da die zu ihrem Erhalt notwendige dauerhafte Reproduktion gestört wird (s. genauer dazu Kapitel 2.3). Queer-feministische Interventionen stellen eine solche Störung dar. Sie brechen mit dem gesellschaftlichen Konsens, nach dem die bestehenden gesellschaftlichen Verhältnisse als alle Interessen vertretend erscheinen und legen sie darüber in ihrer Hegemonie frei. Zudem stellen sie eine Politikform dar, die hegemonialen Konzepten des Politischen zuwiderlaufen. Queer-feministische Interventionen sind folglich als Kraft zu verstehen, die hegemoniale Verhältnisse angreifbar macht. Sie schaffen alternative Positionen innerhalb des gesellschaftlichen Gefüges, die in hegemonialer Zweigeschlechtlichkeit und Heteronormativität verunmöglicht wären. Queer-feministische Intervenierende erlangen immer wieder – wenn auch marginalisierte, doch aber – hörbare Sprecher*innenpositionen. Facetten jener die hegemonialen Verhältnisse als solche *enttarnenden* Analysen spiegelten sich auch in der empirischen Untersuchung wider. Es zeigte sich ein Wissen um das Funktionieren von Machtverhältnissen und der Notwendigkeit, in gewisser Weise machtvolle Positionen innehaben zu müssen, um sich gesellschaftlich anerkannt zu artikulieren. Sichtbar ist darin also der Bruch mit dem hegemonialen Konsens der *naturgegebenen* Alternativlosigkeit gesellschaftlicher Verhältnisse. Es gehört zum kollektiven Wissensbestand der Intervenierenden, dass sie sich in Herrschaftsverhältnissen bewegen, wie diese funktionieren und welche Bedingungen strategisch sinnvolle Interventionen benötigen. Sichtbar wird hieran, dass die Intervenierenden eine gegen-hegemoniale gesellschaftliche Position einnehmen, aus der heraus sie mit die Hegemonie von Bedeutungen ringen können.[68]

Anhand der hegemonietheoretischen Überlegungen zeigt sich also, dass queer-feministische Interventionsstrategien bereits Gesellschaftsveränderungen bewirkt haben und auch weiterhin gesellschaftsveränderndes Potential mit sich bringen. Denn hegemonialen Deutungssystemen wird die Selbstverständlichkeit genommen und die Intervenierenden werden in die Lage versetzt, als *Gegenspieler*in* aufzutreten. Insofern entselbstverständlichen queer-feministische Interventionen über ihre besondere Politikform hegemoniale Politikformen und müssen damit als gegen-hegemoniale Kraft verstanden werden. Dies bedeutet nicht automatisch, dass die Gesellschaftsveränderungen tiefgreifend wären oder dass alle damit verbundenen Effekte wünschenswert erscheinen. So reproduzieren auch queer-feministische Deutungssysteme grundsätzliche Prozesse hegemonialer Regulierungsweisen. Anschließend an die hegemonietheoretischen Grundlagen, ist eine solche (Re-)Produktion sogar notwendig, um überhaupt Sprecher*innenpositionen erlangen zu können und nicht ausgeschlossen zu sein. Deutlich wird aber, dass damit trotzdem Potential zu Gesellschaftsveränderungen einhergeht. Um dieses auszuschöpfen, gilt es, jenes Spannungsverhältnis zukünftig kontinuierlich reflexiv

---

68 In der Untersuchung zeigt sich dies darin, dass die Intervenierenden Hegemonie für die eigene Weltsicht beanspruchen. Sie erklärten die eigenen Überzeugungen als universell *richtig.* So ist bspw. die Grundlage der Strategie des Erarbeitens von Verständnis die Annahme, dass anderen die eigene Weltsicht nur plausibel dargelegt werden müsse, damit sie davon überzeugt würden (s. ausführlicher dazu Kapitel 5.2.1.2).

zu bearbeiten, wollen Queer-Feminismen nicht in eine regressive und herrschaftsstabilisierende Position geraten. Schließlich „stellt das, was kontextspezifisch als queere Theorie und Politik anerkannt wird – indem es beispielsweise als publikationswürdig erscheint oder in die universitäre Lehre einfließt – auch eine Verfestigung von Machtverhältnissen dar, die nur durch Praxen fortwährender Kritik davor bewahrt werden können, ihrerseits Herrschaftseffekte zu produzieren (Engel 2005: 277).

7 Ausblick

Anschließend an die zusammenfassenden und nach dem gesellschaftsverändernden Potential fragenden Darstellungen der Ergebnisse möchte ich nun noch den Fokus auf die Bedingungen richten, die das gesellschaftsverändernde Potential queer-feministischer Interventionen zu katalysieren vermögen. Dabei wird es neben den bestärkenden Aspekten auch um Lücken und blinde Flecken gehen, wegen derer mit den Interventionen auch herrschaftsstabilisierende Effekte erzeugt werden. Im Rahmen dieser Perspektive auf katalysierende Bedingungen möchte ich fünf wesentliche Kernbereiche herausstreichen. In einem ersten Teil fokussiere ich auf die Ebene akademisch-wissenschaftlicher Theoriebildung. Darin werde ich die in dieser Arbeit eingenommene queer-theoretische Perspektive mit materialistischen Kritiken konfrontieren. Ich mache hierüber Leerstellen meiner Betrachtung und der untersuchten Praxen sichtbar. Dies wird einige Fragen aufwerfen, denen sich in zukünftigen Auseinandersetzungen gewidmet werden sollte. Den zweiten Teil des Ausblicks bilden vier Punkte, die auch innerhalb der akademischen Theoriearbeit relevant sind, sich aber in erster Linie auf die Ebene der politischen, gesellschaftsverändernden Gestaltungsmacht beziehen. Hier möchte ich auf einige Aspekte hinweisen, die m. E. notwendig sind, um queer-feministische Interventionspraxis weiter zu entwickeln und das gesellschaftsverändernde Potential zu erhöhen.

252

: Die theoretischen Grundlagen reflektieren und kritisieren!

Queer-feministische Interventionen fokussieren wegen ihres theoretischen Hintergrundes auf die gesellschaftliche Ebene symbolischer Ordnung. Hierin ergibt sich ein großes Spannungsfeld queer-feministischer politischer Praxis. Denn aus dem Blick gerät somit die konstitutive dialektische Bedingtheit der unterschiedlichen Ebenen gesellschaftlicher Verhältnisse. Implizit habe ich auf diese Bedingtheit bereits in den Kapiteln zur Intersektionalität verschiedener Herrschaftsverhältnisse (2.4) und der Bedeutung dessen für queer-feministische (politische) Positionierung (2.5) hingewiesen. Hierbei ging es jedoch darum herauszustellen, dass queer-feministische Ansätze Herrschaftsverhältnisse in ihrer Komplexität wahrnehmen müssen und dass politische Positionierungen daran anschließend immer nur als gesellschaftlich situiert verstanden werden können. Nicht im Blick waren die unterschiedlichen gesellschaftlichen Dimensionen, für die jene Überlegungen relevant sind. Konzentriert habe ich mich auf Fragen und Vorstellungen von Gesellschaft auf symbolischer Ebene.[69] Die Fragen nach intersektionalen Konstellationen und der Situiertheit politischer Perspektiven verweisen aber darauf, dass eine Begrenzung von herrschaftskritischen Analysen auf die Ebene symbolischer Ordnung der Komplexität von Gesellschaft nicht gerecht wird. Dies

---

69 Die Frage nach den verschiedenen Ebenen der symbolischen Ordnungssysteme, der Handlungspraxis und der strukturellen Dimensionen, auf denen sich herrschaftskritische Analysen bewegen *müssen*, wird auch innerhalb der Intersektionalitätsansätze viel diskutiert (vgl. zu den einzelnen Standpunkten u.a. Kerner 2009, Klinger 2012, Villa 2012; für einen Überblick Walgenbach 2012).

wird in queer-feministischen Konzepten jedoch vernachlässigt bzw. ausgeblendet.

Für Tove Soiland (2012; 2011) handelt es sich bei der queer-theoretischen Schwerpunktsetzung auf die symbolische Ordnung um eine grundsätzliche theoretische Engführung queer-feministischer Ansätze.[70] Begründet sieht die*der Autor*in diese in den theoretischen Voraussetzungen, die auf Poststrukturalismen basieren. Hierin erscheinen gesellschaftliche Verhältnisse als v.a. auf der Ebene der Bedeutungsproduktion konstituiert und somit auch über die Ebene von Bedeutungen veränderbar. Aus dem Blick geraten damit materielle Bedingungen gesellschaftlicher Verhält-nisse. Diese Leerstelle schreibt sich laut Soiland theoretisch fort. Da auf die symbolische Ebene und darin auf Grund des Entste-hungskontextes des Konzeptes *queer* auf Kritiken an identitätsbe-zogenen Politiken fokussiert wird, werden kategoriale Verfesti-gungen und die damit einhergehenden Hierarchien und Normalisie-rungen zu d e n Grundfunktionen von Herrschaftsverhältnissen erklärt. Daraus ergibt sich als Hauptziel queertheoretischer Ansätze die Dekonstruktion. Anti-essentialisierende Bestrebungen werden zu den elementaren Prinzipien queerer Herrschaftskritik erhoben. Laut Soiland (2012) finde hierin jedoch eine Vermischung ver-schiedener Ebenen statt.[71] Denn jener Anti-Essentialismus verun-

---

70 Der folgende Abschnitt beschäftigt sich ausschließlich mit der Dar-stellung Soilands Kritikpunkte. Zur leichteren Lesbarkeit werde ich auf die für Paraphrasierungen übliche Wiedergabe im Konjunktiv verzichten.

71 In dem Text „Die Verhältnisse gingen und die Kategorien kamen. Intersectionality oder vom Unbehagen an der amerikanischen Theo-rie", auf den ich mich hier beziehe, entwickelt Soiland diese Argu-mentation in Bezug auf Intersektionalitäts- Debatten. Sie ist in ihren

254

möglicht die adäquate Analyse gesellschaftlicher Verhältnisse, da die Verhältnisse dadurch nicht mehr benannt werden könnten. Als herrschende Strukturen, die sich auch materialistisch artikulieren, in dieser Herrschaftsförmigkeit allerdings verschleiert sind, ist ihre Benennung für herrschaftskritische Analysen aber zentral. In queer-feministischer Theoretisierung, die auf identitätslogische Beschreibungen fokussiert, werden Bezeichnungen gesellschaftlicher Verhältnisse jedoch mit der Problematik fest schreibender Bezeichnungen von Gruppen vermischt. So kommt es in der Frage um Kategorisierungen zu einer „merkwürdigen Verschiebung, in deren Verlauf Organisationsprinzipien gesellschaftlicher Produktion und Reproduktion zu Eigenschaften und in der Folge die daraus resultierenden Positionierungen zu einer Frage der Identität Einzelner oder ganzer Gruppen wurden." (a.a.O.: 7). Als Benennungen gesellschaftlicher Funktionsweisen sind kategorisierende Beschreibungen, da es sich eben nicht um eine homogenisierende Beschreibung von Gruppen handelt, unproblematisch und notwendig. Anti-essentialistische Ansprüche erscheinen für Soiland nur hinsichtlich der Konzipierung gesellschaftlicher Gruppen auf der Ebene symbolischer Repräsentationen als sinnvoll.

Der Grundsatz der Dekonstruktion, der, wie beschrieben, zentraler Grundlagen von Gesellschaftskritik entbehrt, bringt für Soiland (2011) die Gefahr mit sich, dass queere Entwürfe zu einem Lifestyle werden, der sich leicht in neoliberale Anforderungen einpasst und somit jegliches herrschaftskritisches Potential verliert. Denn anstatt die alternativen Entwürfe in ihre materialistische Be-

---

Grundzügen angesichts der theoretischen Nähe zwischen intersektionalen und queeren Ansätzen allerdings auch auf Queere Theorien übertragbar.

dingtheit einzubetten und darüber konkrete Forderungen zu erheben, kommt es so zu der Forderung nach einem Recht auf Pluralisierung und Flexibilisierung, das sich erst einmal nicht von neoliberalen Individualisierungstendenzen abgrenzen lässt. Es entsteht eine Haltung, „die sich auf das dem liberalen Gedankengut eigentümliche Recht auf Andersheit zu berufen scheint, das sich – infolge der strikten Abstinenz hinsichtlich kollektiver Forderungen – gleichwohl nicht um die materiellen Bedingungen kümmert, unter denen diese Andersheit verwirklicht werden kann." (Soiland 2011). Da die*der Autor*in das Problem so grundsätzlich in dekonstruktivistischen Ansätzen verortet sieht, konstatiert sie*er, dass es unmöglich sei, diese mit von ihr*ihm geforderten materialistischen Ansätzen zu verbinden. „Ich möchte an dieser Stelle die Inkompatibilität beider Theorietraditionen betonen. Man wird nämlich nicht darum herum kommen, in der Frage Stellung zu beziehen, ob man der Artikulation oder der Dekonstruktion den Vorzug geben will, oder noch genauer, ob man die Persistenz von Ungleichheit in der mangelnden Artikulation eines Verhältnisses oder im Ausbleiben der Dekonstruktion von Kategorien verortet." (Soiland 2012: 9f).

Ich kann Soilands Argumentation nicht vollständig teilen, lässt sie doch das nicht zu leugnende Potential, das mit den dekonstruierenden Analysen queertheoretischer Ansätze verbunden ist, unerwähnt und greift dabei selber zu kurz. Eine solche Kritik der völligen Vereinnahmung queerer Entwürfe bzw. dass diese selbst lediglich neoliberale Verhältnisse (re-)produzieren „verkennt [..] ökonomistisch den wechselseitig konstitutiven Charakter von Ökonomie und sexuell bestimmten Herrschaftsverhältnissen" (Möser

256

2008: 172). Des Weiteren unterstellt sie*er eine queer-theoretische Engführung, die ich nicht so grundsätzlich verankert sehe. So schließt eine dekonstruktive Vorgehensweise nicht aus, strukturelle Bedingungen zu benennen. Doch kommt mit Soilands Kritik eine Lücke in poststrukturalistischer/dekonstruktivistischer Theoriebildung zum Vorschein, derer sich gewidmet werden muss – die Frage nach den materiellen Bedingungen.[72] Dies schließt an aktuelle Debatten im Rahmen eines *material turn* an, in dem sich wieder vermehrt mit Fragen nach möglichen Konzeptualisierungen von Materialität und ihrer Wirkmacht in gesellschaftlichen Verhältnissen beschäftigt wird.[73]

Zu überwinden gilt darin die Trennung zwischen dekonstruktivistischen/poststrukturalistischen und strukturalistischen Ansätzen.[74] Die Aufhebung dieser Trennung ist zwingend

---

72 So stellen Sauter und Engel (2010) eine solche Lücke bspw. auch für die Auseinandersetzungen Gibsons und Grahams (2006) fest, die laut der beiden Autor*innen als eine entscheidende Quelle feministischer Kritik an Politischer Ökonomie gelten.

73 Siehe für solche Auseinandersetzungen bspw. (a) Bini Adamczak (2006) zur Übertragung politischer Ökonomiekritik auf *sexual politics* (vgl. dazu Möser 2008: 167f); (b) Antke Engel (2009) zum Verhältnis von Sexualität und Ökonomie, das sie*er anhand von „Bildlektüren künstlerischer und kommerzieller visueller Repräsentationen" (a.a.O.:225) exemplarisch herausarbeitet; (c) Antke Engel (2009a) dazu, wie neoliberale Flexibilisierung und Individualisierung, die queere Entwürfe potentiell vereinnahmen, zugleich als Ansatzpunkt queerer Politiken fungieren können; (d) Katherine Graham und Julie Gibson (2006), die den Kapitalismus entsprechend queer-theoretischer Verfahren zu dezentralisieren und deessentialisieren versuchen (vgl. dazu Sauter und Engel 2010); (e) Heinz-Jürgen Voß und Salih Alexander Wolter (2013), „Queer und (Anti-)Kapitalismus".

74 Dies wurde bspw. als eines der Ziele für die im September 2014 veranstaltete Konferenz „Materialität neu denken. Materialität anders

notwendig, um die Komplexität gesellschaftlicher Machtverhältnisse adäquat erfassen zu können. „Denn neoliberale Entwicklungen sind maßgeblich dadurch gekennzeichnet, dass sie die Elemen-
te der Verteilung (Verfügen über materielle Ressourcen und Kapital) und der Anerkennung (als Subjekt ökonomischen Handelns)
miteinander verweben und diversifizierte, flexibilisierte Kombina-
tionsformen [...] anbieten." (Engel 2009: 226). Ein wichtiger
Schlüssel hinsichtlich der Kritik Soilands am Anti-Essentialismus
und Dekonstruktivismus liegt m. E. in ihrer*seiner erwähnten Unterscheidung in gesellschaftliche Verhältnisse, die sich entlang
verschiedener klar zu benennender Ungleichheitsdimensionen artikulieren und der Bezeichnung von Gruppen, die sich an jene gesellschaftlichen Verhältnisse anknüpfend formieren, nicht aber als
Ausdruck dieser verstanden werden dürfen. Insgesamt haben wir es
hierbei mit einer dringend weiter zu führenden Debatte zu tun. „Ob
und wie Queer Theory und materialistische Kritik zusammenge-
dacht werden kann [sic!], welchen Stellenwert Ökonomie in der
Formung von Geschlechtern hat und in welchem Verhältnis kapita-
listische Logiken und sex, gender und (v.a.) desire in ihren
Theoretisierungen und Terminologien zueinander stehen, ist weiterhin notwendig zu fragen. Die Leerstelle bleibt." (Sauter und
Engel 2010: 8f).

---

denken - Feministische Interventionen", die sich mit der Rolle verschiedener Konzepte von Materialität für feministische Auseinandersetzungen beschäftigte, formuliert.

: Diskutieren!

Umso wichtiger wird der vorherige Einwand dadurch, dass queer-feministische Theorien eine zentrale Rolle für das produktive Potential queer-feministischer Interventionen spielen. Sie stellen für die Gesprächspartner*innen einen Dreh- und Angelpunkt dar, um Diskriminierungserfahrungen bewältigen und Handlungsmacht erlangen zu können. Über Formen der theoretisierenden Auseinandersetzung wird es ihnen möglich, sich distanziert und systematisch zu Begegnungen mit hegemonialen Problemkomplexen zu verhalten sowie herrschaftskritische Zielperspektiven zu entwickeln. Gleichzeitig werden die verschiedenen Interpretationen und Überlegungen in den Handlungspraxen erprobt und erhalten darüber wieder Einzug in die theoretischen und politischen Debatten. Insofern zeigt sich in der Untersuchung eine enge Verbindung zwischen queer-feministischer aktivistischer und theoretischer Praxis, die zu Beginn der Arbeit bereits als konstitutives Moment queer-feministischer Praxen postuliert wurde. Diese verschiedenen Dimensionen sind konstitutiv miteinander verbunden und in dieser Verbindung auf der Ebene konkreter Alltagssituationen für Einzelne enorm wichtig. Gleichzeitig wurde im Handeln der Intervenierenden und auch in meiner eigenen Analyse deutlich, wie schwer es zuweilen ist, queer-feministisches Handeln mit seinen theoretischen Hintergründen zusammenzubringen. Der Transfer zwischen den verschiedenen Ebenen birgt immer wieder Schwierigkeiten, sodass die theoretischen Prinzipien in einigen Fällen sogar als Hürden erscheinen können. Die theoretisch-politischen Ansprüche sind so komplex, abstrakt und funktionieren zudem nach einer nicht selbstverständlichen und damit zum Teil so schwer zugänglichen Logik, dass sie kaum auf die Ebene konkreten politischen Handelns übersetzt werden können. Das produktive Potential verkehrt sich an diesen Stellen gewissermaßen in sein Gegenteil, da die Intervenierenden auf diese Weise wieder handlungsunfähig werden.

Es gilt folglich, verstärkt ein Augenmerk auf die dialektische Beziehung zwischen queer-feministischer wissenschaftlicher und aktionistischer Praxis zu lenken und die damit verbundenen Debatten weiter voranzutreiben. Dazu bedarf es neuer Verbindungen und Zusammenschlüsse, Orte des Zusammenarbeitens und Austausches sowie auf wissenschaftlicher Ebene vermehrt empirische Untersuchungen. In diesem Zusammenhang muss aber auch eine Reflexion der möglichen Ausschlüsse begonnen werden. Denn durch die enge Bindung an wissenschaftliche Ansätze, die zudem an Universitäten institutionalisiert sind, handelt es sich um ein stark akademisch geprägtes politisches Konzept.

: Banden bilden!

Eine weitere katalysierende Bedingung queer-feministischer Interventionsstrategien ist ihr kollektiver Charakter. Das mit ihnen verbundene Kollektiv ist als Anknüpfungspunkt für ein Selbstverständnis, als sozialer Rückhalt und als Ort des Austausches wichtig. V.a. wird aber erst in der gemeinsamen Bearbeitung, Reflexion, dem Teilen von Erfahrungen usw. möglich, das eigene Handeln zu systematisieren und stets an die herrschaftskritischen Prinzipien zurück zu binden. Interventionen folgen hohen Ansprüchen, müssen immer wieder aufs Neue konzipiert werden und finden in komplexen Zusammenhängen statt, sodass sie stets beweglich und hinterfragbar bleiben müssen. Dies kann nur kollektiv bewerkstelligt werden. Ebenso ist die Kollektivität zentral, um alternative Deutungssysteme zu leben und als legitim präsent zu halten. „Eine geschlechtliche Wirklichkeit lässt sich alleine weder herstellen noch durchsetzen – sie realisiert sich erst in kollektiven Praxen" (Schirmer 2010: 390f). Queere Kollektive sind demnach neben der sozialen Anerkennung und eines Rückhalts für alternative Seinsweisen auch zu deren *Realisierung* unverzichtbar. Es braucht Orte und Kontexte, in denen sie erprobt und als *wirklich* gelebt werden können. Diese vermehrt zu initiieren, zu unterstützen und sich in immer neuen Umgebungen zusammenzuschließen, bleibt eine der zentralsten Aufgaben queer-feministischer Strategien.

: Selbstbewusst sein!

Das Potential queer-feministischer Strategien liegt in ihrer besonderen Form und in ihrem spezifischen Kennzeichen der zunehmenden Politisierung. Diese Merkmale ermöglichen eine besondere Beweglichkeit und ein gezieltes Eingreifen mittels der Strategien. Sie schließen an die alltäglichen Formen der Interaktionen und Anerkennung verwehrenden Konfrontationen an, also an jene Problemkomplexe, die den queer Handelnden tagtäglich begegnen. Damit zielen sie auf Ebenen symbolischer Deutungssysteme und nutzen Ressourcen (wie Dimensionen sozialer Beziehungen), die auf anderen Wegen bisher üblicher (links)politischer Praxis selten so direkt angesprochen werden konnten. Dies heißt nicht, dass sie sinnvoller oder erfolgversprechender sind als andere Vorgehensweisen politischen Aktivismus'. Auch möchte ich diese Beschaffenheit nicht glorifizieren. Jedoch muss sie als eine Besonderheit aufgefasst werden, die als Erweiterung des Repertoires politischer Handlungsoptionen und als spezifisches Potential gewertet werden muss. Queer-feministische Interventionen stellen eine spezifische Politikform dar, die eine*n relevante*n Gegenspieler*in hegemonialer Strukturierungen darstellt. Damit etablieren sie eine neue Vorstellung politischen Widerstands. Dies gibt allen Anlass, sich selbstbewusst auf das Potential queer-feministischer Interventionen zu beziehen.

: Politisch einfordern!

Hinsichtlich der Frage nach politischen Forderungen ergibt sich ein Spannungsfeld. In der Untersuchung wurde deutlich, dass mit dem strategischen Handeln durch die Gesprächspartner*innen keine konkreten Zielperspektiven bzw. Forderungen, verbunden sind. Es gibt lediglich ein diffuses Verständnis der angestrebten Dekonstruktion oder eher auf Bewältigung ausgerichtete Zielperspektiven. Anschließend an Engels (2002; 2005) Konzept des relativen normativen Horizonts gilt es jedoch, die Interventionen stets mit lokalen, geopolitischen und historisch verorteten Forderungen zu verbinden. Eben solche lassen sich im empirischen Material aber kaum ausmachen. Dies liegt zum einen darin begründet, dass die Praktiken auf Ebenen persönlicher Bewältigung und damit nicht automatisch gesellschaftskritisch angelegt sind. Zum anderen hängt dies an den Prinzipien queerer Theorien, die eine Offenheit und Beweglichkeit erfordern, die sich zum Teil schwerlich in konkrete Praxen und Forderungen transferieren lassen, sondern eher eine Art *Haltung* bedeuten. Damit verbunden ist die im ersten Abschnitt dieses Kapitels erwähnte Vernachlässigung gesellschaftstheoretischer materialistischer Einordnung der politischen Ansprüche. So lassen sich die auf die symbolische Ordnung fokussierenden queer-feministischen Prinzipien für die Gesprächspartner*innen in Forderungen nach veränderten Sprachpraxen übertragen. Über die darin adressierte Ebene symbolischer Bedeutungen hinausgehende Forderungen bleiben jedoch diffus. Um die gesellschaftsverändernde Wirkung der Interventionen zu befördern, braucht es, anknüpfend an die materialistisch begründeten Einwände m. E. materialistisch fundierte konkrete politische Ansprüche. Dazu müssen sexualpolitische Kämpfe um politische Anerkennung in ihren konstitutiven Verbindungen zu Kämpfen um ökonomische Ressourcen und Umverteilung unterstrichen werden (vgl. Engel 2009a: 115). Erst darüber kann der notwendige *relative normative Horizont* aufgespannt werden. Wie die Notwendigkeit einer Erweiterung materialistisch begründeter Forderungen adäquat mit der besonderen Politikform queer-feministischer Interventionsstrategien verbunden werden kann, ist jedoch eine offene Frage.

Anhang

Literaturverzeichnis

Adamczak, Bini (2006). Theorie der polysexuellen Ökonomie",
S. 12-19 in: Diskus, 54 (2).

AG Queer Studies (Hrsg.) (2009). Verqueerte Verhältnisse.
Intersektionale, ökonomiekritische und strategische Interventionen.
Hamburg: Männerschwarm.

Benhabib, Seyla; Butler, Judith; Cornell, Drucilla und *Nancy
Fraser*, Der Streit um Differenz. Feminismus und Postmoderne in
der Gegenwart. Frankfurt a.M.: Fischer.

Bohnsack, Ralf (2008). Rekonstruktive Sozialforschung. Einführung in qualitative Methoden. Opladen und Farmington Hills:
Barbara Budrich.

Bohnsack, Ralf (2007). Typenbildung, Generalisierung und
komparative Analyse: Grundprinzipien der dokumentarischen Methode. S.225-254 in: *Bohnsack, Ralf; Nentwig- Gesemann, Iris* und
Arnd-Michael Nohl (Hrsg.), Die dokumentarische Methode und ihre Forschungspraxis. Grundlagen qualitativer Sozialforschung. (2.
Aufl.). Wiesbaden: VS.

Bohnsack, Ralf (2001). Dokumentarische Methode. Theorie
und Praxis wissenssoziologischer Interpretation. S. 326-345 in:

Hug, Theo (Hrsg.), Wie kommt die Wissenschaft zu Wissen? (Bd.3) Einführung in die Methodologie der Sozial- und Kulturwissenschaften. Battmannsweile: Schneider.

Bohnsack, Ralf (1989). Generation, Milieu und Geschlecht. Ergebnisse aus Gruppendiskussionen mit Jugendlichen. Opladen: Leske + Budrich.

Bohnsack, Ralf; Nentwig-Gesemann, Iris und *Arnd-Michael Nohl* (Hrsg.) (2007). Die dokumentarische Methode und ihre Forschungspraxis. Grundlagen qualitativer Sozialforschung. (2. Aufl.). Wiesbaden: VS.

Bohnsack, Ralf; Nentwig-Gesemann, Iris und *Arnd-Michael Nohl* (2007). Einleitung: Die dokumentarische Methode und ihre Forschungspraxis. S. 9-27 in: dies. (Hrsg.), Die dokumentarische Methode und ihre Forschungspraxis. Grundlagen qualitativer Sozialforschung. (2.Aufl.). Wiesbaden: VS.

Bohnsack, Ralf; Przyborski, Aglaja und *Burkhard Schäffer* (Hrsg.) (2010). Das Gruppendiskussionsverfahren in der Forschungspraxis. Opladen und Farmington Hills: Barbara Budrich.

Boudry, Pauline; Kuster, Brigitta und *Renate Lorenz* (1999). I cook for sex – Einführung, S. 6-35 in: dies. (Hrsg.), Reproduktionskonten fälschen! Heterosexualität, Arbeit und Zuhause. Berlin: b_books.

Bretz, Leah und *Lantzsch, Nadine* (2013). Queer-Feminismus. Label und Lebensrealität. Münster: Unrast.

Bublitz, Hannelore (2002). Judith Butler. Zur Einführung. Hamburg: Junius.

Butler, Judith (2001). Psyche der Macht. Das Subjekt der Unterwerfung. Frankfurt a.M.: Suhrkamp.

Butler, Judith (1997). Körper von Gewicht. Frankfurt a.M.: Suhrkamp.

Butler, Judith (1993). Kontingente Grundlagen. Der Feminismus und die Frage der Postmo derne. S. 31-58 in: *Benhabib, Seyla; Butler, Judith; Cornell, Drucilla* und *Nancy Fraser*, Der Streit um Differenz. Feminismus und Postmoderne in der Gegenwart. Frankfurt a.M.: Fischer.

Butler, Judith (1991): Das Unbehagen der Geschlechter. Frankfurt a.M.: Suhrkamp.

Butler, Judith und *Ernesto Laclau* (1998). Verwendungen der Gleichheit. Eine Diskussion via e-mail. S. 238-253 in: *Marchart, Oliver* (Hrsg.), Das Undarstellbare der Politik. Zur Hegemonietheorie Ernesto Laclaus. Wien: Turia + Kant.

Butler, Judith; Laclau, Ernesto und *Slavoj Žižek* (2010). Contingency, hegemony universality. Contemporary dialogues on the left. London: Verso.

Dietze, Gabriele; Yekani, Elahe Haschemi und *Beatrice Michaelis* (2007). „Checks and Balances". Zum Verhältnis von Intersektionalität und Queere Theorien. S. 107- 139 in: *Walgenbach, Katharina; Dietze, Gabriele; Hornscheidt, Antje* und *Kerstin Palm*, Gender als interdependente Kategorie. Neue Perspektiven auf Intersektionalität, Diversität und Heterogenität. Opladen: Barbara Budrich.

Distelhorst, Lars (2007) Umkämpfte Differenz. Hegemonietheoretische Perspektiven der Geschlechterpolitik mit Butler und Laclau. Berlin: Parodos.

Dzudzek, Iris; Kunze, Caren und *Joscha Wullweber* (2012). Diskurs und Hegemonie. Gesellschaftskritische Perspektiven. Bielefeld: Transcript.

Engel, Antke (2009). Bilder von Sexualität und Ökonomie. Queere kulturelle Politiken im Neoliberalismus. Bielefeld: Transcript.

Engel, Antke (2009a). Ökonoqueer: Sexualität und Ökonomie im Neoliberalismus. S. 101-119 in: AG Queer Studies (Hrsg.), Verqueerte Verhältnisse. Intersektionale, ökonomiekritische und strategische Interventionen. Hamburg: Männerschwarm.

Engel, Antke (2005): Entschiedene Interventionen in der Unentscheidbarkeit. Von queerer Identitätskritik zur VerUneindeutigung als Methode. S. 259- 282 in: *Cilia Harders, Heike Kahlert* und *Delia Schindler* (Hrsg.), Forschungsfeld Politik. Wiesbaden: VS.

Engel, Antke (2002): Wider die Eindeutigkeit. Sexualität und Geschlecht im Fokus queerer Politik der Repräsentation. Frankfurt/ New York: Campus.

Engel, Antke; Schulz, Nina und *Juliette Wedl* (2005) Kreuzweise queer: Eine Einleitung. Femina politica (14), 1. 9-23.

Erel, Umut; Haritaworn, Jinthana; Rodríguez, Encarnación Gutiérrez und *Christian Klesse* (2006). Intersektionalität oder Simultaneität? - Zur Verschränkung und Gleichzeit-keit mehrfacher Machtverhältnisse – Eine Einführung. S. 239- 250 in: *Hartmann, Jutta; Klesse, Christian; Wagenknecht, Peter; Fritzsche, Bettina* und *Kristina Hackmann* (Hrsg.), Heteronormativität – Empirische Studien zu Heterosexualität als gesellschaftlichem Machtverhältnis. Wiesbaden: VS

Genschel, Corinna (2001). Erstrittene Subjektivität. Diskurse der Transsexualität. Das Argument, 43 (6), 821-833.

Genschel, Corinna; Lay, Caren; Wagenknecht, Nancy als Peter und *Volker Woltersdorff/Lore Logorrhöe* (2001). Vorwort. S. 7-

12 in: Annamarie Jagose, Queer Theory. Eine Einführung. Berlin: Querverlag.

Genschel, Corinna; Lay, Caren; Wagenknecht, Nancy als Peter und *Volker Woltersdorff/Lore Logorrhöe* (2001). Anschlüsse. S. 167-194 in: Annamarie Jagose, Queer Theory. Eine Einführung. Berlin: Querverlag.

Gibson, Julie und *Katherine Graham* (2006). The End of Capitalism (as we knew it). A Feminist Critique of Political Economy. Minneapolis: University of Minnesota Press.

Greer, Stephen (2012). Contemporary British queer performance. Basingstoke: Palgrave Macmillan.

Groß, Melanie (2008). Geschlecht und Widerstand. Post../queer../linksradikal. Königstein/Taunus: Ulrike Helmer.

Gutiérrez Rodríguez, Encarnación (1999). Intellektuelle Migrantinnen - Subjektivitäten im Zeitalter von Globalisierung. Eine postkoloniale dekonstruktive Analyse von Biogra-phien im Spannungsverhältnis von Ethnisierung und Vergeschlechtlichung. Opladen: Leske & Budrich.

Haase, Matthias (2005) (Hrsg.), Outside. Die Politik queerer Räume. Berlin: b_books.

Habermann, Friederike (2012). »Alle Verhältnisse umwerfen!« Und dafür eine subjektfundierte Hegemonietheorie. S. 85-104 in: *Dzudzek, Iris; Kunze, Caren* und *Joscha Wullweber* (Hrsg.), Diskurs und Hegemonie. Gesellschaftskritische Perspektiven. Bielefeld: Transcript.

Hale, Jacob C. (1997). Lederlesben Boys und ihre Daddies. Anleitung zum Sex ohne Frauen und Männer. S. 127-145 in: Matthias Haase (Hrsg.), Outside. Die Politik queerer Räume. Berlin: b_books.

Haritaworn, Jinthana (2005). Am Anfang war Audre Lorde. Weißsein und Machtvermeidung in der queeren Ursprungsgeschichte. Femina politica (14), 1. 23-36.

Haritaworn, Jinthana (2005a). Queerer als wir? Rassismus, Transphobie, Queere Theorien. S. 216-237 in: *Yekani, Elahe Haschemi* und *Beatrice Michaelis*, Quer durch die Geistes wissenschaften. Berlin: Querverlag.

Hark, Sabine (1993): Queer Interventionen. Feministische Studien 11(2): 103-109.

Hark, Sabine (1998). Technologien – Disziplinierung – Subjektivierung. Politik der Körper Bilder: Stone Butch Blues. Kea. Zeitschrift für Kulturwissenschaften, 9 (11), 99-112.

Herrmann, Steffen Kitty (2007): Performing the Gap. Queere Gestalten und geschlechtliche Aneignung. S. 195-203 in: *A.G.Gender Killer* (Hrsg.), Das Gute Leben. Linke Perpektiven auf einen besseren Alltag. Münster: Unrast.

Jagose, Annamarie (2001). Queer Theory. Eine Einführung. Berlin: Querverlag.

Kallmeyer, Werner und *Schütze, Fritz* (1977). Zur Konstituion von Kommunikationsschemata der Sachverhaltsdarstellung. S. 159-274 in: *Dirk Wegner* (Hrsg.), Gesprächsanalysen. Hamburg: Buske.

Katz, Jana; Kock, Martina, Ortmann, Sandra, Schenk, Jana und *Tomka Weiss* (Hrsg.) (2011). Sissy Boyz. Queer Performance. Bremen: thealit.

Kerner, Ina (2009). Differenzen und Macht. Zur Anatomie von Rassismus und Sexismus. Frankfurt a.M./ New York: Campus.

Kraß, Andreas (2003). Queer Denken. Gegen die Ordnung der Sexualität (Queer Studies). Frankfurt: Suhrkamp.

Kraß, Andreas (2003). Queer Studies – eine Einführung. S. 7-28 in: ders. (Hrsg.), Queer Denken. Gegen die Ordnung der Sexualität (Queer Studies). Frankfurt: Suhrkamp.

Küsters, Ivonne (2009). Narrative Interviews. Grundlagen und Anwendungen. Wiesbaden: VS.

Laclau, Ernesto und *Chantal Mouffe* (1991). Hegemonie und radikale Demokratie: zur Dekonstruktion des Marxismus. Wien: Passagen.

Latsch, Marie-Christina (2013) (Hrsg.). _ Mind the Gap. Einblicke in die Geschichte und Gegenwart queerer (Lebens)Welten. Münster: Unrast.

Lemke, Thomas (1997). Eine Kritik der politischen vernunft. Foucaults Analyse der modernen Gouvernementalität. Berlin/ Hamburg. Argument.

Lenz, Anne und *Laura Paetau* (2009). Feminismen und „Neue politische Generation". Strategien feministischer Praxis. Münster: Westfälisches Dampfboot.

Lindner, Urs; Nowak, Jörg und *Pia Paust-Lassen* (Hrsg.) (2008). Philosophieren unter anderen. Beiträge zum Palaver der Menschheit. Münster: Westfälisches Dampfboot.

Loos, Peter und *Burkhard Schäffer* (2001). Das Gruppendiskussionsverfahren. Opladen: Leske + Budrich.

Lorenz, Renate und *Kuster, Brigitta* (2007): Sexuell arbeiten. Eine queere Perspektive auf Arbeit und prekäres Leben.

Ludwig, Gundula (2012). Hegemonie, Diskurs, Geschlecht – Gesellschaftstheorie als Subjekttheorie, Subjekttheorie als Gesellschaftstheorie. S. 105-126 in: *Dzudzek, Iris; Kunze, Caren* und *Joscha Wullweber* (Hrsg.), Diskurs und Hegemonie. Gesellschaftskritische Perspektiven. Bielefeld: Transcript.

Mannheim, Karl (1980). Strukturen des Denkens. Frankfurt a.M.: Suhrkamp.

Mesquita, Sushila (2011): Ban Marriage! Ambivalenzen der Normalisierung aus queer-feministischer Perspektive. Wien: zaglossus.

Möser, Cornelia (2008). Material queer. Sexualität, Ökonomie und Perspektiven queerer antikapitalistischer Politiken. S. 160-175 in: Lindner, Urs; Nowak, Jörg und Pia Paust-Lassen (Hrsg.), Philosophieren unter anderen. Beiträge zum Palaver der Menschheit. Münster: Westfälisches Dampfboot.

Muñoz, José Esteban (1999). Disidentification. Queers of Color and the Performance of Politics. Minneapolis; London: University of Minnesota Press.

Nohl, Arnd-Michael (2012). Interview und dokumentarische Methode. Anleitungen für die Forschungspraxis (4. Auflage). Wiesbaden: Springer VS.

Painter, Dorothy S. (1996). Lesbischer Humor als Normalisierungsverfahren. S. 83-96 in: *Helga Kotthoff* (Hrsg.), Das Gelächter der Geschlechter. Humor und Macht in Gesprächen von Frauen und Männern. UVK: Konstanz.

Przyborski, Aglaja (2009). Qualitative Sozialforschung. Ein Arbeitsbuch. München: Oldenbourg.

Przyborski, Aglaja (2004). Gesprächsanalyse und dokumentarische Methode. Qualitative Auswertung von Gesprächen, Gruppendiskussionen und anderen Diskursen. Wiesbaden: VS.

Przyborski, Aglaja und *Monika Wohlrab-Sahr* (2008). Qualitative Sozialforschung. Ein Arbeitsbuch. München: Oldenbourg.

Puar, Jasbir (2011). „Ich wäre lieber eine Cyborg als eine Göttin." Intersektionalität, Assemblage und Affektpolitik. S. 253-270 in: *Lorey, Isabell; Nigro, Roberto* und *Gerald Raunig* (Hrsg.), Inventionen. Gemeinsam, Prekär, Potentia, Kon-/Disjunktionen, Ereignis, Transversalität, Queere Assemblagen. Zürich: Diaphanes.

Puar, Jasbir (2007). Terrorist Assemblages. Homonationalism in queer times. Durham: Duke University Press.

Puar, Jasbir (2005). Queer Times, Queer Assemblages. Social Text 84-85 (23). Duke University Press. S. 121-139.

Raab, Heike (1998). Foucault und der feministische Poststrukturalismus. Dortmund: Edition Ebersbach.

Rauchut, Franziska (2008). Wie *queer* ist Queer? Sprachphilosophische Reflexionen zur deutschsprachigen akademischen „Queer"-Debatte. Königstein/Taunus: Ulrike Helmer.

Rosenthal, Gabriele (2008). Interpretative Sozialforschung. Eine Einführung. Weinheim und München: Juventa.

Rosenthal, Gabriele (2008a). Narratives Interview und narrative Gesprächsführung. S. 137-160 in: Dies. Interpretative Sozialforschung. Eine Einführung. Weinheim und München: Juventa.

Schirmer, Uta (2010): Geschlecht anders gestalten. Drag Kinging, geschlechtliche Selbstverhältnisse und Wirklichkeiten. Bielefeld: Transcript.

Schütze, Fritz (1983). Biographieforschung und narratives Interview. Neue Praxis. Kritische Zeitschrift für Sozialarbeit und Sozialpädagogik 13: 283-293.

Spivak, Gayatri Chakravorty (1985): "Subaltern Studies. Deconstructing Historiography." In: *Landry, Donna* und *Gerald MacLean* (Hg.): The Spivak Reader. New York: Routledge 1996. S. 204-235

Strohschein, Juliane (2005). Queer in den Fallstricken weißer Dominanz und aktiver Ignoranz. S. 191-202 in: *Yekani, Elahe Ha-*

schemi und *Beatrice Michaelis,* Quer durch die Geisteswissenschaften. Berlin: Querverlag.

Villa, Paula- Irene (2010). Verkörperung ist immer mehr. Intersektionalität, Subjektivierung und der Körper. S. 203-221 in: *Lutz, Helma; Herrera Vivar, María Teresa* und *Linda Supik,* Fokus Intersektionalität. Bewegungen und Verortungen eines vielschichtigen Konzepts. Wiesbaden: VS.

Voß, Heinz-Jürgen und *Salih Alexander Wolter* (2013). Queer und (Anti-)Kapitalismus. Stuttgart: Schmetterling.

Wagels, Karen (2013). Geschlecht als Artefakt. Regulierungsweisen in Erwerbsarbeitskontexten. Bielefeld: Transcript.

Walgenbach, Katharina; Dietze, Gabriele; Hornscheidt, Lann und *Kerstin Palm* (2007). Gen der als interdependente Kategorie. Neue Perspektiven auf Intersektionalität, Diversität und Heterogenität. Opladen: Budrich.

Warner, Michael (1993). Fear of a Queer Planet. Minneapolis: University of Minnesota Press.

Weiß, Anja (2013). Rassismus wider Willen. Ein anderer Blick auf eine Struktur sozialer Ungleichheit. Wiesbaden: Springer VS.

*Wullweber, Joscha (*2012). Konturen eines politischen Analyserahmens – Hegemonie, Diskurs und Antagonismus. S. 29-58 in: *Dzudzek, Iris; Kunze, Caren* und *Joscha Wullweber* (Hrsg.), Diskurs und Hegemonie. Gesellschaftskritische Perspektiven. Bielefeld: Transcript.

Onlinequellen

Engel, Sonja und *Inka Sauter* (2010). Vergeschlechtlichung des Kapitalismus. Warum Gender Trouble und Das Kapital zwar zusammen kommen, aber noch nicht zusammen gehen. In: Phase 2 – Zeitschrift gegen die Realität, 38, „»Kein schöner Land« – Neue Perspektiven auf einen alten Feind?" [zuletzt empfangen am 20.03.2014 unter http://phase-zwei.org/hefte/artikel/vergeschlechtlichung-des-kapitalismus-75/]

Klinger, Cornelia (2012). Für einen Kurswechsel in der Intersektionalität. [zuletzt empfangen am 20.03.2014 von http://portal-intersektionalitaet.de/theoriebildung/schluesseltexte/klinger/]

Leicht, Imke; Löw, Christine; Meisterhans, Nadja; Ruppert, Uta und *Katharina Volk* (2013). Call for Papers. Materialität neu denken. Materialität anders denken – Feministische Interventionen. Jahrestagung des Arbeitskreises „Politik und Geschlecht" in der DVPW (11.- 13. September 2014, Goethe Universität Frankfurt a.M.). [zuletzt empfangen am 12.03.2014 unter: http://www.politik-und-geschlecht.de/pdf/CfP_Materialitaet2014.pdf]

Soiland, Tove (2012). Die Verhältnisse gingen und die Katego-rien kamen . Intersectionality oder vom Unbehagen an der ameri-kanischen Theorie. [zuletzt empfangen am: 12.03.2014, von http://portal-intersektionalitaet.de/theoriebildung/schluesseltexte/soiland/]

Soiland, Tove (2011). Queer, flexibel, erfolgreich. Haben de-konstruktive Ansätze den Feminismus entwaffnet?. In: ak – analy-se & kritik. Zeitung für linke Debatte und Praxis (558), 18.2.2011. [zuletzt empfangen am 12.03.2014, von https://www.akweb.de/ak_s/ak558/27.htm]

Walgenbach, Katharina (2012). Intersektionalität – eine Ein-führung. [zuletzt empfangen am 12.03.2014 von: http://portal-intersektionalitaet.de/theoriebildung/schluesseltexte/walgenbach-einfuehrung/]

http://www.duden.de/rechtschreibung/Strategie [zuletzt emp-fangen am 12.03.2014]

http://www.duden.de/rechtschreibung/provozieren [zuletzt emp-fangen am 12.03.2014]

Transkriptionszeichen

[*Wort*] Erläuterungen zur Situation;
Hintergrundinformationen

(Handlung) Handlungen innerhalb des Interviews
(Bsp. Stöhnen, deutet mit der Hand auf etwas, etc.)

A: Ich bin dann mit dem Bus

I: Mit dem Bus also.

A: nach Hause gefahren.

=>Wird am Ende eines Redeteils einer Person kein abschließendes Satzzeichen gesetzt und ist der Satzanfang der Weiterführung der Rede dieser Person nach dem Einschub eines Redeteils der anderen Person nicht groß geschrieben, dann bedeutet dies, dass die Kommentare in der Reihe erfolgten, also direkt hintereinander an einander anschlossen, sich dabei aber nicht überschnitten.

[10:00] Interviewdauer; in fünf- Minuten- Schritten

(.) Pause, die kürzer als eine Sekunde ist.

(2) Pause, die länger als eine Sekunde ist, mit Angabe der Sekundenanzahl

@(.)@ kurzes Auflachen; kürzer als eine Sekunde

@(2)@ Lachen, das länger als eine Sekunde andauert, mit Angabe der Sekundenanzahl

Wo::rt Dehnungen von einzelnen Lauten des Wortes bzw. Langziehen eines Wortes

°Wort° zögernd gesprochen

276

+Wort+	schnell gesprochen
Wort	leise gesprochen
#Wort#	lachend gesprochen
Wort	betont/laut
L	Beginn einer Überlappung
⌐	Ende einer Überlappung
wahrsch-	Abbruch eines Wortes
Mmh	zustimmender Laut
hm	nachdenkender Laut

Sach- und Fachbücher
- Gesellschaftskritik
- Frauen-/ Männer-/ Geschlechterforschung
- Holocaust/ Nationalsozialismus/ Emigration
- (Sub)Kulturen, Kunst & Fashion, Art Brut
- Gewalt und Traumatisierungsfolgen
- psychische Erkrankungen

sowie
… junge urbane Gegenwartsliteratur,
Krimis / Thriller, Biografien

… Art Brut und Graphic Novels

www.marta-press.de

Aus unserem Programm:

- Lerke Gravenhorst / Ingegerd Schäuble: "Fatale Männlichkeit. Der NS-Zivilisationsbruch. Ein neuer Blick" Mit Beiträgen von Hanne Kircher, Jürgen Müller-Hohagen und Karin Schreifeldt.

- Robert Claus, Juliane Lang, Ulrich Peters (Hg.): "Antifeminismus in Bewegung"

- Rena Kenzo: "»Teil eines Ganzen sein« Extrem rechte Frauen in Deutschland von 1945 bis 2000"

- Jana Reich: "»Nichts in meinem Leben ist normal, nichts...« Die Traumata im Leben der Künstlerin Eva Hesse (1936-1970)"

- Ulla Rogalski: "Ein ganzes Leben in einer Hutschachtel. Geschichten aus dem Leben der jüdischen Innenarchitektin Bertha Sander 1901-1990"

www.marta-press.de

- Sheila Jeffreys: "Die industrialisierte Vagina. Die politische Ökonomie des globalen Sexhandels"

- Anita Kienesberger "Fucking Poor. Was hat »Sexarbeit« mit Arbeit zu tun? Eine Begriffsverschiebung und die Auswirkungen auf den Prostitutionsdiskurs"

- Sandra Müller: "Ehrbare Frauen. Zwischen Schauspiel, Macht und Erniedrigung - Einblicke in die Leben von Dominas und Prostituierten"

- Jana Reich: "Die harte Show. Leben und Illusionen in der Sexindustrie"

- Anika Meier: "All Dolled Up. Möglichkeiten der Transformation in der Praxis des *Female Masking*"

- Ilse Jung: "RuhrgeBEATgirls. Die Geschichte der Mädchen-Beatband *The Rag Dolls* 1965 - 1969"

www.marta-press.de